offcn 中公金融人 | 基 金 从 业 资 格 考 试 辅 导 教 材

基金从业资格考试考点精讲

基金法律法规、职业道德与业务规范

中公教育财经考试研究院◎编著

西南财经大学出版社

（成都）

图书在版编目（CIP）数据

基金从业资格考试考点精讲.基金法律法规、职业道德与业务规范／中公教育财经考试研究院编著.—成都:西南财经大学出版社，2018.12

（基金从业资格考试辅导教材）

ISBN 978-7-5504-3798-2

Ⅰ.①基… Ⅱ.①中… Ⅲ.①证券投资基金法—中国—资格考试—自学参考资料②基金—投资—职业道德—资格考试—自学参考资料 Ⅳ.①F830.59

中国版本图书馆CIP数据核字（2018）第247180号

基金从业资格考试考点精讲·基金法律法规、职业道德与业务规范

JIJIN CONGYE ZIGE KAOSHI KAODIAN JINGJIANG JIJIN FALÜ FAGUI ZHIYE DAODE YU YEWU GUIFAN

中公教育财经考试研究院　编著

责任编辑:植苗
责任校对:王青清
总 策 划:中公·金融人
封面设计:中公教育图书设计中心
责任印制:朱曼丽

出版发行	西南财经大学出版社（四川省成都市光华村街55号）
网　　址	http://www.bookcj.com
电子邮件	bookcj@foxmail.com
邮政编码	610074
电　　话	028-87352211　87352368
印　　刷	山东润声印务有限公司
成品尺寸	185mm×260mm
印　　张	17.5
字　　数	381千字
版　　次	2018年12月第1版
印　　次	2018年12月第1次印刷
印　　数	1—2500册
书　　号	ISBN 978-7-5504-3798-2
定　　价	48.00元

前言

作为促进资本市场良性循环的关键部分，基金行业对于推动产业结构转型升级、健全支持实体经济发展的现代金融体系、促进宏观经济稳定，具有重要作用。因此，培养基金行业优秀人才显得尤为重要。基金从业资格考试是基金行业的入门考试，2015年考试变革后，在原有的两门科目的基础上增加了"私募股权投资基金基础知识"作为第三门考试科目，考试的广度增加。现行考试制度下，通过"基金法律法规、职业道德与业务规范""证券投资基金基础知识"可从事公募基金与私募基金相关工作，通过"基金法律法规、职业道德与业务规范""私募股权投资基金基础知识"可从事私募基金相关工作。

基金从业资格考试考情简介

一、报考条件

报名参加从业资格考试的人员应当符合以下条件：

（1）具有完全民事行为能力。

（2）截至报名日，年满18周岁。

（3）具有高中以上文化程度。

（4）中国证监会规定的其他条件。

二、考试科目

基金从业资格考试包含三个科目：

科目一	基金法律法规、职业道德与业务规范
科目二	证券投资基金基础知识
科目三	私募股权投资基金基础知识

注意：协会可根据行业与市场发展的需要，酌情增加或调整相关的考试科目。

三、考试范围

基金从业资格考试内容涵盖基金行业概览、法律法规与职业道德、投资管理、运作管理、销售管理、内部控制和合规管理、国际化等七部分基本知识。随着互联网等销售方式的变革，以及产品类型的丰富和复杂程度的增加,基金销售资格考试被一并纳入基金从业资格考试。

四、考试方式

考试采取闭卷、计算机考试方式。考试题型均为单选题,每科题量为100道,每题分值1分,总分100分,60分为合格线。单科考试时长为120分钟。

五、考试组织实施

1.报名方式

基金从业资格考试采用网上报名方式,考生可通过中国基金业协会官网提供的报名链接进行报名,也可直接登录报名网站(http://baoming.amac.org.cn:10080)报名。

2.考试时间及地点

基金从业资格考试分为全国统一考试和预约式考试。全国统一考试一般安排在每年的4月、9月、11月,在省会及重点城市同时举行。预约式考试穿插安排在其他月份,根据市场需求在部分城市举行。

中国基金业协会通常在上一年的12月份公布下一年度的基金从业人员资格考试计划。另外,考试计划会根据实际情况进行调整,具体报名时间、考试时间、准考证打印时间和考试地点以当期考试公告为准。考生可通过中国基金业协会网站的"从业人员管理"栏目下的考试平台查询考试信息。

基金法律法规、职业道德与业务规范真题解读

"基金法律法规、职业道德与业务规范"的法律条款和概念较多,以记忆为主,有少量计算题,是基金考试中的必考科目。新版大纲的第一章、第九章新增部分内容,第十一章"基金管理人公司治理和风险管理"为全新内容。

本科目具体可分为五部分,第一部分是基金行业概览,介绍了国内外基金行业发展的基本情况及不同种类的证券投资基金。第二部分是基金监管与职业道德,即我国基金监管体系和基金职业道德。第三部分是基金的募集、交易、登记及信息披露,即基金募集、交易、登记和信息披露这几个步骤的相关规定。第四部分是基金销售管理,介绍了基金销售和客户服务。第五部分是基金管理人公司治理、内部控制和合规风险管理,分别介绍了如何进行基金管理人公司治理和风险管理,基金管理人的内部控制和合规管理。

一、基金行业概览

在这一部分中主要对基金行业基础知识进行考查,相对简单,考生需要重点掌握证券投资基金的概念、特点及分类等知识内容。

【经典真题】以下不是证券投资基金的特点的是（ ）。

A.利益共享　　　　　　　　　　B.专业管理

C.风险共担　　　　　　　　　　D.集中投资

【答案】D。解析：证券投资基金特点如下：①集合理财、专业管理；②组合投资、分散风险；③利益共享、风险共担；④严格监管、信息透明；⑤独立托管、保障安全。

【经典真题】根据中国证监会对基金的分类标准，混合型基金是指（ ）基金。

A.投资于股票、债券，且股票、债券投资比例不符合股票基金、债券基金规定的

B.投资于股票、债券，且60%以上的基金资产投资于股票的

C.投资于股票、债券，且80%以上的基金资产投资于债券的

D.投资于股票、债券，且不低于20%的基金资产投资于货币市场工具的

【答案】A。解析：2014年7月7日，中国证监会颁布了《公开募集证券投资基金运作管理办法》，其中规定了基金的分类标准。具体内容如下：

（1）80%以上的基金资产投资于股票的，为股票基金。

（2）80%以上的基金资产投资于债券的，为债券基金。

（3）仅投资于货币市场工具的，为货币市场基金。

（4）80%以上的基金资产投资于其他基金份额的，为基金中的基金。

（5）投资于股票、债券、货币市场工具或其他基金份额，并且股票投资、债券投资、基金投资的比例不符合第（1）项、第（2）项、第（4）项规定的，为混合基金。

（6）中国证监会规定的其他基金类别。

【经典真题】按照投资理念，证券投资基金可以划分为（ ）。

A.私募基金和公募基金　　　　　B.上市基金和不上市基金

C.主动型基金与被动型基金　　　D.契约型基金和公司型基金

【答案】C。解析：证券投资基金的分类如下：①根据投资对象，可分为股票基金、债券基金、货币市场基金、混合基金、基金中基金、另类投资基金等；②根据投资目标，可分为增长型基金、收入型基金和平衡型基金；③根据投资理念，可分为主动型基金与被动型（指数）基金；④根据基金的资金来源和用途分类，可分为在岸基金、离岸基金和国际基金；⑤特殊类型基金主要有避险策略基金、上市开放式基金（LOF）和分级基金。

二、基金监管与职业道德

这一部分介绍了基金行业监管的相关法律法规、基金职业道德规范与教育，难度不大，以记忆性知识为主，考生需要重点掌握对不同机构不同基金的监管内容、基金职业道德规范的具体内容。

【经典真题】关于私募基金的监管，以下描述正确的是（ ）。

A.发行私募基金需经中国基金业协会审批

B.中国基金业协会对私募基金实施统一监管的职责

C.发行私募基金不设行政审批

D.设立私募基金管理机构需经中国证监会审批

【答案】C。解析：我国对于非公开募集基金的监管，由中国证监会及其派出机构担负对私募基金市场实施统一监管的职责，坚持适度监管、自律监管、底线监管的原则，对设立私募基金管理机构和发行私募基金不设行政审批，同时，以合格投资者制度为基础，通过建立健全私募基金发行监管制度，强化事中事后监管。

【经典真题】关于基金从业人员职业道德规范，以下表述错误的是（　　）。

A.守法合规是调整基金从业人员与基金公司之间关系的基础要求

B.客户至上是调整基金从业人员与投资人之间关系的道德规范

C.诚实守信是调整各种社会人际关系的基本准则

D.专业审慎是调整基金从业人员与职业之间关系的道德规范

【答案】A。解析：基金从业人员职业道德规范有以下几个方面：①守法合规，是调整基金从业人员与基金行业及基金监管之间的关系；②客户至上，是调整基金从业人员与投资人之间关系的道德规范；③诚实守信，是调整各种社会人际关系的基本准则；④专业审慎，是调整基金从业人员与职业之间关系的道德规范；⑤忠诚尽责，是调整基金从业人员与其所在机构之间关系的职业道德规范；⑥保守秘密，是基金从业人员的一项法定义务，也是基金职业道德的一项基本规范。

三、基金的募集、交易、登记及信息披露

这一部分主要考查基金的募集与认购，基金的交易流程与登记，基金主要当事人的披露义务，基金募集、运作等信息披露，除了记忆性知识点以外，还涉及计算，难度较大。

【经典真题】下列关于封闭式基金认购特点的表述，错误的是（　　）。

A.封闭式基金按1.00元募集

B.基金管理人应当在基金份额发售的5日前公布招募说明书

C.认购申请一经受理就不能撤单

D.投资人以"份额"为单位提交认购申请

【答案】B。解析：封闭式基金份额的发售，由基金管理人负责办理。基金管理人应当在基金份额发售的3日前公布招募说明书、基金合同及其他有关文件。

【经典真题】某开放式基金的基金总份额为1亿份，下列情形中未构成巨额赎回的是（　　）。

A.赎回2 000万份，申购1 500万份，通过基金转换转出1 300万份，转入700万份

B.赎回700万份，申购100万份，通过基金转换转出1 500万份，转入1 000万份

C.赎回1 000万份，申购100万份，通过基金转换转出800万份，转入900万份

D.赎回1 500万份，申购1 300万份，通过基金转换转出1 800万份，转入900万份

【答案】C。解析：单个开放日基金净赎回申请超过基金总份额的10%时，为巨额赎回。单个开放日的净赎回申请，是指该基金的赎回申请加上基金转换中该基金的转出申请之和，扣除当日发生的该基金申购申请及基金转换中该基金的转入申请之和后得到的余额。A项的净赎回申请比例为（2 000-1 500+1 300-700）/10 000×100%=11%，计算可得，B、D两项均为11%，C项为8%，故本题选C。

四、基金销售管理

这一部分主要考查的知识点有基金销售机构的主要类型与现状、基金销售机构的准入条件与职责规范、基金销售人员行为规范、宣传推介材料的相关规定、基金销售费用规范、基金销售适用性与投资者适当性、投资者保护等知识点，内容较多。

【经典真题】基金销售机构应妥善管理基金份额持有人的开户资料，客户身份资料自业务关系结束当年起至少保存（　　）。

A.5年　　　　　　　　　　　　　B.10年

C.20年　　　　　　　　　　　　　D.15年

【答案】D。解析：基金管理人、基金销售机构应当建立健全档案管理制度，妥善管理基金份额持有人的开户资料和与销售业务有关的其他资料。客户身份资料自业务关系结束当年起至少保存15年，与销售业务有关的其他资料自业务发生当年起至少保存15年。

【经典真题】根据基金销售费用规范，下列表述正确的是（　　）。

A.基金管理人应当在每季度的监察稽核报告中列明基金销售费用的具体支付项目和使用情况

B.在基金销售协议之外，基金管理人可以根据和销售机构的约定支付相关销售佣金

C.基金管理人应当在基金季度报告中披露从基金财产中计提的管理费、托管费和基金销售服务费的金额

D.基金管理人向销售机构支付的客户维护费应以销售基金的交易量为基础计算

【答案】A。解析：基金管理人不得向销售机构支付不是以销售基金的保有量为基础的客户维护费，不得在基金销售协议之外支付或变相支付销售佣金或报酬奖励，B项错误。基金季度报告主要内容有基金概况、主要财务指标和净值表现、管理人报告、投资组合报告、开放式基金份额变动等内容，C项错误。基金管理人和基金销售机构可以在基金销售协议中约定依据销售机构销售基金的保有量提取一定比例的客户维护费，用以向基金销售机构支付客户服务及销售活动中产生的相关费用，客户维护费从基金管理费中列支，D项错误。

【经典真题】近年来，我国基金业的投资者保护工作参与者主要有（　　）。

Ⅰ.行业协会　　　　　　　　　　Ⅱ.基金公司

Ⅲ.代销机构　　　　　　　　　　Ⅳ.结算机构

A.Ⅰ、Ⅱ、Ⅲ、Ⅳ　　　B.Ⅰ、Ⅱ、Ⅲ　　　C.Ⅳ　　　　　D.Ⅰ、Ⅳ

【答案】A。解析：保护基金投资者的权益，实现基金行业长期、持续、稳定的发展，同时防范基金销售机构和基金投资者之间潜在的纠纷和诉讼风险，一方面有赖于制度的更加完善，另一方面也需要基金行业每个参与机构积极开展相关工作。故本题选A。

五、基金管理人公司治理、内部控制和合规风险管理

这一部分主要考查基金管理公司治理及风险管理的相关法律法规，内部控制的目标、原则、机制、制度及内容，基金管理人合规管理的主要内容，涉及的法律法规较多，应避免混淆知识点，难度较大。

【经典真题】关于基金公司内部控制的目标，以下表述错误的是（ ）。

A.追求基金公司利润最大化

B.确保经营业务的稳健运行和受托资产的安全完整

C.保障公司经营运作的合法合规

D.确保基金和基金管理人的信息真实、准确、完整、及时，便于公司决策

【答案】A。解析：内部控制的总体目标包括以下几点：①保证公司经营运作严格遵守国家有关法律法规和行业监管规则，自觉形成守法经营、规范运作的经营思想和经营理念；②防范和化解经营风险，提高经营管理效益，确保经营业务的稳健运行和受托资产的安全完整，实现公司的持续、稳定、健康发展；③确保基金和基金管理人的财务及其他信息真实、准确、完整、及时。A项不是内部控制的目标，故本题选A。

【经典真题】以下不属于基金管理公司后台业务部门的是（ ）。

A.人事管理部门　　　　　　　　B.基金销售部门

C.信息技术部门　　　　　　　　D.行政管理部门

【答案】B。解析：基金管理公司后台业务部门包括行政管理、人事部、清算、信息技术等部门，主要为前、中台部门提供支持，目标是保证基金管理人战略的实施与效果。由于基金管理人的后台部门需要与监管部门、政府其他相关部门、机构投资者、法律顾问、审计师等主体沟通与联系，后台部门人员业务行为控制十分重要。

【经典真题】关于基金公司合规管理工作的理念，下列描述正确的是（ ）。

A.股东利益至上　　　　　　　　B.风险控制优先

C.管理规模至上　　　　　　　　D.业务发展为重

【答案】B。解析："合规"，与"违规"相对应，是指基金管理人的经营管理活动与法律、规则和准则一致。因此，合规管理是一种风险管理活动，是对业务活动是否遵守法律、监管规定、规则、行业自律准则的一种鉴证行为。

本书所用真题，均来源网络或根据考生回忆整理。殷切期待广大读者给我们提出宝贵意见，促进我们更快成长，让图书更好地帮助更多的人。

目录

第一章　金融市场、资产管理与投资基金

本章学习框架

第一章	考点	考查角度
金融市场、资产管理与投资基金	居民理财与金融市场	金融、理财、储蓄与投资
		金融市场的概念、分类与构成要素
		金融市场的监管
	金融资产与资产管理行业	金融资产的概念、种类
		资产管理的概念、特征
		资产管理行业的特点、范围、功能与作用
	我国资产管理行业的状况	我国资产管理行业的范围、规模
		各类资产管理业务
		我国资产管理行业存在的主要问题
	投资基金简介	投资基金的定义及主要类别

考点精讲

考点1　居民理财与金融市场

一、金融与居民理财（★★）

金融，即货币资金的融通。货币资金来源于居民（包括个人和企业）从事的生产活动。现代居民经济生活中的日常收入、支出活动和储蓄、投资等理财活动构成了现代金融供求的重要组成部分。

现代居民的收入主要是货币性收入。当货币性收入小于支出的需求时，产生赤字，居民没有足够的货币资金理财；当货币性收入超过支出的需求时，产生盈余，居民就有了理财的动机。理财是指对财务进行管理，以实现财产的保值、增值。居民货币性收入、支出及理财需求的关系如表1-1所示：

表1-1 居民货币性收入、支出及理财需求的关系

居民货币性收入与支出的关系	居民收支	理财需求
收入＜支出	赤字	无
收入＞支出	盈余	有

长期以来,我国居民的主要理财方式是货币储蓄,改革开放后随着国民经济的发展,居民收入快速增加,我国居民投资理财需求也迅速增长。

中公锦囊

货币储蓄与投资的含义及特点如表1-2所示:

表1-2 货币储蓄与投资的含义及特点

主要理财方式	含义及特点
货币储蓄	指居民将暂时不用或结余的货币收入存入银行或其他金融机构的一种存款活动,特征是其保值性
投资	指投资者当期投入一定数额的资金而期望在未来获得回报,所得回报应该能补偿投资资金被占用的时间、预期的通货膨胀率以及期望更多的未来收益,未来收益具有不确定性

真题链接

【2018年】关于基金与银行储蓄存款的差异,以下表述正确的是(   )。

Ⅰ.性质不同　　　　　　　　　　Ⅱ.期限不同

Ⅲ.收益与风险特性不同　　　　　Ⅳ.信息披露程度不同

A.Ⅰ、Ⅲ、Ⅳ　　　　　　　　　　B.Ⅱ、Ⅲ、Ⅳ

C.Ⅰ、Ⅱ、Ⅲ　　　　　　　　　　D.Ⅰ、Ⅲ

【答案】A。解析:基金与银行储蓄存款的差异主要表现在以下三个方面:①性质不同;②收益与风险特性不同;③信息披露程度不同。

二、金融市场的分类与构成要素(★★)

金融市场是货币资金融通的市场,是资金供给者和资金需求者双方通过金融工具进行交易而融通资金的市场。

(一)金融市场的分类

金融市场按照不同的标准,可以做出以下分类:

1.按照交易工具的期限划分

金融市场按照交易工具的期限可分为以下两种:

(1)货币市场。货币市场又称短期金融市场,是指专门融通一年以内短期资金的场所,主要解决市场参与者短期性的资金周转和余额调剂问题。

(2)资本市场。资本市场又称长期金融市场,是指专门融通期限在一年以上的有价证券

的长期资金交易的场所。广义的资本市场包括以下两项：①银行中长期存贷款市场；②有价证券市场，包括中长期债券市场和股票市场。狭义的资本市场专指有价证券市场，即中长期债券市场和股票市场。

2.按照交易标的物划分

金融市场按照交易标的物可分为以下五种：

（1）票据市场。票据市场是指各种票据进行交易的市场，按交易方式主要分为票据承兑市场和贴现市场。

（2）证券市场。证券市场是股票、债券、基金等有价证券发行和转让流通的市场。股票市场是股份有限公司的股票发行和转让交易的市场。股票市场分为以下两种：①股票发行市场（股票初级市场），是指股份有限公司发行新股票的市场；②股票的二级市场，是指已发行股票的转让流通市场。债券市场则是指政府债券、公司（企业）债券、金融债券等的发行和流通市场。

（3）衍生市场。衍生工具市场是各种衍生金融工具进行交易的市场。衍生金融工具包括远期合约、期货合约、期权合约、互换协议等，在金融交易中具有套期保值、防范风险的作用。

（4）外汇市场。外汇市场是指各国中央银行、外汇银行、外汇经纪人及客户组成的外汇买卖、经营活动的总和，包括外汇批发市场以及银行同企业、个人之间进行外汇买卖的零售市场。

（5）黄金市场。黄金市场是专门集中进行黄金买卖的交易中心或场所。目前黄金仍是国际储备资产之一，在国际支付中占据一定的地位，因此黄金市场依旧是金融市场的组成成分。

3.按照交割期限划分

金融市场按照交割期限可分为以下两种：

（1）现货市场。现货市场的交易协议达成后在2个交易日内进行交割。在现货交易中，成交与交割之间几乎没有时间间隔，因而对交易双方来说，利率和汇率风险小。

（2）期货市场。期货市场的交易在协议达成后并不立刻交割，而是约定在某一特定时间后进行交割，协议成交和标的交割是分离的。在期货交易中，交割要按成交时的协议价格进行，交易对象价格的升降不确定，风险较高。

4.按照交易性质划分

金融市场按照交易性质可分为以下两种：

（1）发行市场。发行市场是筹集资金的公司或政府机构将其新发行的股票和债券等证券销售给最初购买者的金融市场，也称一级市场。

（2）流通市场。流通市场是已经发行的证券进行买卖、转让和流通的市场，也称二级市场。

5.按照地理范围划分

金融市场按照地理范围可分为以下两种：

（1）国内金融市场。国内金融市场是指一国范围内的资金流通与资金交易的市场,可分为全国性、区域性、地方性的金融市场。国内金融市场通常由国内金融机构参与,不涉及货币资金的跨境流动。

（2）国际金融市场。国际金融市场,是指国家间的资金融通与资金交易的市场。国际金融市场涉及货币资金的跨境流动,由经营国家间货币业务的金融机构组成,其经营内容包括跨境的资金借贷、外汇买卖、证券买卖、资金交易等。

（二）金融市场的构成要素

金融市场的构成要素及具体内容如表1-3所示:

表1-3 金融市场的构成要素及具体内容

要素	具体内容
市场参与者	主要包括政府、中央银行、金融机构（最重要的中介机构,充当资金供给者、需求者和中间人,有支配性作用）、个人和企业居民（个人居民是主要资金供给者）
金融工具	是金融市场上进行交易的载体,具有社会可接受性、流通性
金融交易的组织方式	指组织金融工具交易时采用的方式,有三种组织方式:①场内交易方式,有固定场所、有制度、集中进行交易的方式,如交易所交易方式;②场外交易方式,在各金融机构柜台上买卖双方进行面议的、分散交易的方式,如柜台交易方式;③电信网络交易方式

（三）金融市场的监管

金融市场本身并不完美,存在"市场失灵"的问题。金融市场的"市场失灵"主要表现为外部性问题、脆弱性问题、不完全竞争问题和信息不对称问题,因此需要政府对其进行系统的监管。

在国务院的领导下,中国人民银行作为中央银行,制定和执行货币政策,防范和化解金融风险,维护金融稳定。中国银行保险监督管理委员会（简称中国银保监会）依照法律法规统一监督管理银行业和保险业,维护银行业和保险业合法、稳健运行,防范和化解金融风险,保护金融消费者合法权益,维护金融稳定。中国证券监督管理委员会（简称中国证监会）依照法律、法规和国务院授权,统一监督管理全国证券市场,维护证券市场秩序,保障其合法运行。金融市场中还有交易所、行业协会等自律机构在各自范围内实施自律管理。

考点2 金融资产与资产管理行业

一、金融资产与资产管理（★★）

（一）金融资产的概念

金融资产是代表未来收益或资产合法要求权的凭证,标示了明确的价值,表明了交易双方的所有权关系和债权关系。它一般分为债券类金融资产（以票据、债券等契约型投资工具为主）和股权类金融资产（以各类股票为主）。

（二）资产管理

资产管理是指资产管理人受投资者委托，根据资产管理合同约定的方式、条件、要求及限制，对投资者的资产进行经营运作，为投资者提供证券和其他金融产品的投资并提供金融资产管理服务，以实现投资者的特定目标和利益，并收取费用的行为。

（三）资产管理的特征

资产管理的特征可以从三方面来看：

（1）参与方：资产管理涉及委托方（投资者）和受托方（资产管理人）。委托方把资产委托给受托方进行管理，受托方则根据委托方授权，进行资产投资管理，承担受托人义务。委托方可以是单一客户，也可以是多个客户，受托方则相应进行定向资产管理服务、集合资产管理业务、专项资产管理业务等。

（2）受托资产：主要为金融资产，如货币、股票、债券等，一般不包括实物资产，如固定资产。

（3）管理方式：主要通过投资于银行存款、证券、期货、基金、保险或实体企业的股权以及其他可被证券化的资产等方式。

真题链接

【2015年】关于金融资产，以下描述错误的是（　　）。

A.金融资产具有较大的升值空间

B.资金的供给者通过投资金融工具获得各类金融资产

C.金融资产是代表未来收益或资产合法要求权的凭证

D.金融资产一般分为债券类金融资产和股权类金融资产

【答案】A。解析：在金融市场上，资金的供给者通过投资金融工具获得各种类型的金融资产，B项正确。金融资产是代表未来收益或资产合法要求权的凭证，标示了明确的价值，表明了交易双方的所有权关系和债权关系，C项正确。一般将金融资产分为债券类金融资产和股权类金融资产两类。债券类金融资产以票据、债券等契约型投资工具为主，股权类金融资产以各类股票为主，D项正确。

二、资产管理的本质（★★）

资产管理的本质是基于信任而履行受托职责，实现委托人利益最大化，通俗地讲是"受人之托、代人理财"。具体表现为：

（1）一切资产管理活动都要求风险与收益相匹配。

（2）管理人必须坚持"卖者有责"。

（3）投资人必须做到"买者自负"。

三、资产管理行业（★★）

1.资产管理行业的概念

资产管理行业由从事资产管理业务的金融机构构成。资产管理行业不同于商业银行和保险机构的活动,资产管理机构代表客户管理资产,损失和收益由客户承担而不是由资产管理机构承担。从公司层面来看,美国资产管理机构包括银行、保险公司和专业资产管理公司三类。其中,专业资产管理公司有两个特征:其一,主业是资产管理;其二,不是隶属于银行或保险公司的独立部门。

2.资产管理行业的功能

资产管理行业有以下几方面的功能和作用:

（1）合理配置资源。资产管理行业能够为市场经济体系有效配置资源,把有限的资源分配到最有效率的产品和服务部门,提高整个社会的经济效率和生产服务水平。

（2）助力投资决策。资产管理行业能帮助投资人搜集、处理与投资有关的信息,帮助投资者进行投资决策,并帮助投资者执行决策,便利投融资。

（3）扩大投资渠道。资产管理行业能创造广泛的投资产品和服务,满足投资者的各种投资需求,扩大投资者的投资渠道,连接资金的需求方和提供方。

（4）促进金融市场发展。资产管理行业能够对金融资产合理定价,为金融市场提供流动性,降低交易成本,使金融市场更加健康有效,有利于国家经济的发展。

真题链接

【2015年】资产管理行业无论对宏观经济还是微观的个人、企业都有着重要的功能和作用。以下各项中,（　　）不是资产管理行业的功能。

A.给金融市场提供流动性,降低交易成本,使金融市场更加健康有效

B.保证给投资者带来收益

C.能够为市场经济体系有效配置资源

D.使资金的需求方和提供方能够便利地连接起来

【答案】B。解析:资产管理行业无论对宏观经济还是微观的个人、企业都有着重要的功能和作用:

（1）资产管理行业能够为市场经济体系有效配置资源,将有限的资源配置到最有效率的产品和服务部门,从而提高整个社会经济的效率和生产服务水平。

（2）资产管理行业专业的管理活动,能够帮助投资人搜集、处理各种和投资有关的宏观、微观信息,提供各类投资机会,帮助投资者进行投资决策,并提供决策的最佳执行服务,使投资融资更加便利。

（3）资产管理行业创造出十分广泛的投资产品和服务,满足投资者的各种投资需求,使资金的需求方和提供方能够便利地连接起来。

（4）资产管理行业还能对金融资产合理定价，给金融市场提供流动性，降低交易成本，使金融市场更加健康有效，最终有利于一国经济的发展。

考点3　我国资产管理行业的状况

一、我国资产管理行业的现状（★★）

在我国，传统的资产管理行业主要是基金管理公司和信托公司，它们作为资产管理机构提供各类公募基金、私募基金、信托计划等资产管理产品。我国目前资产管理行业的现状是分处不同监管体系的各类机构广泛参与、各类资产管理业务交叉融合形成的既相似又不同的混业局面。我国资产管理行业的现状如表1-4所示：

表1-4　我国资产管理行业的现状

机构类型	资产管理业务
基金管理公司及子公司	公募基金和各类非公募资产管理计划
私募机构	私募证券投资基金、私募股权投资基金、创业投资基金等
信托公司	单一资金信托、集合资金信托
证券资产管理公司	集合资产管理计划、定向资产管理计划
期货资产管理公司	期货资产管理业务
保险公司、保险资产管理公司	万能险、投连险、管理企业年金、养老保障及其他委托管理资产
商业银行	银行理财产品、私人银行业务

当前我国的资产管理行业需要关注的问题有以下几个方面：

（1）资金池操作存在流动性风险隐患。

（2）产品多层嵌套导致风险传递。

（3）影子银行面临监管不足。

（4）刚性兑付使风险仍停留在金融体系。

（5）部分非金融机构无序开展资产管理业务。

促进资产管理业务规范健康发展的措施有以下几项：

（1）分类统一标准规则，逐步消除套利空间。

（2）引导资产管理业务回归本源，有序打破刚性兑付。

（3）加强流动性风险管控，控制杠杆水平。

（4）消除多层嵌套，抑制通道业务。

（5）加强"非标"业务管理，防范影子银行风险。

（6）建立综合统计制度，为穿透式监管提供根本基础。

二、基金管理公司及其子公司资产管理业务（★★）

证券投资基金管理公司是经中国证监会批准在中国境内设立，从事证券投资基金管理业务和中国证监会许可的其他业务的企业法人。基金管理公司可以依法设立子公司从事特定客户资产管理业务、私募股权基金管理业务以及中国证监会许可的其他业务,具体业务如表1-5所示:

表1-5 基金管理公司及其子公司资产管理业务

业务类型	业务内容
公开募集资金	包括向不特定对象募集资金、向特定对象募集资金累计超过200人以及法律、行政法规规定的其他情形。公开募集基金,应当经国务院证券监督管理机构注册,未经注册,不得公开或者变相公开募集资金
特定客户资产管理业务	《基金管理公司特定客户资产管理业务试点办法》规定: (1)基金管理公司向特定客户募集资金或者接受特定客户财产委托担任资产管理人,由托管机构担任资产托管人,为促进资产委托人的利益,运用委托财产进行投资的活动 (2)资产管理人通过设立资产管理计划从事特定资产管理业务,可以采取以下形式:①为单一客户办理特定资产管理业务;②为特定的多个客户办理特定资产管理业务 (3)为单一客户办理特定资产管理业务的,客户委托的初始资产不得低于3 000万元人民币,中国证监会另有规定的除外。为多个客户办理特定资产管理业务的,资产管理人应当向符合条件的特定客户销售资产管理计划。符合条件的特定客户,是指委托投资单个资产管理计划初始金额不低于100万元人民币,且能够识别、判断和承担相应投资风险的自然人、法人、依法成立的组织或中国证监会认可的其他特定客户 (4)资产管理人为多个客户办理特定资产管理业务的,单个资产管理计划的委托人不得超过200人,但单笔委托金额在300万元人民币以上的投资者数量不受限制;客户委托的初始资产合计不得低于3 000万元人民币,但不得超过50亿元人民币;中国证监会另有规定的除外
专项资产管理计划	基金管理公司设立专门的子公司,投资于未通过证券交易所转让的股权、债权及其他财产权利以及中国证监会认可的其他资产的特定资产管理计划,称为专项资产管理计划
私募股权基金管理业务	(1)基金管理公司可以设立专门的子公司,通过设立特殊目的机构或设立合伙企业或公司形式的私募股权投资基金来从事私募股权投资基金管理业务 (2)私募股权基金管理子公司设立特殊目的机构,应当在办理工商登记之日起5个工作日内向基金管理公司所在地中国证监会派出机构备案,详细说明设立目的、拟管理基金、出资人构成等基本信息

三、私募机构资产管理业务

私募机构资产管理业务的相关法律法规如表1-6所示:

表1-6　私募机构资产管理业务的相关法律法规

法律法规	内容
《中华人民共和国证券投资基金法》	（1）第八十七条规定，非公开募集基金应当向合格投资者募集，合格投资者累计不得超过200人 （2）前款所称合格投资者，是指达到规定资产规模或者收入水平，并且具备相应的风险识别能力和风险承担能力、其基金份额认购金额不低于规定限额的单位和个人 （3）合格投资者的具体标准由国务院证券监督管理机构规定
《私募投资基金监督管理暂行办法》	第五条规定，中国证监会及其派出机构依照《中华人民共和国证券投资基金法》（以下简称《证券投资基金法》）、本办法和中国证监会的其他有关规定，对私募基金业务活动实施监督管理
	第七条规定，各类私募基金管理人应当根据基金业协会的规定，向中国基金业协会申请登记，报送以下基本信息： （1）工商登记和营业执照正副本复印件 （2）公司章程或者合伙协议 （3）主要股东或者合伙人名单 （4）高级管理人员的基本信息 （5）基金业协会规定的其他信息 中国基金业协会应当在私募基金管理人登记材料齐备后的20个工作日内，通过网站公告私募基金管理人名单及其基本情况的方式，为私募基金管理人办结登记手续
	第八条规定，各类私募基金募集完毕，私募基金管理人应当根据中国基金业协会的规定，办理基金备案手续，报送以下基本信息： （1）主要投资方向及根据主要投资方向注明的基金类别 （2）基金合同、公司章程或者合伙协议。资金募集过程中向投资者提供基金招募说明书的，应当报送基金招募说明书。以公司、合伙等企业形式设立的私募基金，还应当报送工商登记和营业执照正副本复印件 （3）采取委托管理方式的，应当报送委托管理协议。委托托管机构托管基金财产的，还应当报送托管协议 （4）中国基金业协会规定的其他信息 中国基金业协会应当在私募基金备案材料齐备后的20个工作日内，通过网站公告私募基金名单及其基本情况的方式，为私募基金办结备案手续

表1-6（续）

法律法规	内容
《私募投资基金监督管理暂行办法》	第十一条规定，私募基金应当向合格投资者募集，单只私募基金的投资者人数累计不得超过《证券投资基金法》《中华人民共和国公司法》（以下简称《公司法》）《中华人民共和国合伙企业法》（以下简称《合伙企业法》）等法律规定的特定数量
	第十二条规定，私募基金的合格投资者是指具备相应风险识别能力和风险承担能力，投资于单只私募基金的金额不低于100万元且符合下列相关标准的单位和个人： （1）净资产不低于1 000万元的单位 （2）金融资产不低于300万元或者最近3年个人年均收入不低于50万元的个人 前款所称金融资产包括银行存款、股票、债券、基金份额、资产管理计划、银行理财产品、信托计划、保险产品、期货权益等
	第十三条规定，下列投资者视为合格投资者： （1）社会保障基金、企业年金等养老基金，慈善基金等社会公益基金 （2）依法设立并在基金业协会备案的投资计划 （3）投资于所管理私募基金的私募基金管理人及其从业人员 （4）中国证监会规定的其他投资者 以合伙企业、契约等非法人形式，通过汇集多数投资者的资金直接或者间接投资于私募基金的，私募基金管理人或者私募基金销售机构应当穿透核查最终投资者是否为合格投资者，并合并计算投资者人数。但是，符合本条第（1）、（2）、（4）项规定的投资者投资私募基金的，不再穿透核查最终投资者是否为合格投资者和合并计算投资者人数

四、证券公司资产管理业务（★★）

《证券公司客户资产管理业务管理办法》第十一条规定，证券公司可以依法从事下列客户资产管理业务：

（1）为单一客户办理定向资产管理业务。

（2）为多个客户办理集合资产管理业务。

（3）为客户办理特定目的的专项资产管理业务。

第二十六条规定，证券公司可以自行推广集合资产管理计划，也可以委托其他证券公司、商业银行或者中国证监会认可的其他机构代为推广。

集合资产管理计划应当面向合格投资者推广，合格投资者累计不得超过200人。合格投资者是指具备相应风险识别能力和承担所投资集合资产管理计划风险能力且符合下列条件之一的单位和个人：

（1）个人或者家庭金融资产合计不低于100万元人民币。

（2）公司、企业等机构净资产不低于1 000万元人民币。

依法设立并受监管的各类集合投资产品视为单一合格投资者。

五、期货公司资产管理业务（★★）

期货公司资产管理业务相关法律法规如表1-7所示：

表1-7　期货公司资产管理业务相关法律法规

法律法规	内容
《期货公司资产管理业务管理规则（试行）》	期货公司及其依法设立的专门从事资产管理业务的子公司（以下简称子公司）在中华人民共和国境内非公开募集资金或者接受财产委托设立资产管理计划并担任资产管理人，根据资产管理合同的约定，为资产委托人的利益进行投资活动，适用本规则
	期货公司及子公司从事资产管理业务包括为单一客户办理资产管理业务和为特定多个客户办理资产管理业务
《期货公司资产管理业务试点办法》	资产管理业务的客户应当具有较强资金实力和风险承受能力。单一客户的起始委托资产不得低于100万元人民币。期货公司可以提高起始委托资产要求

六、信托公司资产管理业务（★★）

信托公司可以在境内设立和管理单一资金信托计划和集合资金信托计划。集合资金信托计划是指由信托公司担任受托人，按照委托人意愿，为受益人的利益，将两个及两个以上委托人交付的资金进行集中管理、运用或处分的资金信托业务活动。

信托公司设立集合资金信托计划，应当符合以下要求：

（1）委托人为合格投资者。

（2）参与信托计划的委托人为唯一受益人。

（3）单个信托计划的自然人人数不得超过50人，但单笔委托金额在300万元以上的自然人投资者和合格的机构投资者数量不受限制。

（4）信托期限不少于1年。

（5）信托资金有明确的投资方向和投资策略，且符合国家产业政策以及其他有关规定。

（6）信托受益权划分为等额份额的信托单位。

（7）信托合同应约定受托人报酬，除合理报酬外，信托公司不得以任何名义直接或间接以信托财产为自己或他人牟利。

（8）中国银保监会规定的其他要求。

合格投资者，是指符合下列条件之一，能够识别、判断和承担信托计划相应风险的人：

（1）投资一个信托计划的最低金额不少于100万元人民币的自然人、法人或者依法成立的其他组织。

（2）个人或家庭金融资产总计在其认购时超过100万元人民币，且能提供相关财产证明的自然人。

（3）个人收入在最近3年内每年收入超过20万元人民币或者夫妻双方合计收入在最近3年内每年收入超过30万元人民币，且能提供相关收入证明的自然人。

七、保险公司、保险资产管理公司业务（★★）

保险公司、保险资产管理公司业务如表1-8所示：

表1-8 保险公司、保险资产管理公司业务

业务类型	要点
保险资金委托投资业务	保险资产管理机构应当根据受托资产规模和类别、产品风险特征、投资业绩等因素，按市场化原则，以合同方式与委托或者投资机构约定管理费收入计提标准和支付方式
保险资产管理产品业务	保险资产管理产品业务，是指由保险资产管理机构为发行人和管理人，向保险集团（控股）公司、保险公司以及保险资产管理机构等投资人发售产品份额，募集资金并选聘商业银行等专业机构为托管人，为投资人利益开展的投资管理活动
资产支持计划业务	资产支持计划业务，是指保险资产管理公司等专业管理机构作为受托人设立支持计划，以基础资产产生的现金流为偿付支持，面向保险机构等合格投资者发行受益凭证的业务活动
私募基金业务	（1）保险资金可以设立私募基金，范围包括成长基金、并购基金、新兴战略产业基金、夹层基金、不动产基金、创业投资基金和以上述基金为主要投资对象的母基金 （2）保险资金设立私募基金，发起人应当由保险资产管理机构的下属机构担任，主要负责发起设立私募基金、确定基金管理人、维护投资者利益并承担法律责任，是通过私募基金开展投资业务的载体 （3）基金管理人可以由发起人担任，也可以由发起人指定保险资产管理机构或保险资产管理机构的其他下属机构担任，主要负责资金募集、投资管理、信息披露、基金退出等事宜，是私募基金的投资管理机构
投资连结保险产品和非寿险非预定收益投资型保险产品的资金管理	投资连结保险产品和非寿险非预定收益投资型保险产品的资金运用，应当在资产隔离、资产配置和投资管理等环节，独立于其他保险产品资金

表1-8（续）

公募证券投资基金业务	《证券投资基金法》规定，设立管理公开募集基金的基金管理公司，应当具备下列条件，并经国务院证券监督管理机构批准： （1）有符合本法和《公司法》规定的章程 （2）注册资本不低于1亿元人民币，且必须为实缴货币资本 （3）主要股东应当具有经营金融业务或者管理金融机构的良好业绩、良好的财务状况和社会信誉，资产规模达到国务院规定的标准，最近3年没有违法记录 （4）取得基金从业资格的人员达到法定人数 （5）董事、监事、高级管理人员具备相应的任职条件 （6）有符合要求的营业场所、安全防范设施和与基金管理业务有关的其他设施 （7）有良好的内部治理结构、完善的内部稽核监控制度、风险控制制度 （8）法律、行政法规规定的和经国务院批准的国务院证券监督管理机构规定的其他条件

八、商业银行资产管理业务（★★）

商业银行资产管理业务的相关法律法规如表1-9所示：

表1-9 商业银行资产管理业务相关法律法规

法律法规	内容	
《商业银行个人理财业务管理暂行办法》	商业银行在综合理财服务活动中，可以向特定目标客户群销售理财计划 理财计划是指商业银行在对潜在目标客户群分析研究的基础上，针对特定目标客户群开发设计并销售的资金投资和管理计划 按照客户获取收益方式的不同，理财计划可以分为保证收益理财计划和非保证收益理财计划，非保证收益理财计划可以分为保本浮动收益理财计划和非保本浮动收益理财计划	
	保证收益理财计划	商业银行按照约定条件向客户承诺支付固定收益，银行承担由此产生的投资风险，或银行按照约定条件向客户承诺支付最低收益并承担相关风险，其他投资收益由银行和客户按照合同约定分配，并共同承担相关投资风险的理财计划
	非保证收益理财计划	保本浮动收益理财计划是指商业银行按照约定条件向客户保证本金支付，本金以外的投资风险由客户承担，并依据实际投资收益情况确定客户实际收益的理财计划
		非保本浮动收益理财计划是指商业银行根据约定条件和实际投资收益情况向客户支付收益，并不保证客户本金安全的理财计划

表1-9（续）

法律法规	内容
《商业银行理财产品销售管理办法》	商业银行为私人银行客户和高资产净值客户提供理财产品销售服务应当按照本办法规定进行客户风险承受能力评估。私人银行客户是指金融净资产达到600万元人民币及以上的商业银行客户；商业银行在提供服务时，由客户提供相关证明并签字确认。高资产净值客户是满足下列条件之一的商业银行客户： （1）单笔认购理财产品不少于100万元人民币的自然人 （2）认购理财产品时，个人或家庭金融净资产总计超过100万元人民币，且能提供相关证明的自然人 （3）个人收入在最近三年每年超过20万元人民币或者家庭合计收入在最近3年内每年超过30万元人民币，且能提供相关证明的自然人

真题链接

【2017年】关于资产管理行业的现状，下列表述错误的是（　　）。

A.银行、保险等各类机构不能开展资产管理业务

B.随着我国国民个人财富的不断积累，投资者对理财的需求不断上升

C.传统的资产管理行业主要是基金管理公司和信托公司

D.各类机构广泛参与、各类资产管理业务交叉融合是我国目前资产管理行业的现状

【答案】A。解析：近年来，随着我国居民个人财富的不断积累，金融监管机构对资产管理的金融管制逐渐放松，投资者对理财的需求不断上升，银行、证券、保险等各类金融机构纷纷开展资产管理业务，除公募基金、私募基金、信托计划外，还提供券商资管、保险资管、期货资管、银行理财等各种资产管理产品。分处不同监管体系的各类机构广泛参与、各类资产管理业务交叉融合所形成的既相似又不同的混业局面，是我国目前资产管理行业的现状。

考点4　投资基金简介

一、投资基金的定义（★★★）

投资基金（investment funds）是一种组合投资、专业管理、利益共享、风险共担的集合投资方式。投资基金通过向投资者发行受益凭证（基金份额），集中投资者的资金，交由专业的基金管理机构投资于各种资产实现资金的保值增值，是一种间接投资工具。

投资基金的投资领域既包括金融资产，如股票、债券、外汇、期货、期权等，也包括其他资产，如房地产、大宗能源、林权、艺术品等。

基金运作中的主要当事人是指基金投资者、基金管理人和托管人。

二、投资基金的主要类别（★★★）

按不同的标准可将投资基金分为多种类别。

（1）按照资金募集方式，可分为公募基金和私募基金两类。公募基金是指向不特定投资者公开发行受益凭证进行资金募集的基金，公募基金一般在法律和监管部门的严格监管下，有着信息披露、利润分配、投资限制等行业规范要求。私募基金是指私下或直接向特定投资者募集的资金，只能向少数特定投资者采用非公开方式募集，对投资者的投资能力有一定要求，但在信息披露、投资限制等方面监管要求较低，方式较为灵活。

（2）按照法律形式，投资基金可分为契约型基金、公司型基金、有限合伙型基金等形式。

（3）按照运作方式，投资基金可分为开放式和封闭式基金。

（4）通常，人们把投资于公开市场交易的权益、债券、货币、期货等金融资产的基金称为传统投资基金，投资于传统对象的投资基金称为另类投资基金。

证券投资基金是投资基金中最主要的一种类别，主要投资于传统金融资产。证券投资基金（securities investment fund）是以利益共享、风险共担为原则，通过公开发售基金份额，将分散在投资者手中的资金集中起来，由基金托管人托管，由基金管理人管理和运作资金，为促进基金投资者的利益，专门从事证券投资的投资方式，可分为公募证券投资基金和私募证券投资基金。另类投资基金的分类如表1-10所示：

表1-10　另类投资基金分类

类型	内容
私募股权基金	私募股权基金（private equity，PE）又称股权投资基金或私人股权投资基金，是指通过私募形式对非上市企业进行的权益性投资
风险投资基金	风险投资基金（venture capital，VC）又称创业基金，也可看作私募股权基金的一种以特定的方式集中机构和个人的资金，投向不具备上市资格的初创期或小型的新兴企业，尤其是高新技术企业，帮助所投资企业尽快成熟
对冲基金	对冲基金（hedge fund）意为"风险对冲过的基金"，它是基于投资理论和极其复杂的金融市场操作技巧，充分利用各种金融衍生产品的杠杆效用，承担高风险、追求高收益的投资模式，它一般采用私募方式，广泛投资于金融衍生产品
不动产投资基金	不动产投资基金（real estates investment trusts，REITs）是一种以发行权益凭证的方式汇集投资者的资金，由专门投资机构进行不动产投资经营管理，并将投资综合收益按比例分配给投资者的一种基金。不动产基金可以采用私募方式，也可以采用公募方式
其他另类投资基金	其他另类投资基金是指投资于股票、债券之外的金融资产和实物资产的基金，如房地产、证券化资产、对冲基金、大宗商品、黄金、艺术品等。另类投资基金一般采用私募方式，种类非常广泛，外延很不确定

真题链接

【2016年】投资基金中最主要的一种类别是（　　）。

A.对冲基金　　　　　　　　　　　B.风险投资基金

C.证券投资基金　　　　　　　　　D.另类投资基金

【答案】C。解析：人们日常接触到的投资基金分类，主要是以投资对象的不同进行区分的。证券投资基金是投资基金中最主要的一种类别，主要投资于传统金融资产。

本章同步自测

1.金融交易的组织方式是金融市场的构成要素之一，它包括的组织方式是（　　）。

A.交易所交易方式　　　　　　　　B.柜台交易方式

C.电信网络交易方式　　　　　　　D.以上都是

2.资产管理的特征不包括（　　）。

A.资产管理包括委托方（投资者）和受托方（资产管理人）

B.主要为货币等金融资产

C.资产管理主要通过投资于银行存款、证券、期货、基金、保险或实体企业股权等资产实现增值

D.资产管理的受托资产包括固定资产等实物资产

3.下列关于投资基金的叙述正确的是（　　）。

A.投资基金是资产管理的主要方式之一，是一种组合投资、专业管理、利益共享、风险共担的联合投资方式

B.投资基金主要通过向投资者发行受益凭证（基金份额），将社会上的资金集中起来，交由专业的基金管理机构投资于各种资产，实现保值增值

C.投资基金所投资的资产只能是金融资产

D.投资基金主要是一种直接投资工具

4.下列说法错误的是（　　）。

A.按法律形式划分，投资基金分为公司型基金、契约型基金和有限合伙型基金

B.按照运作方式划分，投资基金可分为私募基金和公募基金

C.证券投资基金的原则是利益共享、风险共担

D.对冲基金起源于20世纪50年代的美国

5.依据（　　），投资基金可以分为开放式基金和封闭式基金。

A.所投资的对象　　　　　　　　　B.运作方式

C.法律形式　　　　　　　　　　　D.资金募集方式

参考答案及解析 》》》》》

1.【答案】D。解析:本题旨在考查金融交易的组织方式。金融交易的组织方式是金融市场的构成要素之一,其组织方式有三种:一是场内交易方式,有固定场所、有制度、集中进行交易的方式,如交易所交易方式;二是场外交易方式,在各金融机构柜台上买卖双方进行面议的、分散交易的方式,如柜台交易方式;三是电信网络交易方式。故本题选D。

2.【答案】D。解析:本题旨在考查资产管理的特征。资产管理的特征如下:一是从参与方来看,资产管理包括委托方(投资者)和受托方(资产管理人);二是从受托资产来看,主要为货币等金融资产,一般不包括固定资产等实物资产;三是从管理方式来看,资产管理主要通过投资于银行存款、证券、期货、基金、保险或实体企业股权等资产实现增值。故本题选D。

3.【答案】B。解析:本题旨在考查投资基金的相关概念。投资基金是资产管理的主要方式之一,是一种组合投资、专业管理、利益共享、风险共担的集合投资方式。A项表述错误。投资基金主要通过向投资者发行受益凭证(基金份额),将社会上的资金集中起来,交由专业的基金管理机构投资于各种资产,实现保值增值。B项表述正确。投资基金所投资的资产既可以是金融资产,如股票、债券、外汇、期货、期权等,也可以是房地产、大宗能源、林权、艺术品等其他资产。C项表述错误。投资基金主要是一种间接投资工具。D项表述错误。故本题选B。

4.【答案】B。解析:本题旨在考查投资基金的分类。按照运作方式,投资基金可以分为开放式基金和封闭式基金。故本题选B。

5.【答案】B。解析:本题旨在考查投资基金的分类。按照运作方式,投资基金可以分为开放式基金和封闭式基金。故本题选B。

第二章　证券投资基金概述

第二章	考点	考查角度
证券投资基金概述	证券投资基金的概念和特点	证券投资基金概念及特点 证券投资基金与其他金融工具的比较
	证券投资基金的运作与参与主体	证券投资基金的运作、基金当事人、基金市场服务机构、基金监管机构与自律组织、证券投资基金运作关系
	证券投资基金的法律形式和运作方式	证券投资基金的法律形式划分、契约型基金与公司型基金的区别、证券投资基金的组织运作方式划分、基金财产的独立性、封闭式基金与开放式基金的区别、伞形基金
	证券投资基金的起源与发展	证券投资基金的起源与发展 全球基金业发展的趋势与特点
	我国证券投资基金业的发展历程	我国证券投资基金发展的五个阶段、每个阶段的特点和标志产品
	证券投资基金业在金融体系中的地位与作用	基金对中小投资者、金融结构和经济以及证券市场的作用

考点精讲

考点1　证券投资基金的概念和特点

一、证券投资基金的概念及在各地不同的名称（★）

（一）概念

证券投资基金，是指以发售基金份额的方式将众多不特定投资者的资金汇集起来，从而形成独立资产，基金管理人接受委托进行投资管理，基金托管人进行财产托管，由基金投资人共享收益、共担风险的集合投资方式。其运作方式如图2-1所示。

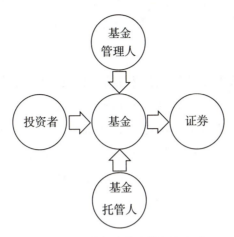

图2-1　证券投资基金的运作方式

基金管理人和基金托管人分别由基金管理机构和托管机构担任,其管理费收入和托管费收入一般按照基金资产规模的一定比例收取。

证券投资基金通过基金管理人进行投资,本质上是一种间接代理投资的方式。投资人为了得到比自行管理更高的报酬,委托具有专业知识的基金管理人进行专业资产管理。

本书论述的"证券投资基金"若非特别指出均指公开募集证券投资基金,亦简称为公募基金。

（二）各地称谓

世界各国和地区对证券投资基金的称谓有所不同。图2-2是各国（地区）对证券投资基金的称谓。

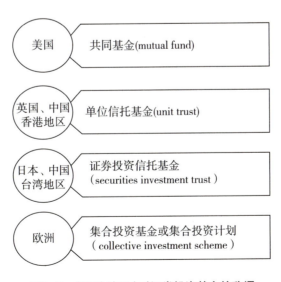

图2-2　各国（地区）对证券投资基金的称谓

二、证券投资基金的基本特点（★★★）

（一）集合理财、专业管理

基金集合理财的特点表现在将众多投资者的资金集中起来，委托基金管理人进行共同投资。将众多投资者的资金集中起来是为了发挥资金的规模优势，降低投资成本。基金采用委托基金管理人进行投资管理和运作的方式，体现了投资基金专业管理的特点。基金管理人一般拥有大量的专业投资研究人员和强大的信息网络，能够更好地获取市场信息以便对证券市场进行全方位的动态跟踪并做深入分析。这种集合理财模式，使中小投资者也能享受到专业化的投资管理服务，一定程度上减小其投资风险。

（二）组合投资、分散风险

组合投资、分散风险的特点除了体现在国家法律法规有规定的基金外，基金一般须以组合投资的方式进行投资运作，以降低投资风险。中小投资者资金量小，一般无法通过购买数量众多的股票分散投资风险。而基金将投资者的资金汇集起来，购买几十种甚至上百种股票，投资者购买基金就相当于用很少的资金购买了一篮子股票。这样，某些股票价格上涨产生的盈利可以弥补其他股票价格下跌造成的损失，分散风险。

（三）利益共享、风险共担

利益共享、风险共担是证券投资基金的原则。基金投资者是基金的所有者。基金投资收益在扣除由基金承担的费用后，盈余全部归基金投资者所有。该盈余一般会按照各个基金投资者所持有的基金份额比例向基金投资者进行分配。为基金提供服务的基金托管人、基金管理人一般按基金合同的规定从基金资产中收取一定比例的托管费、管理费，并不参与基金收益的分配。

（四）严格监管、信息透明

严格监管、信息透明表现在各国和地区的基金监管机构皆对证券投资基金业实行严格的监管，严厉打击各种损害投资者利益的行为，并强制基金进行及时、准确、充分的信息披露，以切实保护投资者的利益，增强投资者对基金投资的信心。

（五）独立托管、保障安全

独立托管、保障安全的特点体现为基金管理人负责基金的投资操作，本身并不参与基金财产的保管，基金财产的保管由独立于基金管理人的基金托管人负责。在这种相互制约、相互监督的制衡机制下，投资者的利益得到了保障。

> **真题链接**
>
> 【2015年】关于基金对于中小投资者的好处，以下表述错误的是（　　）。
>
> A.专业理财　　　　　　　　　　　B.稳定回报

C.集中资金 　　　　　　　　　　 D.分散风险

【答案】B。解析：基金将众多投资者的资金集中起来，委托基金管理人进行共同投资，表现出一种集合理财的特点。通过汇集众多投资者的资金，积少成多，有利于发挥资金的规模优势，降低投资成本。将资金交给基金管理人管理，使中小投资者也能享受到专业化的投资管理服务。基金通常会购买几十种甚至上百种股票，投资者购买基金就相当于用很少的资金购买了一篮子股票。在多数情况下，某些股票价格下跌造成的损失可以用其他股票价格上涨产生的盈利来弥补，因此可以充分享受到组合投资、分散风险的好处。

三、证券投资基金与其他金融工具的比较（★★）

（一）基金与股票、债券的差异

基金与股票、债券的差异如表2-1所示：

表2-1　基金、股票、债券三者差异

比较项目	基金	股票	债券
反映的经济关系不同	反映的是信托关系，是一种受益凭证，投资者购买基金份额就成为基金的受益人	反映的是所有权关系，是一种所有权凭证，投资者购买股票后就成为公司的股东	反映的是债权债务关系，是一种债权凭证，投资者购买债券后就成为公司的债权人
所筹资金的投向不同	间接投资工具，所筹集的资金主要投向有价证券等金融工具或产品	直接投资工具，所筹集的资金主要投向实业领域	直接投资工具，所筹集的资金主要投向实业领域
投资收益与风险大小不同	风险适中、收益稳健	高风险、高收益	低风险、低收益

（二）基金与银行储蓄存款的差异

基金与银行储蓄存款的差异如表2-2所示：

表2-2　基金与银行储蓄存款的差异

比较项目	基金	银行储蓄存款
性质不同	是一种受益凭证，基金财产独立于基金管理人，基金管理人只是受托管理投资者资金，并不承担投资损失的风险也不保证资金的收益率	表现为银行的负债，是一种信用凭证；银行对存款者负有法定的保本付息的责任
收益与风险特性不同	收益具有一定的波动性，存在投资风险	利率相对固定，投资者损失本金的可能性很小，投资相对比较安全
信息披露程度不同	基金管理人必须定期向投资者公布基金的投资运作情况	银行吸收存款之后，没有义务向存款人披露资金的运用情况

（三）基金与保险产品的差异

基金与保险产品的差异如表2-3所示：

表2-3 基金与保险产品的差异

比较项目	基金	保险产品
目的不同	基金是一种投资工具，投资基金的目的是获得投资收益	保险的主要功能是保障，它是一种具有保障功能的理财工具，意义在于分散和转移风险
对投资人要求不同	基金特别是公募基金的投资对投资人没有太多要求，不同人申购和赎回价格的计算是一致的	保险产品的购买是个性化的，价格的计算也是不一致的，要根据被保险人的年龄、身体健康等情况来计算
变现能力不同	基金特别是主流的开放式基金是可以随时变现的	保险是一种专款专用的解决中长期问题的"储蓄"，不可以随时变现

真题链接

【2015年】关于不同投资工具投资收益与风险的描述，以下正确的是（　　）。

A.债券是一种债权关系，所以债券投资基本上没有什么风险

B.基金可投资于众多金融工具或产品，所以风险有限，收益会相对比较高

C.银行存款利率相对固定，投资者绝对没有损失本金的风险

D.股票价格的波动性较大，是一种高风险、高收益的投资品种

【答案】D。解析：通常情况下，股票价格的波动性较大，是一种高风险、高收益的投资品种，D项正确；债券可以给投资者带来较为确定的利息收入，波动性也较股票要小，是一种低风险、低收益的投资品种，A项错误；基金的投资收益和风险取决于基金种类以及其投资的对象，总体来说由于基金可以投资于众多金融工具或产品，能有效分散风险，是一种风险相对适中、收益相对稳健的投资品种，B项错误；银行存款利率相对固定，投资者损失本金的可能性也很小，C项错误。

考点2　证券投资基金的运作与参与主体

一、证券投资基金运作的三大部分（★）

基金的运作包括基金的募集、基金的投资管理、基金资产的托管、基金份额的登记交易、基金的估值与会计核算、基金的信息披露以及其他基金运作活动在内的所有相关环节。从基金管理人的角度，基金的运作活动包括基金的市场营销、基金的投资管理和基金的后台管理三大部分。基金的运作活动如表2-4所示：

表2-4　基金的运作活动

基金的市场营销	主要涉及基金份额的募集与客户服务
基金的投资管理	体现了基金管理人的服务价值
基金的后台管理	涉及基金份额的注册登记、基金资产的估值、会计核算、信息披露等后台管理服务,对保障基金的安全运作起着重要的作用

二、基金行业的主要参与者及其功能和运作关系(★★)

依据所承担的职责与作用的不同,基金市场的参与主体分为基金当事人、基金市场服务机构、基金监管机构和自律组织三大类。

(一)基金当事人

我国的证券投资基金依据基金合同设立,基金份额持有人、基金管理人与基金托管人是基金合同的当事人,简称基金当事人。

1.基金份额持有人

基金份额持有人即基金份额的所有者,也是基金投资者、出资人、基金资产的所有者和基金投资回报的受益人。

我国基金份额持有人享有以下权利:

(1)分享基金财产收益,参与分配清算后的剩余基金财产。

(2)依法转让或者申请赎回其持有的基金份额。

(3)按照规定要求召开基金份额持有人大会。

(4)对基金份额持有人大会审议事项行使表决权。

(5)查阅或者复制公开披露的基金信息资料。

(6)对基金管理人、基金托管人、基金销售机构损害其合法权益的行为依法提出诉讼。

(7)基金合同约定其他权利。

2.基金管理人

基金管理人要遵循基金合同的约定,进行基金资产的投资运作,在有效控制风险的基础上为基金投资者争取最大的投资收益,这是基金管理人作为基金产品的募集者和管理者需要履行的最主要的职责。

在基金运作中,基金管理人具有核心作用。基金管理人或者基金管理人选定的其他服务机构承担着基金运作中的重要职能。在我国,基金管理人只能由依法设立的基金管理公司担任。

3.基金托管人

基金资产必须由独立于基金管理人的基金托管人保管,以防止基金管理人挪用基金资产以作他用,保证基金资产的安全。

基金资产保管、基金资金清算、会计复核以及对基金投资运作的监督等职责主要由基金托管人承担。在我国，基金托管人只能由依法设立并取得基金托管资格的商业银行或其他金融机构担任。

（二）基金市场服务机构

基金管理人、基金托管人不仅是基金的当事人，也是基金的主要服务机构。除了基金管理人和基金托管人以外，基金市场还有许多为基金市场提供服务的其他机构，主要包括基金销售机构、销售支付机构、份额注册登记机构、估值核算机构、投资顾问机构、评价机构、信息技术系统服务机构以及律师事务所、会计师事务所等。

1.基金销售机构

基金销售包括基金销售机构宣传推介基金，发售基金份额，办理基金份额申购、赎回等活动。基金销售收取以基金交易（含开户）为基础的相关佣金。

基金销售机构是指从事基金销售业务活动的机构，包括基金管理人以及经中国证券监督管理委员会（简称中国证监会）认定的可以从事基金销售的其他机构。

目前可申请从事基金代理销售的机构主要包括商业银行（含在华外资法人银行，下同）、证券公司、保险公司、证券投资咨询机构、独立基金销售机构。

2.基金销售支付机构

基金销售支付是指在基金销售过程中，基金销售机构、基金投资人之间的货币资金转移活动。

基金销售支付机构是指从事基金销售支付业务活动的商业银行或者支付机构。

基金销售支付机构从事销售支付活动的，应当取得中国人民银行颁发的《支付业务许可证》（商业银行除外），并制定了完善的资金清算和管理制度，能够确保基金销售结算资金的安全、独立和及时划付。

从事公开募集基金的销售支付机构应当按照中国证监会的规定进行备案。

3.基金份额登记机构

基金份额登记是指有关基金份额的登记过户、存管和结算等业务的活动。

基金份额登记机构是指从事基金份额登记业务活动的机构。基金管理人可以办理其募集的基金份额的登记业务，也可以委托基金份额登记机构代为办理基金份额登记业务，但基金管理人依法应当承担的责任不因委托而免除。基金份额登记机构应当保证登记数据的真实、准确、完整，不得隐匿、伪造、篡改或者毁损。

基金份额登记机构的主要职责包括以下几项：

（1）建立并管理投资人的基金账户。

（2）负责基金份额的登记。

（3）基金交易确认。

（4）代理发放红利。

（5）建立并保管基金份额持有人名册。

（6）法律法规或份额登记服务协议规定的其他职责。

从事公开募集基金份额登记业务的基金份额登记机构，由基金管理人和中国证监会认定的其他机构担任。

4.基金估值核算机构

基金估值核算是指与基金会计核算、估值及相关信息披露等业务有关的活动。

基金估值核算机构是指从事基金估值核算业务活动的机构。基金管理人可以自行办理基金估值核算业务，也可以委托基金估值核算机构代为办理基金估值核算业务，但基金管理人依法应当承担的责任不因委托而免除。从事公开募集基金估值核算业务的基金估值核算机构应当向中国证监会申请注册。

5.基金投资顾问机构

基金投资顾问是指按照约定就基金以及其他中国证监会认可的投资产品向基金管理人、基金投资人等服务对象提供投资建议，帮助客户进行投资决策，并直接或间接获取经济利益的业务活动。

基金投资顾问机构是指从事基金投资顾问业务活动的机构。基金投资顾问机构及其从业人员提供投资顾问服务，应当具有合理的依据，对其服务能力和经营业务进行如实陈述，不得以任何方式承诺或者保证收益，不得损害服务对象的合法权益。

提供公开募集基金投资顾问业务的基金投资顾问机构，应当向工商登记注册地中国证监会派出机构申请注册。未经中国证监会派出机构注册，任何机构或者个人不得从事公开募集基金投资顾问业务。

6.基金评价机构

基金评价是指对基金投资收益和风险或者基金管理人管理能力进行的评级、评奖、单一指标排名或者中国证监会认定的其他评价活动。评级是指运用特定的方法对基金的投资收益和风险或者基金管理人的管理能力进行综合性分析，并使用具有特定含义的符号、数字或文字展示分析的结果。

基金评价机构是指从事基金评价业务活动的机构。基金评价机构及其从业人员应当客观公正，依法开展基金评价业务，禁止误导投资人，防范可能发生的利益冲突。

基金评价机构从事公开募集基金评价业务并以公开形式发布基金评价结果的，应当向中国基金业协会申请注册。

7.基金信息技术系统服务机构

基金信息技术系统服务是指以基金业务核心应用软件开发、信息系统运营维护、信息系统安全保障和基金交易电子商务平台等为核心，向基金管理人、基金托管人和基金服务机构提供的服务。

从事基金信息技术系统服务的机构应当具备国家有关部门规定的资质条件或者取得相关

资质认证,具有开展业务所需要的人员、设备、技术、知识产权等条件,其信息技术系统服务应当符合法律法规、中国证监会以及行业自律组织等的业务规范要求。

8.律师事务所和会计师事务所

律师事务所和会计师事务所作为专业、独立的中介服务机构,为基金提供法律、会计服务。律师事务所、会计师事务所接受基金管理人、基金托管人的委托,为有关基金业务活动出具法律意见书、审计报告、内部控制评价报告等文件,应当勤勉尽责,对所依据的文件资料内容的真实性、准确性、完整性进行核查和验证。

(三)基金监管机构和自律组织

1.基金监管机构

基金监管机构履行制定有关证券投资基金活动监督管理的规章、规则,并行使审批、核准或注册权,依法办理基金备案,对基金管理人、基金托管人以及其他从事基金活动的服务机构进行监督管理,对违法行为进行查处等。在我国,基金监管机构为中国证监会。

2.基金自律组织

基金的自律管理机构之一就是证券交易所。我国的证券交易所是依法设立的、不以营利为目的,为证券的集中和有组织的交易提供场所和设施,履行国家有关法律法规、规章、政策规定的职责,实行自律性管理的法人。证券交易所的作用表现在以下方面:①封闭式基金、上市开放式基金和交易型开放式指数基金等需要通过证券交易所募集和交易,必须遵守证券交易所的规则;②经中国证监会授权,证券交易所一线监控基金的投资交易行为。

基金自律组织是由基金管理人、基金托管人及基金市场服务机构共同成立的同业协会。同业协会在促进同业交流、提高从业人员素质、加强行业自律管理、保护投资者合法利益、促进行业规范发展等方面具有重要的作用。我国的基金自律组织是2012年6月6日成立的中国证券投资基金业协会。

我国基金行业主要参与者的分类如表2-5所示:

表2-5 我国基金行业主要参与者的分类

基金当事人	基金份额持有人
	基金管理人
	基金托管人
基金市场服务机构	基金销售机构
	基金销售支付机构
	基金份额登记机构
	基金估值核算机构
	基金投资顾问机构
	基金评价机构

表2-5（续）

基金市场服务机构	基金信息技术系统服务机构
	律师事务所和会计师事务所
基金监管机构和自律组织	基金监管机构
	基金自律组织

三、证券投资基金的运作环节（★★）

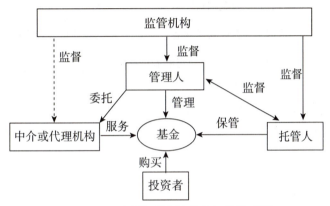

图2-3 我国证券投资基金运作关系图

考点3 证券投资基金的法律形式和运作方式

一、公司型基金和契约型基金（★★）

依据法律形式的不同,证券投资基金可分为契约型基金与公司型基金。目前,我国的证券投资基金均为契约型基金,美国的证券投资基金以公司型基金为主。

（一）公司型基金和契约型基金的概念

1.公司型基金

公司型基金在法律上是具有独立法人地位的股份投资公司。公司型基金依据基金公司章程设立,设有董事会,代表投资者的利益行使职权。基金投资者作为基金公司的股东,享有股东权,按所持有的股份承担有限责任,分享投资收益。公司型基金委托基金管理公司作为专业的投资顾问来经营与管理基金资产。

2.契约型基金

契约型基金是依据基金合同设立的一类基金。基金合同是规定基金当事人之间权利义务的基本法律文件。在我国,契约型基金依据基金管理人、基金托管人之间所签署的基金合同设立;基金投资者自取得基金份额后即成为基金份额持有人和基金合同的当事人,依法享受权利并承担义务。

（二）公司型基金和契约型基金的区别

公司型基金和契约型基金的区别如表2-6所示：

表2-6　公司型基金和契约型基金的区别

项目	契约型基金	公司型基金
法律主体资格	不具有法人资格	具有法人资格
投资者的地位	契约型基金持有人大会赋予基金持有者的权利相对较小	与契约型基金相比,公司型基金的股东大会赋予基金持有者的权利相对较大
基金营运依据	依据基金合同营运基金	依据投资公司章程营运基金
基金组织方式	借用了《公司法》规定的股份有限公司的组织方式	借用了信托法律制度

公司型基金的优点是法律关系明确清晰,监督约束机制较为完善,但契约型基金在设立上更为简单易行。两者之间的区别主要表现在法律形式的不同,并无优势之分。

真题链接

【2015年】关于公司型基金,以下表述错误的是（　　）。

A.依据基金合同成立

B.在法律上具有独立法人地位的股份投资公司

C.公司设有董事会,代表投资者的利益行使职权

D.基金投资者是基金公司的股东

【答案】A。解析:公司型基金在法律上是具有独立法人地位的股份投资公司。公司型基金依据基金公司章程设立,设有董事会,代表投资者的利益行使职权。基金投资者是基金公司的股东,享有股东权,按所持有的股份承担有限责任,分享投资收益。

二、基金财产的独立性（★★）

根据我国《证券投资基金法》的规定,基金财产的独立性表现在:

（1）基金财产的债务由基金财产本身承担,基金份额持有人以其出资为限对基金财产的债务承担责任。但基金合同依照本法另有约定的,从其约定。

（2）基金财产独立于基金管理人、基金托管人的固有财产。基金管理人、基金托管人不得将基金财产归入其固有财产。基金管理人、基金托管人因依法解散、被依法撤销或者被依法宣告破产等原因进行清算的,基金财产不属于其清算财产。

（3）基金管理人、基金托管人因基金财产的管理、运用或者其他情形而取得的财产和收益,归入基金财产。

（4）基金财产的债权,不得与基金管理人、基金托管人固有财产的债务相抵销,不同基金

财产的债权债务不得相互抵销。

非因基金财产本身承担的债务,不得对基金财产强制执行。

三、开放式基金和封闭式基金

依据运作方式不同,证券投资基金可以分为开放式基金和封闭式基金。

(一)开放式基金和封闭式基金的概念

1.开放式基金

开放式基金是指基金份额不固定,基金份额可以在基金合同约定的时间和场所进行申购或者赎回的一种基金运作方式。此处所指的开放式基金专指传统的开放式基金,不包括交易型开放式指数基金(ETF)和上市开放式基金(LOF)等新型开放式基金。

2.封闭式基金

封闭式基金是指基金份额在基金合同期限内固定不变,基金份额可以在依法设立的证券交易所交易,但基金份额持有人不得申请赎回的一种基金运作方式。

(二)开放式基金和封闭式基金的区别

1.期限不同

封闭式基金一般有一个固定的存续期限。封闭式基金合同中必须规定基金封闭期,封闭式基金期满后可以通过一定的法定程序延期或转为开放式。

开放式基金一般没有特定存续期限。

2.份额限制不同

封闭式基金的基金份额固定,在封闭期限内未经法定程序认可不能增减。

开放式基金规模不固定,投资者可以随时提出申购或赎回申请,基金份额随之增加或减少。

3.交易场所不同

封闭式基金份额固定,在完成募集后,基金份额在证券交易所上市交易。投资者买卖封闭式基金份额,只能委托证券公司在证券交易所按市价买卖,交易在投资者之间完成。

开放式基金份额不固定,投资者可以按照基金管理人确定的时间和地点向基金管理人或销售代理人提出申购、赎回申请,交易在投资者与基金管理人之间完成。

4.价格形成方式不同

封闭式基金的交易价格主要受二级市场供求关系的影响。当需求旺盛时,封闭式基金二级市场的交易价格会超过基金份额净值而出现溢价交易现象;反之,则出现折价交易现象。

开放式基金的买卖价格以基金份额净值为基础,不受市场供求关系的影响。

5.激励约束机制不同

封闭式基金份额固定,即使基金表现好,其扩展能力也受到较大限制。如果表现不佳,由于投资者无法赎回投资,基金经理通常也不会在经营与流动性管理上面临直接的压力。

开放式基金份额不固定,如果业绩表现好,通常会吸引新的投资者,基金管理人的管理费收入也会随之增加;如果基金表现差,开放式基金则会面临投资者要求赎回投资的压力。与封闭式基金相比,开放式基金一般向基金管理人提供了更好的激励约束机制。

6.投资策略不同

由于封闭式基金份额固定,没有赎回压力,基金投资管理人员完全可以根据预先设定的投资计划进行长期投资和全额投资,并将基金资产投资于流动性相对较弱的证券上,这在一定程度上有利于基金长期业绩的提高。

由于开放式基金的份额不固定,投资操作常常会受到不可预测的资金流入、流出的影响与干扰。特别是为满足基金赎回的需要,开放式基金必须保留一定的现金资产,并高度重视基金资产的流动性,这在一定程度上会给基金的长期经营业绩带来不利影响。

开放式基金和封闭式基金的区别如表2-7所示:

表2-7 开放式基金和封闭式基金的区别

项目	开放式基金	封闭式基金
规模	不固定	固定
存续期限	不确定,理论上可以无限期存续	确定
交易方式	一般不上市,通过向基金管理公司和代销机构进行申购、赎回	上市流通
交易价格	按照每日基金单位资产净值	根据市场行情变化,相对于单位资产净值可能折价或溢价,多为折价
信息披露	每日公布基金单位资产净值,每季度公布资产组合,每6个月公布变更的招募说明书	每周公布基金单位资产净值,每季度公布资产组合
投资策略	强调流动性管理,基金资产中要保持一定现金以及流动性资产	全部资金在封闭期内可以进行长期投资

四、伞型基金(★★)

伞形基金又称为系列基金,是指多个基金共用一个基金合同,子基金独立运作,子基金之间可以进行相互转换的一种基金结构形式。它有以下特点:

1.简化管理、降低成本

不同子基金均隶属于一个总契约和总体管理框架,可以很大程度地简化管理,并在诸如基金的托管、审计、法律服务、管理团队等方面享有规模经济,从而降低设立及管理一只新基金的成本。

2.强大的扩张功能

伞型基金在建立起总体框架并得到东道国金融管理当局的认可后,基金公司就可以根据市场的需要,以比单一基金更高的效率、更低的成本不断推出新的子基金品种或扩大其产品的销售地区。

真题链接

【2016年】关于封闭式基金和开放式基金区别的说法，不正确的是（　　）。

A.封闭式基金的基金份额是固定的，开放式基金的基金份额不固定

B.开放式基金通过交易所交易，封闭式基金通过基金管理人指定的销售渠道交易

C.封闭式基金有固定的存续期限，开放式基金没有固定的存续期限

D.封闭式基金的交易价格受二级市场供求关系影响，非上市交易型开放式基金价格一般不受供求关系影响

【答案】B。解析：封闭式基金份额固定，在完成募集后，基金份额在证券交易所上市交易。投资者买卖封闭式基金份额，只能委托证券公司在证券交易所按市价买卖，交易在投资者之间完成。开放式基金份额不固定，投资者可以按照基金管理人确定的时间和地点向基金管理人或其销售代理人提出申购、赎回申请，交易在投资者与基金管理人之间完成。

考点4　证券投资基金的起源与发展

一、证券投资基金的起源（★★）

投资基金的出现与世界经济的发展有着密切的关系，世界上第一只公认的证券投资基金是"海外及殖民地政府信托"（The Foreign And Colonial Government Trust）。海外及殖民地政府信托诞生于1868年的英国。海外及殖民地政府信托由投资者集体出资、专职经理人管理运作，并委托律师签订文字契约，由此产生了一种新型的信托契约型的间接投资模式。海外及殖民地政府信托已经具有现代投资基金的雏形，为现代投资基金的产生奠定了基础。

二、证券投资基金的发展历程（★★）

（一）证券投资基金的早期发展

早期的基金基本上是封闭基金。投资基金真正的大发展是在美国。1924年在波士顿成立的"马萨诸塞投资信托基金"（Massachusetts Investment Trust）被公认为是美国开放式公司型共同基金的鼻祖，也是世界上第一只开放式基金。目前，开放式基金成为当代证券投资基金的主流产品。此后，美国又相继制定相关法规对共同基金的运营做出了规定。

第二次世界大战后，各发达国家政府更加明确认识到证券投资基金业的重要性，以及基金业对稳定金融市场所起的作用，从而极大地提高了对证券投资基金业的重视程度。各国相继制定了一系列有关法规，对证券投资基金企业加强监管，为证券投资基金业的发展提供了良好的外部条件。

（二）证券投资基金在美国的普及性发展

美国是世界上基金业最为发达的国家。20世纪30年代，由于经济大萧条，美国的基金业遭受了重创，美国国会通过了多部法律来保护投资者，建立了对证券市场（包括共同基金业）和金融市场的监管体制。

进入20世纪六七十年代，美国共同基金的产品和服务趋于多样化，共同基金业的规模也发生了巨大变化。在1970年以前，大多数共同基金是股票基金，只有一些平衡型基金包括了一部分债券。1971年，第一只货币市场基金建立，货币市场基金提供比银行储蓄账户更高的市场利率，并且具有签发支票的类货币支付功能。同时，美国退休保障体制的变革极大地推动了共同基金的发展。20世纪90年代由于股票市场的牛市，美国基金业迎来了大发展的时代。

（三）证券投资基金在全球的普及性发展

进入21世纪以后，全球基金业的规模持续膨胀，特别是2006—2007年。金融危机爆发后，全球基金业的规模有所下降，但经过短暂调整后，2009年重新走上上升的轨道。在各种基金类型中，股票基金的资产规模和数目都具有优势，债券基金的资产规模在显著上升。从区域看，全球投资基金的资产主要集中在北美和欧洲。

证券投资基金发展的历程如图2-4所示：

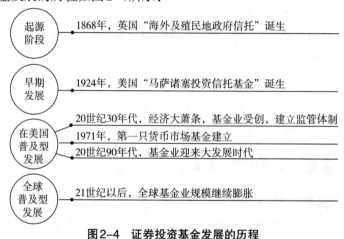

图2-4　证券投资基金发展的历程

三、全球基金业发展的趋势与特点（★★）

（一）美国占据主导地位，其他国家和地区发展迅猛

美国是世界上基金业最为发达的国家。目前，美国的证券投资基金资产净值总值占世界半数以上，对全球证券投资基金的发展有着重要的示范性影响。除欧洲、美国、日本外，澳大利亚、拉丁美洲、亚洲新兴国家和地区（如中国香港、中国台湾等地区以及新加坡、韩国等国）的证券投资基金发展也很快。随着数量、品种、规模的大幅度增长，证券投资基金日益成为世界各国和地区资本市场的重要力量，在市场上的地位也不断提高。

（二）开放式基金成为证券投资基金的主流产品

20世纪80年代以来，开放式基金的数量和规模增加幅度最大，目前已成为证券投资基金中的主流产品。开放式基金具有市场化的运作机制和制度安排以及独特灵活的申购赎回机制，适应了市场竞争的客观需要，顺应了市场发展的潮流。

（三）基金市场竞争加剧，行业集中趋势突出

在证券投资基金的发展过程中，基金市场行业集中趋势明显，资产规模位居前列的少数极大的基金公司所占的市场份额不断扩大。随着市场竞争的加剧，许多基金公司不得不走上收购、兼并的道路，这又进一步加剧了基金市场的集中趋势。

（四）基金资产的资金来源发生了重大变化

在证券投资基金市场上，除了传统意义上的个人投资者，机构投资者的规模越来越大。目前，基金的重要资金来源之一是以共同基金为投资对象的退休养老金。近30年来，美国共同基金业的迅速发展壮大与退休养老金的快速增长紧密相关。

（五）ETF等被动基金规模迅速扩大

ETF基金自诞生以来先后在投资领域、投资标的、投资策略乃至投资模式等多方面创新，为投资者提供了丰富的多元化投资产品。其中指数型ETF具有以下优点：

（1）能够较好地跟踪指数。

（2）投资操作透明。

（3）管理费率低。

（4）交易方便。

（六）另类投资基金兴起

另类投资是指在股票、债券及期货等公开交易平台之外的投资方式，包括私募股权（private equity）、风险投资（venture capital）、地产、矿业、杠杆并购（leveraged buyout）、基金的基金（fund of funds）等诸多品种。

另类投资早已存在，但因其风险高、透明度低，故接触的人群比较小。近年来另类投资出现爆炸性增长，开始由欧美向亚洲渗透。

考点5 我国证券投资基金业的发展历程

一、我国证券投资基金业发展阶段的划分依据（★）

我国证券投资基金业伴随着证券市场的发展而诞生。按主管机关管辖权力过渡、基金监管法规的颁布、基金市场主流品种的变化、百姓对基金的认识等，把我国证券投资基金业的发展划分为五个阶段。

二、我国证券投资基金业发展的五个阶段

我国证券投资基金业发展的五个阶段，如表2-8所示：

表2-8 我国证券投资基金业发展的五个阶段

阶段	特点	标志事件
萌芽和早期发展阶段（1985—1997年）	探索性；自发性；不规范性	（1）中国概念基金：由国外及我国香港等地基金管理机构单独或境内机构联合设立，投资于在香港上市的大陆企业或中国内地企业的股票 （2）老基金：1997年以前设立的基金，如天骥基金（当时规模最大的封闭式基金）、淄博基金（公司型封闭式基金、我国首只在证券交易所上市交易的投资基金） （3）上海证券交易所——1990年12月开业 　　深圳证券交易所——1991年7月开业
		人们习惯上将1997年以前设立的基金称为"老基金"。老基金的问题： （1）缺乏基本的法律规范 （2）老基金是一种产业投资基金，非严格意义上的证券投资基金 （3）资产质量不高
试点发展阶段（1998—2002年）	探索性；逐渐规范化	（1）1997年11月14日颁布了《证券投资基金管理暂行办法》 （2）1998年3月27日，封闭式基金——基金开元和基金金泰发行，拉开中国证券投资基金试点的序幕 （3）2000年10月8日发布了《开放式证券投资基金试点办法》，揭开开放式基金发展的序幕 （4）2001年9月，我国第一只开放式基金华安创新诞生，随后又有南方稳健、华夏成长等开放式基金出现 （5）2002年10月，首家中外合资基金管理公司国联安基金管理公司批准筹建 （6）2003年年底，我国开放式基金在数量上超过封闭式基金
快速发展阶段（2003—2007年）	创新性；规范化；规模化；业务多元化；基金管理公司分化加剧	2004年6月1日施行《证券投资基金法》 《证券投资基金法》对基金活动的基本法律关系，基金管理人，基金托管人，基金的募集，基金份额的交易，基金份额的申购与赎回，基金的运作与信息披露，基金合同的变更、终止与基金财产清算，基金份额持有人权利及其行使，监督管理，法律责任等涉及基金运作的各个环节都做出了明确的法律规范 2006年、2007年两年受益于股市繁荣，我国证券投资基金得到有史以来最快的发展，主要表现在以下几方面： （1）基金业绩表现异常出色，创历史新高 （2）基金业资产规模急速增长，基金投资者队伍迅速壮大 （3）基金产品和业务创新继续发展 （4）基金管理公司分化加剧、业务呈多元化发展趋势 （5）构建法规体系，强化基金监管，规范行业发展

表2-8（续）

阶段	特点	标志事件
平稳发展及创新探索阶段（2008—2014年）	规模停滞；持续净流出	2008年以后，全球爆发金融危机，面对不利的外部环境，基金业进行了积极的改革和探索 （1）完善规则、放松管制、加强监管。2012年6月6日，中国证券投资基金业协会正式成立 （2）基金管理公司业务和产品创新，不断向多元化发展。企业年金、社保基金、特定客户资产管理等业务有了较快发展 （3）互联网金融与基金业有效结合。2013年6月，与天弘赠利宝货币基金对接的余额宝产品推出，规模及客户数迅速爆发增长，成为市场关注的新焦点 （4）股权与公司治理创新得到突破。2013—2014年，天弘、中欧等基金管理公司先后实现管理层及员工持股 （5）专业化分工推动行业服务体系创新。基金管理人可以委托基金服务机构代为办理基金的份额登记、核算、估值、投资顾问等事项，基金托管人可以委托基金服务机构代为办理基金的核算、估值、复核等事项，但基金管理人、基金托管人依法应当承担的责任不因委托而免除 （6）私募基金机构和产品发展迅猛。到2015年年末，在册的私募证券投资基金管理人就达到10 921家，管理私募证券基金共8 898只，管理规模7 051.04亿元，从业人员达213 434人 （7）混业化与大资产管理的局面初步显现。私募基金纳入统一监管，基金管理公司可以通过设立子公司从事专项资产管理业务，证券公司、保险资产管理公司及其他资产管理机构可以申请开展公募基金业务 （8）国际化与跨境业务的推进。截至2016年底，共有66只沪港通基金，资产规模共计573亿元
防范风险和规范发展阶段（2015年至今）	加强规范和清理，强化风险管控约束机制，基金产品货币化、机构化	2015年下半年开始，监管部门开始采取比较严格的措施，降低和防范风险、完善法规规范和加强监督检查 （1）加强私募机构的规范和清理。基金业协会先后颁布《私募投资基金信息披露管理办法》《私募投资基金管理人内部控制指引》《私募投资基金募集行为管理办法》《私募投资基金合同指引》等一系列自律规则，引导私募基金行业规范运作 （2）规范基金管理公司及其子公司的资产管理业务。中国证监会针对基金管理公司及其子公司在资产管理业务方面出现的问题和风险，严格清理资产管理计划中违规提供保本保收益安排、杠杆倍数超标、违规进行结构化安排和管理，委托不符合条件的第三方机构提供投资建议等情况 （3）规范分级、保本等特殊类型基金产品，发展基金中基金产品 （4）对基金管理公司业务实施风险压力测试 （5）专业人士申请设立基金公司的数量攀升，申请主体渐趋多元。修订后《证券投资基金法》及随后《国务院关于管理公开募集基金的基金管理公司有关问题的批复》降低了公募基金管理公司的设立条件，并允许专业人士持股，激发了各类市场主体参与公募业务的意愿，申请设立基金公司的数量持续攀升，申请主体渐趋多元 （6）基金产品呈现货币化、结构化特点

考点6　证券投资基金业在金融体系中的地位与作用

一、基金对中小投资者的作用（★★）

证券投资基金对中小投资者的作用表现为为中小投资者拓宽投资渠道。

对于风险厌恶的中小投资者来说，储蓄或购买债券较为稳妥，但收益率较低。对于想要获得高收益的中小投资者来说，股票有可能获得较高收益，但其风险比较大。中小投资者资金有限、投资经验不足，加上股票市场风云诡谲，中小投资者很难及时获取有效的投资信号。所以中小投资者直接进行股票投资很难做到组合投资、分散风险，很有可能要承担损失。与储蓄、债券或股票不同的是，投资基金作为一种间接投资工具，把众多投资者的小额资金汇集起来进行组合投资，由专业投资机构进行管理和运作，为投资者提供了有效参与证券市场的投资渠道，已经成为人们普遍接受的理财方式。

二、基金对金融结构和经济的作用（★★）

证券投资基金对金融结构和经济的作用表现为优化金融结构，促进经济增长。

证券投资基金将中小投资者的资金汇集起来投资于证券市场，扩大了直接融资的规模，为企业在证券市场筹集资金创造了良好的融资环境，实际上起到了将储蓄资金转化为生产资金的作用。以基金和股票为代表的直接融资工具能够有效分流储蓄资金，在一定程度上降低金融行业系统性风险，为产业发展和经济增长提供重要的资金来源，有利于生产力的提高和国民经济的发展。

三、基金对证券市场的作用（★★）

证券投资基金对证券市场的作用表现在促进证券市场的稳定和健康发展。

在促进证券市场的发展方面，证券投资基金在投资组合管理过程中对所投资证券进行的全方位跟踪和深入分析，在促进信息的有效利用和传播、市场合理定价、市场有效性的提高和资源的合理配置等方面发挥着重要作用。

在维持证券市场的稳定性方面，证券投资基金发挥专业理财优势，推动市场价值判断体系的形成，倡导理性的投资文化，有助于防止市场的过度投机。

在推动证券市场的结构优化方面，证券投资基金的发展有助于改善我国目前以个人投资者为主体的不合理的投资者结构，充分发挥机构投资者对上市公司的监督和制约作用，推动上市公司完善治理结构。

四、基金对金融和社保体系的作用（★★）

在完善金融体系和社会保障体系方面，证券投资基金的专业化服务，可以为社会保障基金、企业年金、养老金等各类社会保障型资金提供长期投资、实现资金保值增值的平台，促进社会保障体系的建设与完善。在基本社会保障、企业年金和职业年金之外,相关部门和机构正在推动构建以个人自主养老为基础的第三支柱,对于完善我国养老体系具有重要意义,证券投资基金将为整个养老体系的重塑提供战略空间。

五、基金对责任投资的作用(★★)

证券投资基金对责任投资的作用表现在推动责任投资,实现可持续发展。

社会责任投资(ESG),代表的是环境(enviroment)、社会(society)和公司治理(govermance),是倡导在投资决策过程中充分考虑环境、社会和公司治理因素的投资理念。在推动ESG标准指导投资实践、推动社会责任投资方面,基金行业已经做出了较大的努力。

真题链接

【2015年】关于证券投资基金业在金融体系中的地位与作用,以下表述错误的是( )。

A.优化金融结构,促进经济增长

B.有利于证券市场的稳定和健康发展

C.稳定上市公司的股价

D.为中小投资者拓宽了投资渠道

【答案】C。解析:基金业的地位和作用:①为中小投资者拓宽了投资渠道;②优化金融结构,促进经济增长;③有利于证券市场的稳定和健康发展;④完善金融体系和社会保障体系;⑤推动责任投资,实现可持续发展。

本章同步自测

1.下列说法正确的是( )。

A.基金管理人不需要定期向投资者公布基金的投资运作情况

B.基金具有一定波动性,存在投资风险

C.股票作为一种间接投资工具,所筹集的资金主要投向实业领域

D.基金管理人受托管理投资者资金,需要承担投资损失的风险

2.基金的市场营销主要涉及( )。

A.基金份额的募集　　　　　　　B.基金的信息披露

C.基金的估值　　　　　　　　　D.基金的会计核算

3.基金当事人不包括( )。

A.基金份额持有人　　　　　　　B.基金管理人

C.基金托管人 　　　　　　　　　D.基金自律组织

4.下列不是基金市场服务机构的是（　　）。

A.基金管理人 　　　　　　　　　B.基金销售机构

C.基金自律组织 　　　　　　　　D.基金投资顾问机构

5.下列关于契约型基金和公司型基金的说法，错误的是（　　）。

A.美国的证券投资基金均为契约型基金，公司型基金则以中国的投资公司为代表

B.契约型基金是依据基金合同设立的一类基金

C.公司型基金具有独立法人地位

D.契约型基金持有人大会赋予基金持有者的权利相对较小

6.下列关于封闭式基金的说法，正确的是（　　）。

A.封闭式基金存续期限不确定

B.封闭式基金的交易价格根据市场行情变化，相对于单位资产净值可能折价或溢价

C.封闭式基金强调流动性管理

D.封闭式基金的基金份额持有人可以申请赎回

7.世界上第一只证券投资基金诞生于（　　）。

A.美国 　　　　　　　　　　　　B.法国

C.荷兰 　　　　　　　　　　　　D.英国

8.下列关于证券投资基金的发展，说法错误的是（　　）。

A.早期的基金基本上是开放式基金

B.投资基金真正的大发展是在美国

C.目前开放式基金成为当代证券投资基金的主流产品

D.第二次世界大战后，各发达国家政府大大提高了对投资基金业的重视程度

9.下列说法正确的是（　　）。

A.英国是世界上基金业最为发达的国家

B.20世纪30年代，由于经济大萧条，美国的基金业遭受了重创，国会通过了多部法律来保护投资者，建立了对证券市场（不包括共同基金业）和金融市场的监管体制

C.1971年，第一只资本市场基金建立

D.美国退休保障体制的变革极大地推动了对共同基金的需求

10.我国证券投资基金萌芽阶段的特点不包括（　　）。

A.规模化 　　　　　　　　　　　B.探索性

C.自发性 　　　　　　　　　　　D.非规范性

11.《证券投资基金法》于（　　）实施。

A.2002年 　　　　　　　　　　　B.2003年

C.2004年 　　　　　　　　　　　D.2005年

12.下列属于证券投资基金的作用的是（　　）。

A.有助于防止市场的过度投机

B.完善金融体系和社会保障体系

C.充分发挥机构投资者对上市公司的监督和制约作用

D.以上说法都正确

13.证券投资基金业对金融结构的作用表现为（　　）。

A.投资基金作为一种面向中小投资者设计的间接投资工具,把众多投资者的小额资金汇集起来进行组合投资,由专业投资机构进行管理和运作

B.证券投资基金将中小投资者的闲散资金汇集起来投资于证券市场,扩大了直接融资的比例,为企业在证券市场筹集资金创造了良好的融资环境

C.证券投资基金在投资组合管理过程中对所投资证券进行深入研究与分析

D.证券投资基金发挥专业理财优势,推动市场价值判断体系的形成,倡导理性的投资文化

参考答案及解析 >>>>>

1.【答案】B。解析:本题旨在考查基金与股票、债券、银行储蓄存款的差异。基金管理人必须定期向投资者公布基金的投资运作情况。银行吸收存款之后,不需要向存款人披露资金的运用情况。股票作为一种直接投资工具,所筹集的资金主要投向实业领域。基金管理人只是受托管理投资者资金,并不承担投资损失的风险。基金具有一定波动性,存在投资风险。

2.【答案】A。解析:本题旨在考查基金的运作活动。基金的运作活动从基金管理人的角度看,可以分为基金的市场营销、基金的投资管理与基金的后台管理三大部分。基金的市场营销主要涉及基金份额的募集和客户服务,基金的投资管理体现了基金管理人的服务价值,而基金份额的注册登记、基金资产的估值、会计核算、信息披露等后台管理服务则对保障基金的安全运作起着重要的作用。

3.【答案】D。解析:本题旨在考查基金当事人的构成。基金当事人由基金份额持有人、基金管理人和基金托管人组成,而基金自律组织属于基金监管机构和自律组织,基金当事人不包括基金自律组织。

4.【答案】C。解析:本题旨在考查基金市场服务机构的组成。基金市场服务机构包括基金管理人、基金托管人、基金销售机构、基金销售支付机构、基金份额登记机构、基金估值核算机构、基金投资顾问机构、基金评价机构、基金信息技术系统服务机构以及律师事务所和会计师事务所,而基金自律组织属于基金监管机构和自律组织,基金市场服务机构不包括基金自律组织。

5.【答案】A。解析:本题旨在考查契约型基金和公司型基金的区别。中国的证券投资基金均为契约型基金,公司型基金则以美国的投资公司为代表,A项表述错误。证券投资基金

按法律形式分为契约型基金和公司型基金。契约型基金和公司型基金的区别主要表现在以下方面：①基金营运依据不同。契约型基金依据基金合同营运基金；公司型基金依据投资公司章程营运基金，B项表述正确。②法律主体资格不同。契约型基金不具有法人资格，公司型基金具有法人资格，C项表述正确。③投资者的地位不同。契约型基金依据基金合同成立。基金投资者尽管也可以通过持有人大会发表意见，但与公司型基金的股东大会相比，契约型基金持有人大会赋予基金持有者的权利相对较小，D项表述正确。

6.【答案】B。解析：本题旨在考查封闭式基金的相关概念。封闭式基金是指基金份额在基金合同期限内固定不变，基金份额可以在依法设立的证券交易所交易，但基金份额持有人不得申请赎回的一种基金运作方式。封闭式基金存续期限确定，需要上市流通，其交易价格根据市场行情变化，相对于单位资产净值可能折价或溢价，多为折价，其全部资金可以进行长期投资。A、C、D三项表述错误，B项表述正确。

7.【答案】D。解析：本题旨在考查证券投资基金的起源。世界上第一只公认的证券投资基金是"海外及殖民地政府信托"，它诞生于1868年的英国。

8.【答案】A。解析：本题旨在考查证券投资基金的早期发展。早期的基金基本上是封闭式基金，A项表述错误。

9.【答案】D。解析：本题旨在考查证券投资基金在美国的普及性发展。美国是世界上基金业最为发达的国家，A项表述错误。20世纪30年代，由于经济大萧条，美国的基金业遭受了重创，国会通过了多部法律来保护投资者，建立了对证券市场（包括共同基金业）和金融市场的监管体制，B项表述错误。进入20世纪六七十年代，美国共同基金的产品和服务趋于多样化，共同基金业的规模也发生了巨大变化。在1970年以前，大多数共同基金是股票基金，只有一些平衡型基金在其组合中包括了一部分债券。1971年，第一只货币市场基金建立，货币市场基金提供比银行储蓄账户更高的市场利率，并且具有签发支票的类货币支付功能，C项表述错误。同时，美国退休保障体制的变革极大地推动了对共同基金的需求。20世纪90年代股票市场的持续大牛市，美国基金业真正迎来了大发展的时代。

10.【答案】A。解析：本题旨在考查我国证券投资基金业萌芽阶段的特点。我国证券投资基金萌芽阶段的特点包括自发性、探索性、非规范性。

11.【答案】C。解析：本题旨在考查《证券投资基金法》的实施时间。《证券投资基金法》于2004年6月1日实施。

12.【答案】D。解析：本题旨在考查证券投资基金业在金融体系中的地位和作用。证券投资基金的作用表现在以下方面：①为中小投资者拓宽了投资渠道。②优化金融结构，促进经济增长。③有利于证券市场的稳定和健康发展，有利于促进信息的有效利用和传播，有利于市场合理定价，有利于市场有效性的提高和资源的合理配置。证券投资基金发挥专业理财优势，推动市场价值判断体系的形成，倡导理性的投资文化，有助于防止市场的过度投机。证券投资基金的发展有助于改善我国目前以个人投资者为主体的不合理的投资者结构，充分发挥机构投资者对上市公司的监督和制约作用，推动上市公司完善治理结构。④完善金融体系和社会保障体系。⑤推动责任投资，实现可持续发展。

13.【答案】B。解析：本题旨在考查证券投资基金业对金融结构的作用。A项表现为投资基金对中小投资者的作用。C、D两项表现为投资基金对证券市场的作用。证券投资基金业对金融结构和经济的作用表现为优化金融结构，促进经济增长。证券投资基金将中小投资者的闲散资金汇集起来投资于证券市场，扩大了直接融资的比例，为企业在证券市场筹集资金创造了良好的融资环境，实际上起到了将储蓄资金转化为生产资金的作用，有利于生产力的提高和国民经济的发展。B项体现了证券投资基金对金融结构的作用。

第三章　证券投资基金的类型

本章学习框架

第三章	考点	考查角度
基金的类型	证券投资基金分类概述	证券投资基金分类的意义及标准
	股票基金	股票基金在投资组合中的作用、股票基金与股票的区别、股票基金的类型
	债券基金	债券基金在投资组合中的作用、债券基金与债券的区别、债券基金的类型
	货币市场基金	货币市场基金在投资组合中的作用、货币市场基金的投资对象与货币市场工具、货币市场基金的支付功能、美国货币市场基金的产生和发展、中国货币市场基金的发展
	混合基金	混合基金在投资组合中的作用、混合基金的类型
	避险策略基金	避险策略基金的前身、投资策略、类型、分析
	交易型开放式指数基金（ETF）	ETF的特点、套利交易、ETF与LOF的区别、ETF的类型、ETF联接基金
	QDII基金	QDII基金概述、QDII基金在投资组合中的作用、QDII基金的投资对象
	分级基金	分级基金的基本概念、特点、分类、规范
	基金中基金	基金中基金的概念与特点、运作规范、类型,基金中基金在海外的起源与发展现状

考点精讲

考点1　证券投资基金分类概述

一、证券投资基金分类的意义(★★)

证券投资基金分类的意义如下:

(1)对基金投资者而言,基金分类的科学合理有利于其根据自身资产状况、风险偏好等因素进行投资决策,规避风险。

（2）对基金管理公司而言，基金管理公司只有在公平合理的基础上对同类基金的业绩进行比较才有意义。

（3）对基金研究评价机构而言，基金的分类是进行基金评级的基础。

（4）对监管部门而言，为了高效分类监管基金运作，明确基金的类别特征是很有必要的。

二、基金的不同分类标准和基本分类（★★★）

（一）根据投资对象分类

根据投资对象，可将基金划分为以下几类：

1.股票基金

股票基金是指以股票为主要投资对象的基金。基金资产80%以上投资于股票的为股票基金。

2.债券基金

债券基金是指以债券为主要投资对象的基金。基金资产80%以上投资于债券的为债券基金。

3.货币市场基金

货币市场基金是指以货币市场工具为投资对象的基金。仅投资于货币市场工具的为货币市场基金。

4.混合基金

混合基金是指同时以股票、债券等为投资对象，以期通过在不同资产类别上的投资实现收益与风险之间的平衡的一类基金。投资于股票、债券和货币市场工具，但股票投资和债券投资的比例不符合股票基金、债券基金规定的为混合基金。

5.基金中基金

基金中基金又称为"FOF"，是指以基金为主要投资标的的证券投资基金。80%以上的基金资产投资于其他基金份额的，为基金中基金。

6.另类投资基金

另类投资基金是指以股票、债券、货币等传统资产以外的资产作为投资标的的基金，范围十分广泛。我国市场上出现的公募另类投资基金主要有以下几类：①商品基金；②非上市股权基金；③房地产基金。

（二）根据投资目标分类

根据投资目标，可将基金划分为以下几类：

1.增长型基金

增长型基金是指以追求资本增值为基本目标的基金，较少考虑当期收入，主要以具有良好增长潜力的股票为投资对象，享受高收益的同时承担着高风险。

2.收入型基金

收入型基金是指以追求稳定的经常性收入为基本目标的基金,主要以大盘蓝筹股、公司债、政府债券等稳定收益证券为投资对象,收益较低,风险小。

3.平衡型基金

平衡型基金是指既注重资本增值又注重当期收入的基金,其风险和收益介于增长型基金和收入型基金之间,比较稳健。

中公锦囊

增长型基金、收入型基金和平衡型基金三者的对比如表3-1所示:

表3-1 增长型基金、收入型基金和平衡型基金的对比

基金类型	风险	收益
增长型基金	高	高
收入型基金	低	较低
平衡型基金	风险和收益介于增长型基金与收入型基金之间	

(三)根据投资理念分类

根据投资理念,可将基金划分为以下两类:

1.主动型基金

主动型基金是指力图取得超越基准组合表现的一类基金。

2.被动型基金(指数基金)

被动型基金并不主动寻求取得超越市场的表现,而是试图复制指数的表现,一般选取特定的指数作为跟踪的对象,又称"指数基金"。

(四)根据基金的资金来源和用途分类

根据基金的资金来源和用途,可将基金划分为以下几类:

1.在岸基金

在岸基金是指在本国募集资金并投资于本国证券市场的证券投资基金。在岸基金的当事人及其投资运作均在本国境内,所以基金监管部门比较容易运用本国法律法规及相关技术手段对证券投资基金的投资运作行为进行监管。

2.离岸基金

离岸基金是指一国(地区)的证券投资基金组织在他国(地区)发售证券投资基金份额,并将募集的资金投资于本国(地区)或者第三国(地区)证券市场的证券投资基金。其主要作用是规避国内单一市场的风险,进行全球化的资产配置。

3.国际基金

国际基金是指资本来源于国内,并投资于国外市场的投资基金,如我国的QDII基金。QDII是Qualified Domestic Institutional Investors(合格境内机构投资者)的首字母缩写。

在岸基金与离岸基金的区别如表3-2所示：

表3-2　在岸基金和离岸基金的区别

区别	在岸基金	离岸基金
法律环境不同	法律环境不如离岸基金的宽松优越	一般设立在离岸中心，其所在地的法律环境相对宽松
融资环境不同	融资较便捷	融资比较困难
项目资源不同	主要面对本地市场资源	一些离岸基金与当地国有资产管理部门合作，实现了国资的本土资源与外资的先进管理经验的结合
投资策略灵活程度不同	其投资对象和范围受法律限制，投资组合受限	其投资对象和范围并无法律限制，存在着更大的操作空间，可在更广的范围内设计投资组合策略

（五）特殊类型基金

随着行业的发展，基金产品创新越来越丰富，市场中也出现了不少特殊类型基金。严格意义上说，前文中的基金中基金、另类投资基金也属于特殊类型的基金。

1.避险策略基金

避险策略基金原称保本基金，是指通过一定的保本投资策略进行运作，同时引入保本保障机制，以保证基金份额持有人在保本周期到期时，可以获得投资本金保证的基金。

2.上市开放式基金（listed open-ended funds，LOF）

上市开放基金是一种既可以在场外市场进行基金份额申购、赎回，又可以在交易所（场内市场）进行基金份额交易和基金份额申购或赎回的开放式基金。LOF结合了银行等代销机构和交易所交易网络两者的销售优势，为开放式基金销售开辟了新的渠道，是我国对证券投资基金的一种本土化创新。封闭式基金面临大幅折价交易的风险，而LOF所具有的转托管机制与可以在交易所进行申购、赎回的制度安排，使LOF不会出现大幅折价交易现象。

3.分级基金

分级基金是指通过事先约定基金的风险收益分配，将基础份额分为预期风险收益不同的子份额，并可将其中部分或全部份额上市交易的结构化证券投资基金。

QDII与QFII的比较如表3-3所示：

表3-3　QDII与QFII的比较

区别	QDII	QFII
名称	合格境内机构投资者	合格境外机构投资者
定义	指在人民币资本项下不可兑换、资本市场未开放条件下,在一国境内设立,经该国有关部门批准,有控制地,允许境内机构投资境外资本市场的股票、债券等有价证券投资业务的一项制度安排	允许经核准的合格境外机构投资者,在一定规定和限制下汇入一定额度的外汇资金,并转换为当地货币,通过严格监管的专门账户投资当地证券市场,其资本利得、股息等经审核后可转为外汇汇出的一种市场开放模式
资格认定	持有外汇,并具有一定风险承受能力的机构和个人投资者	具有较高资信和实力、无不良营业记录的机构投资者
投资主体与参与资金	以中国为例,在中国发行,并以合法的渠道参与投资中国以外的资本、债券或外汇等市场的资金管理人	以中国为例,在中国以外国家发行,并以合法的渠道参与投资中国资本、债券或外汇等市场的资金管理人

三、证券投资基金分类的实践

　　监管部门或行业协会的分类标准不够精细,不能满足投资者的实际投资需要,这种情况下,投资者会借助一些基金评价机构的基金分类进行实际的投资操作。

　　中国证监会和中国证券业协会在2009年年底和2010年年初发布《证券投资基金评价业务管理暂行办法》和《证券投资基金评价业务自律管理规则(试行)》。根据规定,基金评价机构对证券投资基金进行评价并通过公开形式发布基金评价结果的,应成为中国证券业协会的特别会员,并取得相应的资格。

　　2010年5月,经过评审,中国证券报社(中国基金业金牛奖的主办方)获得首批基金评奖业务资格。银河证券、海通证券、招商证券和上海证券以及晨星资讯Morningstar、天相投顾、北京济安金信科技3家独立基金评价机构为第一批获得会员资格的基金评价机构,另外有3家媒体获得相关评奖资格。这些评级机构的评价标准和分类体系并不一致,目前晨星资讯和银河证券是业内认可程度比较高、使用范围比较广的两家评级机构。

考点2　股票基金

一、股票基金在投资组合中的作用(★★★)

　　股票基金以追求长期的资本增值为目标,提供了一种长期的投资增值性,可满足投资者远期支出的需要,比较适合长期投资。与房地产一样,是应对通货膨胀最有效的手段。但其风险、预期收益均较高。

二、股票基金与股票的区别(★★★)

股票基金与股票的区别如表3-4所示:

表3-4　股票基金与股票的区别

项目	股票	股票基金
价格变动	每一交易日内始终处于变动之中	每一交易日只有一个价格
数量变化	股票价格会由于投资者买卖股票数量的大小和强弱的对比而受到影响	基金份额净值不会由于买卖数量或申购、赎回数量的多少而受到影响
评价因素	根据上市公司的基本面对股票价格进行判断	不能对基金份额净值高低进行合理与否的判断
投资风险	集中投资,风险较大	分散投资,风险较低

三、股票基金的类型

股票基金的类型如表3-5所示:

表3-5　股票基金的类型

分类依据	具体类别
按投资市场分类	国内股票基金
	国外股票基金
	全球股票基金
按股票规模分类	小盘股票基金
	中盘股票基金
	大盘股票基金
按股票性质分类	价值型股票基金(蓝筹股基金、收益型基金)
	成长型股票基金(持续增长型基金,趋势增长型基金)
	平衡型股票基金
按基金投资风格分类	按照成长、平衡、价值三个类别和大盘、小盘、中盘等三个类别两两组合等分为九个类别
按行业分类	以某一特定行业或板块为投资对象的基金

1.按投资市场分类

(1)国内股票基金:以本国股票市场为投资场所,投资风险主要受国内市场的影响。

(2)国外股票基金:以非本国的股票市场为投资场所,由于币制不同,存在一定的汇率风险,可分为单一国家型股票基金(面临较高的国家投资风险)、区域型股票基金(面临较高的区域投资风险)和国际股票基金(分散本国市场外的投资风险)。

(3)全球股票基金:以全球股票市场为投资对象,进行全球化分散投资,可以有效克服单一国家或区域投资风险,但由于投资跨度大,费用相对较高。

2.按股票规模分类

按股票市值的大小,股票可以分为小盘股票、中盘股票与大盘股票。与此对应的是小盘股票基金、中盘股票基金和大盘股票基金。

(1)小盘股票基金是指专注于投资小盘股票的基金。

(2)中盘股票基金是指专注于投资中盘股票的基金。

(3)大盘股票基金是指专注于投资大盘股票的基金。

对股票规模通常有两种划分方法:

(1)依据市值的绝对值。通常将市值小于5亿元人民币的公司归为小盘股,超过20亿元人民币的公司归为大盘股。

(2)依据相对规模。将一个市场的全部上市公司按市值大小排名:市值较小、累计市值占市场总市值20%以下的公司为小盘股;市值排名靠前,累计市值占市场总市值50%以上的公司为大盘股。

3.按股票性质分类

(1)价值型股票基金:专注于价值型股票投资的股票基金。价值型股票通常是指收益稳定、价值被低估、安全性较高的股票,其市盈率、市净率通常较低,适合长期投资。

(2)成长型股票基金:专注于成长型股票投资的股票基金。成长型股票通常是指收益增长速度快、未来发展潜力大的股票,其市盈率、市净率通常较高,适合短线操作。

(3)平衡型股票基金:同时投资于价值型股票与成长型股票的基金。

价值型股票基金的投资收益与风险低于成长型股票基金,平衡型股票基金的收益、风险则介于价值型股票基金与成长型股票基金之间。

4.按基金投资风格分类

根据基金所持有的全部股票市值的平均规模和性质的不同而将股票基金分为不同投资风格的基金。

不同投资风格的基金分类如表3-6所示:

表3-6 不同投资风格的基金

类别	小盘	中盘	大盘
成长	小盘成长	中盘成长	大盘成长
平衡	小盘平衡	中盘平衡	大盘平衡
价值	小盘价值	中盘价值	大盘价值

5.按行业分类

行业股票基金是以某一特定行业或板块为投资对象的基金,如房地产基金、金融服务基金、科技股基金等。

考点3　债券基金

一、债券基金在投资组合中的作用（★★★）

债券基金波动性通常要小于股票基金，是收益、风险适中的投资工具。此外，当债券基金与股票基金进行适当的组合投资时，常常能较好地分散投资风险。

二、债券基金与债券的区别（★★★）

债券基金与债券的区别如表3-7所示：

表3-7　债券基金与债券的区别

项目	债券基金	债券
收益	不固定	固定
到期日	没有确定的到期日	有确定的到期日
收益率预测	较难预测	可以预测
投资风险	分散投资有效避免信用风险	信用风险集中

三、债券基金的类型

债券基金的类型如表3-8所示：

表3-8　债券基金的类型

分类标准	类别
按照债券发行者	政府债券基金
	企业债券基金
	金融债券基金
按照债券到期日	短期债券基金
	长期债券基金
按照债券信用等级	低等级债券
	高等级债券
具有中国特色的债券基金	标准债券型基金（纯债基金）：仅投资于固定收益类金融工具，不能投资于股票市场。其又可细分为短债基金、信用债基金等
	普通债券型基金：主要进行债券投资（80%以上基金资产），但也投资于股票市场，在我国市场上占主要部分。可细分为可参与一级市场新股申购、增发等但不参与二级市场买卖的"一级债基"和既可参与一级市场又可在二级市场买卖股票的"二级债基"
	其他策略型的债券基金：如可转债基金等

【2016年】债券基金对( )的投资者具有较强的吸引力。

A.追求短期收益 B.追求高收益

C.偏好高风险高收益 D.追求稳定收益

【答案】D。解析:债券基金主要以债券为投资对象,因此对追求稳定收入的投资者具有较强的吸引力。债券基金的波动性通常要小于股票基金,因此常常被投资者认为是收益、风险适中的投资工具。

考点4 货币市场基金

一、货币市场基金在投资组合中的作用(★★★)

货币市场基金相较于其他基金风险低、流动性好,适合厌恶风险、对资产流动性和安全性要求较高的投资者,使其进行短期投资或暂时存放现金。但其长期收益率较低,不适合长期投资。

二、货币市场工具(现金投资工具)(★★★)

货币市场工具通常指到期日不足1年的短期金融工具,流动性好、安全性高,但收益率与其他证券相比非常低,通常由政府、金融机构以及信誉极佳的大型工商企业发行。

三、货币市场基金的投资对象(★★★)

按照《货币市场基金管理暂行规定》以及其他有关规定,目前我国货币市场基金能够进行投资的金融工具主要包括以下几类:

(1)现金。

(2)期限在1年以内(含1年)的银行存款、债券回购、中央银行票据、同业存单。

(3)剩余期限在397天以内(含397天)的债券、非金融企业债务融资工具、资产支持证券。

(4)中国证监会、中国人民银行认可的其他具有良好流动性的货币市场工具。

货币市场基金不得投资于以下金融工具:

(1)股票。

(2)可转换债券、可交换债券。

(3)以定期存款利率为基准利率的浮动利率债券,已进入最后一个利率调整期的除外。

(4)信用等级在AA+以下的债券与非金融企业债务融资工具。

(5)中国证监会、中国人民银行禁止投资的其他金融工具。

四、货币市场基金的支付功能（★★★）

基金管理公司将货币市场基金的功能从投资拓展为类似货币的支付功能：

（1）每个交易日办理基金份额申购、赎回。

（2）在基金合同中将收益分配的方式定为红利再投资，并每日进行收益分配。

（3）每日按照面值（一般为1元）进行报价。

五、美国货币市场基金的产生和发展

货币市场基金开始于20世纪70年代初，在美国利率市场化过程中，被誉为共同基金历史上最伟大的发明。20世纪70年代后期，美国由于连续几年的通货膨胀导致市场利率剧增，货币市场工具远远高于储蓄存款利率上限，随着储蓄客户不断地从存款中抽出资金投向收益更高的货币市场基金，货币市场基金的总资产迅速扩大。SEC允许货币市场基金放弃"按市值计价"的会计方法，把资产净值固定为每份基金1美元，这一改革使货币市场基金发展了支付功能。1998年，美国货币市场基金总规模从1977年的不足40亿美元扩张至1万亿美元，2001年又达到了2.29亿美元，到2008年全球金融危机前已发展至3.5万亿美元规模。

2008年全球金融危机中，美国一些货币市场基金净值跌破1美元。2014年，SEC通过一项新规，要求面向投资者的优质货币市场基金采用浮动资产净值，不再维持每单位1美元的固定价格，以避免出现大规模赎回现象并引发金融市场动荡。2015年年末，货币市场基金规模增长至3万亿美元。

六、中国货币市场基金的发展

中国货币市场基金的发展历程如表3-9所示：

表3-9 中国货币市场基金的发展历程

时间	进程
2003年12月	我国最早的货币市场基金成立，华安现金富利基金、招商现金增值基金、博时现金收益三只货币市场基金分别获得中国人民银行和中国证监会批准，我国货币市场基金开始出现
2004年8月	中国证监会和中国人民银行颁布了《货币市场基金管理暂行规定》，对货币市场基金的募集、申购、赎回、投资、信息披露等活动做了规定
2008年	我国的货币市场基金规模在2008年以前一直徘徊在千亿元左右，和银行债券市场一起发展
2012年12月	华宝兴业基金公司旗下的中国首只上市交易型货币基金华宝添益成立，并于2013年1月28日在上海证券交易所（上交所）挂牌上市，为国内的交易所上市基金增添了"固定收益类产品"的重要一环，对于场内市场参与者具有极为重要的战略意义
2013年	天弘基金联手支付宝推出余额宝，短短1个月时间，吸引400万投资者约100亿元资金，仅1年左右，余额宝的用户就超过了1.2亿，资金累积量超过5 000亿元

表3-9（续）

时间	进程
2016年	2016年4季度，中央银行资金"缩短放长"提升资金成本，叠加临近年关通货膨胀抬头、银行为应对宏观审慎评估体系（MPA）考核，流动性资金需求增加，资金面整体偏紧。同时，市场利率提升，债券剧烈波动，资金面偏紧直接影响固定收益类理财产品，货币市场基金面临较大的机构大额赎回压力
2017年6月	货币市场基金数量共计372只，资产净值达到5.34万亿元，在公募基金中规模占比达到55.16%，远远超过股票型、混合型、债券型等其他类型基金

真题链接

【2016年】（ ）我国推出了第一只货币市场基金。

A.2000年8月   B.2002年5月

C.2005年2月   D.2003年12月

【答案】D。解析：我国最早的货币市场基金成立于2003年12月，华安现金富利基金、招商现金增值基金、博时现金收益三只货币市场基金分别获得中国人民银行和中国证监会批准，我国货币市场基金开始出现。

考点5　混合基金

一、混合基金在投资组合中的作用（★★★）

混合基金的风险低于股票基金，预期收益高于债券基金，为投资者提供了一种在不同资产类别之间进行分散投资的工具，适合较为保守的投资者。

二、混合基金的类型（★★★）

根据2017年中国银河证券基金研究中心最新调整的分类体系，根据基金资产投资范围与比例及投资策略，混合基金可分为以下七个二级类别。

（1）偏股型基金是指基金名称自定义为混合基金的，基金合同载明或者合同本义是以股票为主要投资方向，业绩比较基准中也以股票指数为主。偏股型基金分为两个三级分类：基金合同中载明有约束力的股票投资下限是60%的是偏股型基金（股票下限60%），不满足60%股票投资比例下限要求但业绩比较基准中股票比例值等于或者大于60%的是偏股型基金（基准股票比例60%~100%）。偏股型基金中股票的配置比例较高，债券的配置比例相对较低。

（2）偏债型基金是指基金名称自定义为混合基金的，基金合同载明或者合同本义是以债券为主要投资方向，业绩比较基准中是以债券指数为主。偏债型基金的条件：基金合同中债券投资下限等于或者大于60%，业绩比较基准中债券比例值等于或者大于70%，满足其中一个条件即可。偏债型基金中债券的配置比例较高，股票的配置比例相对较低。

（3）灵活配置型基金是指基金名称自定义为混合基金的，原则上基金名称中有"灵活配置"4个字，基金合同载明或者合同本义是股票和债券等大类资产之间较大比例灵活配置的混合基金。

（4）保本型基金是指基金名称自定义为混合基金的，基金名称中有保本字样，基金合同载明基金管理人或者第三方承担保本保证责任的混合基金。保本型基金暂不进行三级分类。

（5）避险策略型基金是指基金名称自定义为混合基金的，基金合同载明通过一定的避险投资策略进行投资运作，引入相关保障机制，以在避险策略周期到期时，避免基金份额持有人投资本金出现亏损的混合基金。

（6）绝对收益目标基金是指基金名称自定义为混合基金的，基金合同载明基金投资运作比较宽泛，投资方向不明确，没有股票、债券80%比例的最低持仓要求，业绩比较基准为银行定期存款收益或者定期存款收益基础上增加某个固定值或者某个年化固定值。根据投资策略的差异，绝对收益目标基金分为灵活策略基金与对冲策略基金。

（7）其他混合型基金是兜底的分类，指不适合与其他混合基金进行收益与风险评价比较，在上述分类中无法明确归属的混合基金。

真题链接

【2015年】（　）不属于混合型基金。

A.股债平衡型基金　　　　　　　　B.偏债型基金

C.对冲配置型基金　　　　　　　　D.偏股型基金

【答案】C。解析：根据2017年中国银河证券基金研究中心最新调整的分类体系，根据基金资产投资范围与比例及投资策略，混合基金可分为七个二级类别，即偏股型基金、偏债型基金、灵活配置型基金、保本型基金、避险策略型基金、绝对收益目标基金、其他混合型基金。

考点6　避险策略基金

一、避险策略基金的前身（★★）

避险策略基金的前身是保本基金，其最大特点是其招募说明书中明确引入保本保障机制，以保证基金份额持有人在保本周期到期时，可以获得投资本金的保证。

我国保本基金的保本保障机制如下：①由基金管理人对基金份额持有人的投资本金承担保本清偿义务；同时，基金管理人与符合条件的担保人签订保证合同，由担保人和基金管理人对投资人承担连带责任。②由基金管理人与符合条件的保本义务人签订风险买断合同，约定由基金管理人向保本义务人支付费用；保本义务人在保本基金到期出现亏损时，负责向基金份额持有人偿付相应损失。③经中国证监会认可的其他保本保障机制。

在保本基金发展的过程中，监管部门注意到保本基金存在一定风险：一是保本基金保障机制存在一定问题;二是保本基金保本策略可能失效的问题;三是保本基金快速膨胀可能带来的风险。针对保本基金存在的问题,中国证监会于2017年年初对《关于保本基金的指导意见》进行了修订,将"保本基金"名称调整为"避险策略基金",《关于保本基金的指导意见》调整为《关于避险策略基金的指导意见》,修订内容包括以下几个方面:

（1）取消连带责任担保机制。

（2）完善对避险策略基金的风控要求。

（3）限定避险策略基金规模上限,防范相关风险。

（4）完善基金管理人风控管理要求。

二、避险策略基金的投资策略（★★）

避险策略基金的投资目标是在锁定风险的同时力争有机会获得潜在的高回报,从本质上讲是一种混合基金。国际上比较流行的投资组合保险策略主要有对冲保险策略与固定比例投资组合保险策略（constant proportion portfolio insurance，CPPI）。

对冲保险策略主要依赖金融衍生产品,如股票期权、股指期货等,实现投资组合价值的保本与增值。国际成熟市场的保本投资策略目前较多采用衍生金融工具进行操作。目前,国内避险策略基金为实现保本的目的,主要选择固定比例投资组合保险策略作为投资的保本策略。

CPPI是一种通过比较投资组合现时净值与投资组合价值底线,从而动态调整投资组合中风险资产与保本资产的比例,以兼顾保本与增值目标的保本策略。CPPI投资策略的投资步骤可分为以下三步:

（1）根据投资组合期末最低目标价值（基金的本金）和合理的折现率设定当前应持有的保本资产的价值,即投资组合的价值底线。

（2）计算投资组合现时净值超过价值底线的数额。该值通常称为安全垫,是风险投资(如股票投资)可承受的最高损失限额。

（3）按安全垫的一定倍数确定风险资产投资的比例,并将其余资产投资于保本资产(如债券投资),从而在确保实现保本目标的同时,实现投资组合的增值。风险资产投资额通常可用下式确定:

$$风险资产投资额 = 放大倍数 \times （投资组合现时净值 - 价值底线）$$
$$= 放大倍数 \times 安全垫$$
$$风险资产投资比例 = 风险资产投资额 / 基金净值 \times 100\%$$

三、避险策略基金的类型（★★）

境外的避险策略基金形式多样。其中,基金提供的保证有本金保证、收益保证和红利保证,具体比例由基金公司自行规定。一般本金保证比例为100%,但也有高于或低于100%的情况。是否提供收益保证和红利保证,各基金情况各不相同,目前我国的避险策略基金没有保证收益的类型。

四、避险策略基金的分析

避险策略基金的分析指标主要包括封闭周期、保本比例、赎回费、安全垫、担保人等。

（1）避险策略基金通常有一个封闭周期。较长的封闭周期使基金经理有较大的操作灵活性，即在相同的保本比例要求下，经理人可适当提高风险性资产的投资比例。在投资时基金经理必须考虑封闭周期，封闭周期越长，投资者承担的机会成本越高。

（2）保本比例是到期时投资者可获得的本金保障比率。常见的保本比例为80%~100%。

（3）安全垫是风险资产投资可承受的最高损失限额。

考点7　交易型开放式指数基金（ETF）

一、ETF的特点（★★）

（一）被动操作指数基金

ETF是以某一选定的指数所包含的成分证券（股票、债券等）或商品为投资对象，依据构成指数的证券或商品的种类和比例，采取完全复制或抽样复制，进行被动投资的指数基金。

（二）独特的实物申购、赎回机制（最大特色）

实物申购、赎回机制，是指投资者向基金管理公司申购ETF，需要拿这只ETF指定的一篮子证券或商品来换取；赎回时得到的不是现金，而是相应的一篮子证券或商品；若想变现，需要再卖出这些证券或商品。

（三）实行一级市场与二级市场并存的交易制度

在一级市场上，只有资金达到一定规模的投资者（基金份额通常要求在30万份、50万份甚至100万份以上）可以随时在交易时间内进行以股票换份额（申购）、以份额换股票（赎回）的交易，中小投资者被排斥在一级市场之外。

在二级市场上，ETF与普通股票一样在市场挂牌交易。资金在一定规模以上的投资者和中小投资者均可按市场价格进行ETF份额的交易。正常情况，ETF二级市场交易价格与基金份额净值比较接近。

二、ETF的套利交易（★★）

当同一商品在不同市场上价格不一致时就会存在套利交易。传统上，数量固定的证券会在供求关系的作用下，形成二级市场价格独立于自身净值的交易特色，如股票、封闭式基金。而数量不固定的证券，如开放式基金则不能形成二级市场价格，只能按净值进行交易。ETF的独特之处在于实行一级市场与二级市场交易同步进行的制度安排，因此，投资者可以在ETF二级市场交易价格与基金份额净值两者之间存在差价时进行套利交易。

当二级市场ETF交易价格低于其份额净值，即发生折价交易时，大的投资者可以通过在二级市场低价买进ETF，然后在一级市场赎回(高价结算)份额，再于二级市场上卖掉股票而实现套利交易；相反，当二级市场ETF交易价格高于其份额净值，即发生溢价交易时，大的投资者可以在二级市场买进一篮子股票，于一级市场按份额净值转换为ETF(相当于低价买入ETF)份额，再于二级市场上高价卖掉ETF而实现套利交易。套利机制的存在会迫使ETF二级市场价格与份额净值趋于一致，使ETF既不会出现类似封闭式基金二级市场大幅折价交易和溢价交易现象，也克服了开放式基金不能进行盘中交易的弱点。

折价套利会导致ETF总份额的减少，溢价套利会导致ETF总份额的扩大。但正常情况下，套利活动会使套利机会消失，因此套利机会并不多，通过套利活动导致的ETF规模的变动也就不会很大。ETF规模的变动最终取决于市场对ETF的真正需求。

真题链接

【2018年】投资者可通过ETF进行套利交易，这主要是由于ETF（　　）的特点。

A.实行一级市场与二级市场并存的交易制度

B.被动操作指数基金

C.独特的实物申购、赎回机制

D.只能通过交易所进行交易

【答案】A。解析：ETF实行一级市场与二级市场并存的交易制度，可以进行套利交易。当二级市场ETF交易价格低于其份额净值，即发生折价交易时，大的投资者可以通过在二级市场低价买进ETF，然后在一级市场赎回（高价卖出）份额，再于二级市场上卖掉股票而实现套利交易。

三、ETF与LOF的区别（★★）

ETF与LOF都具备开放式基金可以申购、赎回和场内交易的特点，但两者存在本质区别，具体表现如表3-10所示：

表3-10 ETF与LOF的区别

区别	ETF	LOF
申购、赎回的标的不同	ETF与投资者交换的是基金份额与一篮子证券或商品	LOF申购、赎回的是基金份额与现金的对价
申购、赎回的场所不同	通过交易场所进行	既可在代销网点进行也可在交易所进行
对申购、赎回的限制不同	资金在一定规模以上的投资者（基金份额通常要求在30万份以上）才能参与ETF一级市场的申购、赎回交易	申购、赎回上没有特别要求

表3-10（续）

区别	ETF	LOF
基金投资策略不同	ETF采用完全被动式管理方法，以拟合某一指数为目标	LOF是普通的开放式基金增加了交易所的交易方式，它可以是指数基金，也可以是主动管理型基金
净值报价频率不同	在二级市场的净值报价上，ETF每15秒提供一个基金份额参考净值（IOPV）报价	通常1天只提供1次报价或几次基金参考净值报价

真题链接

【2018年】关于LOF和ETF的区别，以下表述错误的是（　　）。

A.ETF的申购和赎回通过交易所进行，LOF的申购和赎回可以通过销售机构和交易所进行

B.在二级市场的净值报价频率上，ETF通常比LOF高

C.ETF通常采用完全被动式管理方式，LOF可以是被动管理型基金也可以是主动管理型基金

D.ETF的申购和赎回是基金份额与现金的对价，LOF的申购和赎回与投资者交换的是基金份额与一篮子证券或商品

【答案】D。解析：LOF和ETF都具备开放式基金可以申购、赎回和场内交易的特点，但两者存在本质区别，主要表现在以下方面：①申购、赎回的标的不同。ETF的申购和赎回与投资者交换的是基金份额与一篮子证券或商品；而LOF申购和赎回的是基金份额与现金的对价。②申购、赎回的场所不同。ETF的申购和赎回通过交易所进行；LOF的申购和赎回可以通过销售机构和交易所进行。③对申购、赎回限制不同。ETF要求的数额较大，通常要求在30万份以上才能参与一级市场的申购、赎回；LOF在申购、赎回上没有特别要求。④基金投资策略不同。ETF通常采用完全被动式管理方式，以拟合某一指数为目标；而LOF既可以是被动管理型基金也可以是主动管理型基金。⑤净值报价频率不同。ETF每15秒提供一个基金参考净值报价；而LOF的净值报价频率要比ETF低，通常1天只提供一次或几次基金净值报价。

四、ETF的类型（★★）

根据不同标准，可将ETF分为不同类型：

（1）根据ETF跟踪某标的市场指数的不同，可以将ETF分为股票型ETF、债券型ETF、商品型ETF等。在股票型ETF与债券型ETF中，又可以根据ETF跟踪的具体指数的不同对其进一步的细分，如股票型ETF可以进一步分为全球指数ETF、综合指数ETF、行业指数ETF、风格指数ETF（如成长型、价值型等）、策略指数ETF等。

（2）根据复制方法的不同，可以将ETF分为完全复制型ETF与抽样复制型ETF。完全复

制型ETF是依据构成指数的全部成分股在指数中所占的权重,进行ETF的构建。我国首只ETF——上证50ETF采用的就是完全复制。在标的指数成分股数量较多、个别成分股流动性不足的情况下,抽样复制的效果可能更好。抽样复制就是通过选取指数中部分有代表性的成分股,参照指数成分股在指数中的比重设计样本股的组合比例进行ETF的构建,目的是以最低的交易成本构建样本组合,使ETF能较好地跟踪指数。

五、ETF联接基金(★★)

ETF联接基金是将绝大部分基金财产投资于某一ETF(称为目标ETF)、密切跟踪标的指数表现、可在场外(银行渠道等)申购赎回的基金。

ETF联接基金的主要特征有以下几方面:

(1)联接基金依附于主基金,通过主基金投资,若主基金不存在,联接基金也不存在。因此,联接基金和ETF是同一法律实体的两个不同部分,联接基金处于从属地位。

(2)联接基金提供了银行、证券公司场外、互联网公司平台等申购ETF的渠道,可以吸引大量的银行和互联网公司平台客户直接通过联接基金介入ETF的投资,增强ETF的影响力。

(3)联接基金可以提供目前ETF基金不具备的定期定额等方式来介入ETF基金的运作。

(4)联接基金不能参与ETF基金的套利,发展联接基金主要是为了做大指数基金的规模。

(5)联接基金是一种特殊的基金中基金(FOF),ETF联接基金持有目标ETF的市值不得低于该联接基金资产净值的90%。

考点8　QDII基金

一、QDII基金概述及其在投资组合中的作用(★★)

2007年6月18日,中国证监会颁布的《合格境内机构投资者境外证券投资管理试行办法》中规定,符合条件的境内基金管理公司和证券公司,经中国证监会批准,可在境内募集资金进行境外证券投资管理。这种经中国证监会批准可以在境内募集资金进行境外证券投资的机构称为合格境内机构投资者(QDII)。QDII是在我国人民币没有实现可自由兑换、资本项目尚未完全开放的情况下,有限度地允许境内投资者投资海外证券市场的一项过渡性的制度安排。目前,除了基金管理公司和证券公司外,商业银行等其他金融机构也可以发行代客境外理财产品,但这里主要涉及的是由基金管理公司发行的QDII产品,即QDII基金。

QDII基金可以用人民币、美元或其他主要外汇货币为计价货币募集。

QDII基金在投资组合中的作用:①QDII基金可以进行国际市场投资,把目标锁定全球股票市场,专业性强、投资更为积极主动;②QDII产品的门槛较低,适合更为广泛的投资者参与;③为投资者降低组合投资风险提供新的途径。

二、QDII基金的投资对象（★★）

根据有关规定，除中国证监会另有规定外，QDII基金可投资于下列金融产品或工具：

（1）银行存款、可转让存单、银行承兑汇票、银行票据、商业票据、回购协议、短期政府债券等货币市场工具。

（2）政府债券、公司债券、可转换债券、住房按揭支持证券、资产支持证券等，以及经中国证监会认可的国际金融组织发行的证券。

（3）与中国证监会签署双边监管合作谅解备忘录的国家或地区证券市场挂牌交易的普通股、优先股、全球存托凭证和美国存托凭证、房地产信托凭证。

（4）在已与中国证监会签署双边监管合作谅解备忘录的国家或地区证券监管机构登记注册的公募基金。

（5）与固定收益、股权、信用、商品指数、基金等标的物挂钩的结构性投资产品。

（6）远期合约、互换及经中国证监会认可的境外交易所上市交易的权证、期权、期货等金融衍生产品。

三、QDII基金禁止投资行为（★★）

除中国证监会另有规定外，QDII基金不得有下列行为：

（1）购买不动产。

（2）购买房地产抵押按揭。

（3）购买贵重金属或代表贵重金属的凭证。

（4）购买实物商品。

（5）除应付赎回、交易清算等临时用途以外，借入现金。该临时用途借入现金的比例不得超过基金、集合计划资产净值的10%。

（6）利用融资购买证券，但投资金融衍生产品除外。

（7）参与未持有基础资产的卖空交易。

（8）从事证券承销业务。

（9）中国证监会禁止的其他行为。

真题链接

【2016年】下列有关QDII的描述不正确的是（　　）。

A.QDII基金可以进行国际市场投资

B.目前我国除了基金管理公司和证券公司外，商业银行等其他金融机构也可以发行代客境外理财产品

C.QDII基金可投资于住房按揭支持证券、资产支持证券

D.QDII基金可购买房地产抵押按揭

【答案】D。解析:除中国证监会另有规定外,QDII基金不得有下列行为:①购买不动产。②购买房地产抵押按揭。③购买贵重金属或代表贵重金属的凭证。④购买实物商品。⑤除应付赎回、交易清算等临时用途以外,借入现金。该临时用途借入现金的比例不得超过基金、集合计划资产净值的10%。⑥利用融资购买证券,但投资金融衍生品除外。⑦参与未持有基础资产的卖空交易。⑧从事证券承销业务。⑨中国证监会禁止的其他行为。

考点9 分级基金

一、分级基金的概念及特点(★★)

分级基金是指通过事先约定基金的风险收益分配,将母基金份额分为预期风险收益不同的子份额,并可将其中部分或全部类别份额上市交易的结构化证券投资基金。其中,分级基金的基础份额称为母基金份额,预期风险收益较低的子份额称为A类份额,预期风险收益较高的子份额称为B类份额。

分级基金作为创新型基金具有与普通基金不同的特点:

(1)一只基金,多类份额,多种投资工具。

(2)A类、B类份额分级,资产合并运作。

(3)基金份额可在交易所上市交易。

(4)内含衍生工具与杠杆特性。

(5)多种收益实现方式、投资策略丰富。

二、分级基金的分类(★★)

根据不同的标准,可将分级基金划分为不同种类。

(1)按运作方式分类。按运作方式可将分级基金分为封闭式分级基金与开放式分级基金。

(2)按投资对象分类。按投资对象的不同,可以将分级基金分为股票型分级基金、债券型分级基金(包括转债分级基金)、QDII分级基金等。

(3)按投资风格分类。按投资风格的不同,可以将分级基金分为主动投资型分级基金与被动投资(指数化)型分级基金。

(4)按募集方式分类。按募集方式的不同,可以将分级基金分为合并募集和分开募集两种类型。

(5)按子份额之间收益分配规则分类。根据子份额之间收益分配规则的不同,可以将分级基金分为简单融资型分级基金与复杂型分级基金。

(6)按是否存在母基金份额分类。按是否存在母基金份额,可以将分级基金分为存在母基金份额的分级基金和不存在母基金份额的分级基金。

（7）按是否具有折算条款分类。按是否具有折算条款，分为具有折算条款的分级基金和不具有折算条款的分级基金。

三、分级基金的规范（★★）

经中国证监会批准，沪深两大交易所于2016年11月25日双双发布了《分级基金业务管理指引》，并于2017年5月1日起正式施行。《分级基金业务管理指引》明确了分级基金二级市场投资者适当性管理、风险警示措施、投资者教育、投资者责任和义务等内容。

┃ **真题链接**

【2015年】我国分级基金的募集包括（　　）和（　　）两种方式。

　A.合并募集；分开募集

　B.直销募集；分销募集

　C.现金募集；非现金募集

　D.场内募集；场外募集

【答案】A。解析：我国分级基金的募集包括合并募集和分开募集两种方式。合并募集，是投资者以母基金代码进行认购，募集完成后，场外募集基础份额不进行拆分，场内募集基础份额在募集结束后自动分拆成子份额。分开募集，是分别以子代码进行认购，通过比例配售实现子份额的配比。

考点10　基金中基金

一、基金中基金的概念与特点（★★）

基金中基金又称为"FOF"，是指以其他证券投资基金为投资对象的基金，其投资组合由其他基金组成。FOF是基金市场壮大发展到一定阶段的产物，这类产品的基本特点是将大部分资产投资于"一篮子"基金，而不直接投资于股票、债券等金融工具。在合理地投资操作下，这一投资模式大多伴随投资标的分散化以及波动相对偏低的特点，同时能够帮助投资者解决基金挑选的难点。在基金发达的国家，如美国，基金中基金已经成为一类重要的公募证券投资基金。

二、基金中基金的运作规范（★★）

《公开募集证券投资基金运作指引第2号——基金中基金指引》（以下简称《基金中基金指引》）主要针对FOF的定义、分散投资、基金费用、基金份额持有人大会、信息披露等方面进行了详细的规范。

1.明确基金中基金的定义

FOF是指将80%以上的基金资产投资于经中国证监会依法核准或注册的公开募集的基金

份额。

2.强化分散投资，防范集中持有风险

FOF持有单只基金的市值，不得高于FOF资产净值的20%，且不得持有其他FOF。

3.不允许FOF持有分级基金等具有衍生品性质产品

FOF不是为投资者提供绕过衍生品市场适当性制度进入衍生品市场的工具，而主要是为广大投资者提供多样化投资基金的工具。

4.防范利益输送

《基金中基金指引》要求除ETF联接基金外，FOF投资其他基金时，被投资基金的运作期限应当不少于1年，最近定期报告披露的基金净资产应当不少于1亿元。

5.减少双重收费

减少双重收费的相关规定如下：

（1）对FOF财产中持有的自身管理的基金部分，基金管理人不可以收取管理费。

（2）对FOF财产中持有的自身托管的基金部分，基金托管人不可以收取托管费。

（3）基金管理人运用FOF财产申购自身管理的基金（ETF除外），应当通过直销渠道申购，且不得收取申购费、赎回费、销售服务费等销售费用。

6.FOF参与持有基金的份额持有人大会的原则

《基金中基金指引》规定FOF持有的基金召开基金份额持有人大会时，FOF的基金管理人应根据基金合同的约定参与所持有基金的份额持有人大会，并在遵循FOF份额持有人利益优先原则的前提下行使相关投票权利。

7.强化FOF信息披露

定期报告和招募说明书等文件中应设立专门章节披露所持有基金的相关情况，并揭示相关风险：

（1）投资政策、持仓情况、损益情况、净值披露时间等。

（2）交易及持有基金产生的费用。

（3）FOF持有的基金发生的重大影响事件。

（4）FOF投资于管理人以及管理人关联方所管理基金的情况。

8.保证估值的公允性

根据《基金中基金指引》的规定，FOF应当采用公允的估值方法，及时、准确地反映基金资产的价值变动。

9.明确基金公司开展FOF业务的组织架构

根据《基金中基金指引》的规定，除ETF联接基金外，基金管理人开展FOF业务，应当设置独立部门、配备专门人员，制定业务规则和明确相关安排，有效防范利益输送、内幕交易等

行为。

10.强化相关主体责任

基金管理人、基金托管人等相关主体应做好估值核算等各方面准备工作,有效防范投资风险,安全保障基金资产,确保基金平稳运行。

三、基金中基金的类型(★★)

FOF产品可通过不同的投资标的、投资策略、投资目标等维度划分成不同的类型。从运作模式而言,FOF产品可以归纳为主动管理主动型FOF、主动管理被动型FOF、被动管理主动型FOF、被动管理被动型FOF四类。

(1)主动管理主动型FOF。主动管理主动型FOF是指基金经理主动地对不同资产的未来表现进行判断并择时,然后基于配置结论将标的投资于各主动管理型基金。

(2)主动管理被动型FOF。主动管理被动型FOF是指基金经理通过主动管理的方式投资于被动型基金产品。

(3)被动管理主动型FOF。被动管理主动型FOF是指FOF母基金采用指数编制的方式或者采用特定的投资比例对子基金进行投资并做定期调整,而被投资的子基金则为主动管理型基金。

(4)被动管理被动型FOF。被动管理被动型FOF是指母基金采用指数编制的方式或者采用特定的投资比例对子基金进行投资并做定期调整,而被投资的子基金则为被动管理型基金。

本章同步自测

1.根据投资对象,证券投资基金包括(　　)。

A.股票基金　　　　　　　　　　B.收入型基金

C.公募基金　　　　　　　　　　D.封闭式基金

2.根据投资目标,证券投资基金包括(　　)。

A.收入型基金　　　　　　　　　B.增长型基金

C.平衡型基金　　　　　　　　　D.以上都正确

3.按照投资性质分类,股票基金包括(　　)。

A.国内股票基金　　　　　　　　B.价值型股票基金

C.金融服务基金　　　　　　　　D.小盘股票基金

4.下列说法错误的是(　　)。

A.价值型股票收益稳定　　　　　B.成长型股票收益增长速度快

C.价值型股票价值被低估　　　　D.成长型股票适合长期投资

5.下列关于避险策略基金的特点,说法错误的是( )。

A.避险策略基金的最大特点是其招募说明书中明确引入保本保障机制

B.为能够保证本金安全,避险策略基金通常会将大部分资金投资于与基金到期日一致的债券

C.为提高收益水平,避险策略基金会将其余部分投资于股票、衍生工具等高风险资产

D.避险策略基金本质上是一种指数基金

6.下列关于QDII的说法错误的是( )。

A.QDII产品的门槛较高

B.QDII投向广泛,把目标锁定全球股票市场

C.QDII专业性强

D.QDII为投资者降低组合投资风险提供新的途径

参考答案及解析 >>>>>

1.【答案】A。解析:本题旨在考查证券投资基金的分类。按照投资对象,证券投资基金可以分为股票基金、债券基金、货币市场基金和混合基金等。故本题选A。

2.【答案】D。解析:本题旨在考查证券投资基金的分类。按照投资目标,证券投资基金可以分为增长型基金、收入型基金和平衡型基金。

3.【答案】B。解析:本题旨在考查股票基金的分类。按照投资性质分类,股票基金可以分为价值型股票基金、成长型股票基金和平衡型股票基金。故本题选B。

4.【答案】D。解析:本题旨在考查价值型股票和成长型股票的区别。价值型股票的投资者比成长型股票的投资者一般表现得更有耐心,更倾向于长期投资。与此相反,一旦市场有变,成长型股票的投资者往往会选择快进快出,进行短线操作,D项表述错误。

5.【答案】D。解析:本题旨在考查避险策略基金的特点。避险策略基金的投资目标是在锁定风险的同时力争有机会获得潜在的高回报,本质上是一种混合基金,D项表述错误。

6.【答案】A。解析:本题旨在考查QDII的特点。QDII的特点有以下三个:①投向广泛,把目标锁定全球股票市场,专业性强、投资更为积极主动;②QDII产品的门槛较低,适合更为广泛的投资者参与;③为投资者降低组合投资风险提供新的途径,A项表述错误。

第四章 证券投资基金的监管

本章学习框架

第四章	考点	考查角度
证券投资基金的监管	基金监管概述	基金监管的概念、体系、原则和目标
	基金监管机构和自律组织	中国证监会对基金行业的监管职责及监管措施
		行业自律组织对基金行业的自律管理
		中国证券投资基金业协会章程的主要内容
	对基金机构的监管	对基金管理人、基金托管人、基金服务机构的监管
	对公开募集基金的监管	对公募基金募集和销售活动的监管、对公募基金运作的监管
	对非公开募集基金的监管	非公开募集基金管理人登记事宜
		对非公开募集基金募集的监管
		非公开募集基金产品备案制度、基金的托管和销售
		非公开募集基金的投资运作行为规范
		非公开募集基金的信息披露和报送制度

考点精讲

考点1 基金监管概述

一、基金监管的概念及特征（★★★）

（一）基金监管的概念

广义的基金监管是指有法定监管权的行政机构、基金行业自律组织、基金机构内部监督部门以及社会力量对基金市场、基金市场主体及其活动的监督或管理。

狭义的基金监管一般专指行政监管，即有法定监管权的政府机构依法对基金市场、基金市场主体及其活动的监督和管理。

（二）基金监管的特征

基金监管的特征如下：

（1）监管内容的全面性。

（2）监管对象的广泛性。

（3）监管时间的连续性。

（4）监管主体及其权限的法定性。

（5）监管活动的强制性。

二、基金监管体系（★★★）

基金监管体系，是指基金监管活动各要素及其相互间的关系。基金监管活动的要素主要包括目标、体制、内容和方式等。

基金监管目标，是指基金监管活动所要达到的目的和效果。基金监管目标是基金监管活动的出发点和价值归宿，是基金监管体制、内容、方式等要素的制定依据及宗旨。同时，基金监管目标的实现也必须依赖于基金监管体制、内容和方式的有机配置。

基金监管体制，是指基金监管活动主体及其职权的制度体系。

基金监管内容，是指基金监管具体对象的范围，包括基金市场活动的主体及基金市场主体的活动。

基金监管方式，是指基金监管所采用的方法和形式。广义的监管方式，包括对基金市场主体即基金机构的审核注册、对基金机构行为的检查以及检查后对存在问题的基金机构的各种行政处置措施，分别体现了事前监管、事中监管和事后监管。狭义的监管方式也称监管措施，仅指对基金机构的检查及其后续的处置措施。

基金监管就是为实现监管目标，由监管主体行使其法定职权，采用必要的监管手段和措施，对需要监管的对象所进行的监督和管理的活动。

三、基金监管目标（★★★）

（一）保护投资人及相关当事人的合法权益

保护投资人及相关当事人的合法权益是基金监管的首要目标。投资人往往专业知识欠缺、信息获取途径不足、风险识别和承受能力薄弱，其合法权益容易受到侵害，因此，基金监管必须严格监管损害投资者利益的行为，切实保护投资者的合法权益。同时，基金监管对于基金相关当事人的合法权益也应依法给予保护。

（二）规范证券投资基金活动

规范证券投资基金活动是保护投资人及相关当事人合法权益的必然要求，是基金监管的直接目标，也是促进证券投资基金和资本市场健康发展的前提条件。基金监管只有以有效地规范证券投资基金活动为切入点，才能切实保护投资人及相关当事人的合法权益。

（三）促进证券投资基金和资本市场的健康发展

证券投资基金市场是资本市场的重要组成部分。基金监管要以有利于引导金融业发展同经济社会发展相协调,促进融资更加便利,降低实体经济成本,提高资源配置效率为目标。

由于我国资本市场尚处于新兴市场阶段,证券投资基金业刚刚起步,应加强对基金行业和基金市场的规范与监管,进一步为我国基金业发展创造良好的环境,推动我国基金市场开展公平有序的竞争,促进证券投资基金和资本市场的健康发展。

四、基金监管的基本原则(★★★)

基金监管的基本原则,贯穿于基金监管活动始终,起统帅和指导作用,具有基础性和宏观性的特征。基础性是指基本原则是基金监管活动最基本、最重要的基础;宏观性是指基本原则高度概括了基金监管的根本价值,具有根本性指导意义,是对基金监管活动的目的和宗旨的高度抽象。基金监管的基本原则包括以下六个方面:

(一)保障投资人利益原则

保障投资人利益原则是基金监管活动的目的和宗旨的集中体现,基金监管应以保障投资人即基金份额持有人的利益为首要目标。投资人的合法权益能否得到有效的保障,是投资基金行业能否持续健康发展的关键。

(二)适度监管原则

在基金行业,行政监管不应直接干预基金机构内部的经营管理,监管范围应严格限定在基金市场失灵的领域。政府应完善基金行业自律机制、健全基金机构内控机制和培育社会力量监督机制,形成以行政监管为核心、行业自律为纽带、机构内控为基础、社会监督为补充的"四位一体"的监管格局。

(三)高效监管原则

高效监管是指基金监管活动不仅要以价值最大化的方式实现基金监管的根本目标,而且还要通过基金监管活动促进基金行业的高效发展。坚持高效监管原则的要求有以下几点:①行政监管机构应具有权威性,有合法的监管地位和合理的监管权限与职责;②监管内容体系合理,确保监管模式有效;③严格制裁违法行为,保护合法的基金活动,制止非法行为,保障基金市场的秩序,提高基金市场的效率,保护投资人的根本利益;④有效的监管协调、规范的监管程序、科学的监管技术、现代化的监管手段是高效基金监管的保证。

(四)依法监管原则

依法监管原则是指监管机构的设置及其监管职权的取得、行使,必须有法律依据,遵循法律程序;对违法行为的制裁,必须依据法律的明确规定。依法监管原则是行政法治原则的集中体现和保障,行政监管必须坚持依法监管原则。

行政监管是行政监管机构依法对监管对象实施监督和管理的活动,其本质是行政法律关系,属于行政执法范畴。行政监管的性质决定其应遵循行政法的基本原则,即行政法治原则。

我国基金监管活动的主要依据是《证券投资基金法》以及中国证监会、中国基金业协会、证券交易所发布的一系列相关的部门规章、规范性文件和自律规则。

（五）审慎监管原则

审慎监管原则是指基金监管机构在制定监管规范及实施监管行为时，注重基金机构的偿付能力和风险防控，以确保基金运行稳健和基金财产安全，切实保护投资者合法权益。审慎监管原则贯穿于基金市场准入和持续监管的全过程，体现为基金监管机构对基金机构内部治理结构、内部稽核监控制度、风险控制制度以及资本充足率、资产流动性等方面的监管规则。

（六）公开、公平、公正监管原则

公开、公平、公正监管原则，也称"三公"原则，是证券市场活动以及证券监管的基本原则。公开原则不仅要求基金市场充分透明，实现市场信息公开化，而且要求基金监管机构的监管规则和处罚应当公开。公平原则是指基金市场主体具有平等地位，基金监管机构应依照相同的标准衡量同类监管对象的行为。公正原则要求基金监管机构在公开、公平基础上，对监管对象公正对待，一视同仁。"三公"原则重在"公正"，即公正监管、公正执法，是依法监管原则的具体化。

真题链接

【2018年】关于基金监管原则，以下说法正确的是（　　）。

A.基金监管应遵循"公平、公信、公正"的三公原则

B.基金监管的首要目标是促进基金行业规模的壮大

C.根据适度监管原则，政府监管范围应当严格限定在基金市场失灵的领域

D.为了贯彻高效监管原则，政府监管必要时应当对基金机构的内部经营管理直接进行干预

【答案】C。解析：基金监管应遵循公开、公平、公正的监管原则，也称"三公"原则，A项错误。保障投资人利益原则是基金监管活动的目的和宗旨的集中体现，基金监管应以保障投资人即基金份额持有人的利益为首要目标，B项错误。政府监管不应直接干预基金机构内部的经营管理，监管范围应严格限定在基金市场失灵的领域，C项正确，D项错误。

考点2　基金监管机构和自律组织

一、中国证监会对基金行业的监管职责及监管措施（★★★）

根据《证券法》和《证券投资基金法》的规定，国务院证券监督管理机构即中国证监会是我国基金市场的监管主体，依法对基金市场主体及其活动实施监督管理；基金业协会作为行业自律性组织，对基金业实施行业自律管理；证券交易所负责组织和监督基金的上市交易，并对上市交易基金的信息披露进行监督。

（一）中国证监会对基金市场的监管职责

中国证监会依法对证券市场实施集中统一监管。中国证监会内部设有证券基金机构监管部，具体承担基金监管职责。中国证监会派出机构即各地方证监局是中国证监会的内部组成部门，依照中国证监会的授权履行职责。

1.中国证监会的职责

中国证监会依法履行下列职责：

（1）制定有关证券投资基金活动监督管理的规章、规则，并行使审批、核准或者注册权。

（2）办理基金备案。

（3）对基金管理人、基金托管人及其他机构从事证券投资基金活动进行监督管理，对违法行为进行查处，并予以公告。

（4）制定基金从业人员的资格标准和行为准则，并监督实施。

（5）监督检查基金信息的披露情况。

（6）指导和监督中国基金业协会的活动。

（7）法律、行政法规规定的其他职责。

基金监管职责分工的目的是在集中统一监管体制下，进一步明确监管系统各单位的基金监管职责，落实监管责任制，形成各部门、各单位各司其职、各负其责、密切协作的基金监管体系。总体要求是职责清晰、分工明确、反应快速、协调有序。

2.证券基金机构监管部的职责

证券基金机构监管部主要负责以下方面：

（1）涉及证券投资基金行业的重大政策研究。

（2）草拟或制定证券投资基金行业的监管规则。

（3）对有关证券投资基金的行政许可项目进行审核。

（4）全面负责对基金管理公司、基金托管银行及基金销售机构的监管。

（5）指导、组织和协调证监局、证券交易所等部门对证券投资基金的日常监管。

（6）对证监局的基金监管工作进行督促检查。

（7）对日常监管中发现的重大问题进行处置。

3.各证监局的职责

各证监局负责以下方面：

（1）对经营所在地在本辖区内的基金管理公司进行日常监管，主要包括公司治理和内部控制、高级管理人员、基金销售行为、开放式基金信息披露的日常监管。

（2）对辖区内异地基金管理公司的分支机构及基金代销机构进行日常监管。

（二）中国证监会对基金市场的监管措施

中国证监会有权采取下列监管措施：

1.检查

检查是基金监管的重要措施,属于事中监管方式,具体分类如表4-1所示:

表4-1 中国证监会对基金市场的检查分类

标准	类别
按检查时间	日常检查
	年度检查
按检查地点	非现场检查
	现场检查:指基金监管机构的检查人员亲临基金机构业务场所,通过现场察看、听取汇报、查验资料等方式进行实地检查

加强日常的现场检查,可以及时发现问题,消除风险隐患,中止基金机构的违法违规行为,督促基金机构守法合规地进行证券投资基金活动。

中国证监会可以根据实际情况,定期或不定期地对基金机构的合规监控、风险管理、内部稽核等方面进行检查。中国证监会有权对基金管理人、基金托管人、基金服务机构进行现场检查,并要求其报送有关的业务资料。

2.调查取证

调查取证是查处基金违法案件的基础,是进行有效基金监管的保障。

中国证监会具有以下职权:

(1)进入涉嫌违法行为发生场所调查取证。

(2)询问当事人和与被调查事件有关的单位和个人,要求其对与被调查事件有关的事项做出说明。

(3)查阅、复制与被调查事件有关的财产权登记、通信记录等资料。

(4)查阅、复制当事人和与被调查事件有关的单位和个人的证券交易记录、登记过户记录、财务会计资料及其他相关文件和资料。

(5)对可能被转移、隐匿或者毁损的文件和资料,可以予以封存。

(6)查询当事人和与被调查事件有关的单位和个人的资金账户、证券账户和银行账户。

(7)对有证据证明已经或者可能转移或者隐匿违法资金、证券等涉案财产或者隐匿、伪造、毁损重要证据的,经中国证监会主要负责人批准,可以冻结或者查封。

3.限制交易

当事人操纵证券市场等行为可能会引起证券市场价格的巨大波动,破坏正常的证券市场秩序,损害投资者的合法权益,因此,《证券投资基金法》赋予中国证监会限制证券交易权。

中国证监会在调查操纵证券市场、内幕交易等重大证券违法行为时,经中国证监会主要负责人批准,可以限制被调查事件当事人的证券买卖,但限制的期限不得超过15个交易日;案情复杂的,可以延长15个交易日。

4.行政处罚

中国证监会发现基金机构以及基金机构的董事、监事、高级管理人员和其他从业人员、基金机构的股东和实际控制人等在基金活动中存在违法违规行为的,应当对相关机构和人员或者相关机构对违法违规行为直接负责的主管人员和其他责任人员依法进行行政处罚。

中国证监会可以采取的行政处罚措施主要包括没收违法所得、罚款、责令改正、警告、暂停或者撤销基金从业资格、暂停或者撤销相关业务许可、责令停业等。

中国证监会依法履行职责,发现违法行为涉嫌犯罪的,应当将案件移送司法机关处理。中国证监会依法履行职责时,被调查、检查的单位和个人应当配合,如实提供有关文件和资料,不得拒绝、阻碍和隐瞒。

(三)中国证监会工作人员的义务和责任

中国证监会工作人员进行调查或者检查时应出示合法证件,人数不得少于2人,应对在调查或检查中知悉的商业秘密保密。

中国证监会领导干部离职后3年内,一般工作人员离职后2年内,不得到与原工作业务直接相关的机构任职。但经过中国证监会批准,可以在基金管理公司、证券公司、期货公司等机构担任督察长、合规总监、首席风险官等职务。

真题链接

【2017年】下列不属于中国证监会基金监管职责的是(　　)。

A.监督检查基金信息的披露情况

B.制定基金行业自律业务规范

C.制定基金活动监督管理的规章、规则

D.对基金管理人和基金托管人进行监督管理

【答案】B。解析:中国证监会依法履行下列职责:①制定有关证券投资基金活动监督管理的规章、规则,并行使审批、核准或者注册权;②办理基金备案;③对基金管理人、基金托管人及其他机构从事证券投资基金活动进行监督管理,对违法行为进行查处,并予以公告;④制定基金从业人员的资格标准和行为准则,并监督实施;⑤监督检查基金信息的披露情况;⑥指导和监督基金业协会的活动;⑦法律、行政法规规定的其他职责。故本题选B。

二、行业自律组织对基金行业的自律管理(★★★)

(一)我国基金业协会的发展

我国基金业协会的发展历程如表4-2所示:

表4-2   我国基金业协会的发展历程

时间	行业自律组织
初期	基金业联席会议（相对松散）
2001年8月	中国证券业协会基金公会成立
2004年12月	中国证券业协会证券投资基金业委员会成立（由中国证券业协会领导，基金专业人士组成，承接原基金公会的职能和任务）
2007年	中国证券业协会基金公司会员部成立（负责基金管理公司和基金托管银行特别会员的自律管理，有基金管理公司、托管银行、基金代销机构等90余家会员，并成立了基金业委员会、基金销售专业委员会、基金托管专业委员会等专业委员会，在制定和完善行业自律规则、加强行业自律管理、反映行业呼声和建议、组织行业培训和交流、强化投资者教育等方面做了大量工作）
2012年6月	中国证券投资基金业协会成立（承接原中国证券业协会基金公司会员部的行业自律职责）（以下简称"中国基金业协会"）
2013年	《证券投资基金法》对中国基金业协会做出详细规定

（二）中国基金业协会的性质和组成

1.中国基金业协会的性质

中国基金业协会是证券投资基金行业的自律性组织，属于社会团体法人。基金管理人、基金托管人和基金服务机构，应当依法成立基金业协会，进行行业自律，协调行业关系，提供行业服务，促进行业发展。基金管理人、基金托管人应当加入基金业协会，基金服务机构可以加入基金业协会成为会员。中国基金业协会的会员分类如表4-3所示：

表4-3   中国基金业协会的会员分类

分类	组成机构
普通会员	公募基金的基金管理人、基金托管人
联席会员	按照国务院证券监督管理机构或者协会规定注册、备案或登记的从事基金销售、份额登记、估值、评价、信息技术服务系统等基金服务机构以及为基金业务提供法律和会计专业服务的律师事务所和会计师事务所
观察会员	私募基金管理人、私募资产管理业务的金融机构
特别会员	证券期货交易所、登记结算机构、指数公司、地方基金业协会及其他资产管理相关机构

2.中国基金业协会的组成

中国基金业协会的组成如表4-4所示：

表4-4　中国基金业协会的组成

组成	职责
会员大会——权力机构	由全体会员组成,负责制定协会章程,并报中国证监会备案
理事会——执行机构	理事会成员依章程的规定由会员大会选举产生。在会员大会闭会期间,理事会依据章程的规定执行会员大会决议,组织和领导基金业协会开展日常工作,其会议机制、决议程序、具体职权等由协会章程规定

（三）基金业协会的职责

依据《证券投资基金法》的规定,中国基金业协会的职责包括以下几项:

（1）教育和组织会员遵守有关证券投资的法律、行政法规,维护投资人合法权益。

（2）依法维护会员的合法权益,反映会员的建议和要求。

（3）制定和实施行业自律规则,监督、检查会员及其从业人员的执业行为,对违反自律规则和协会章程的,按照规定给予纪律处分。

（4）制定行业执业标准和业务规范,组织基金从业人员的从业考试、资质管理和业务培训。

（5）提供会员服务,组织行业交流,推动行业创新,开展行业宣传和投资人教育活动。

（6）对会员之间、会员与客户之间发生的基金业务纠纷进行调解。

（7）依法办理非公开募集基金的登记、备案。

（8）协会章程规定的其他职责。

三、证券交易所（★★★）

证券交易所是证券市场的自律管理者。

证券交易所是为证券集中交易提供场所和设施,组织和监督证券交易,实行自律管理的法人。证券交易所具有监管者和被监管者的双重身份,一方面,作为证券市场组织者,其为众多证券机构提供集中交易场所,组织证券交易,实行自律管理,是市场的管理者,具有法定的监管权限;另一方面,其作为特殊的市场主体,也要接受政府证券监管机构的监管。

我国上海证券交易所、深圳证券交易所都对在证券交易所挂牌上市的封闭式基金、交易型开放式指数基金、上市开放式基金的上市条件和程序、信息披露的要求等均做了具体规定。在证券交易所上市交易的基金份额,应当遵守证券交易所的业务规则,接受证券交易所的自律性监管。

证券交易所设有基金交易监控系统。证券交易所在监控中发现异常基金交易行为,涉嫌违法违规的,可以根据具体情况,采取电话提示、警告、约见谈话、公开谴责等措施,并同时上报中国证监会。

真题链接

【2015年】中国基金业协会会员分为（　　）。

A.企业会员、联席会员、特别会员、观察会员

B.普通会员、联席会员、企业会员、观察会员

C.普通会员、联席会员、观察会员、特别会员

D.普通会员、企业会员、特别会员、观察会员

【答案】C。解析：中国基金业协会会员分为四类：普通会员、联席会员、观察会员和特别会员。

考点3　对基金机构的监管

一、对基金管理人的监管内容

对基金管理人的监管内容包括以下几点：基金管理人的市场准入监管、对基金管理人从业人员资格的监管、对基金管理人及其从业人员执业行为的监管、对基金管理人内部治理的监管以及中国证监会对基金管理人的监管措施。

（一）基金管理人的市场准入监管

1.基金管理人的法定组织形式

基金管理人是指按照法律、行政法规的规定和基金合同的约定，为保护基金份额持有人的利益，对基金财产进行管理、运用的机构。

基金管理人由依法设立的公司或者合伙企业担任。而担任公开募集基金的基金管理人只能由基金管理公司或者经中国证监会按照规定核准的其他机构担任。

经中国证监会按照规定核准的其他机构，是指在股东、高级管理人员、经营期限、管理的基金财产规模等方面符合规定条件的证券公司、保险资产管理公司以及专门从事非公开募集基金管理业务的资产管理机构，向中国证监会申请开展公开募集资金管理业务，经中国证监会依法核准，即取得担任公开募集基金的基金管理人业务资格。

2.管理公开募集基金的基金管理公司的审批

（1）管理公开募集基金的基金管理公司的设立。

设立管理公开募集基金的基金管理公司，应当具备以下条件：①有符合《证券投资基金法》和《公司法》规定的章程。②注册资本不低于1亿元人民币，且必须为实缴货币资本，以保证其能够承担因违法违规行为给基金份额持有人造成损失后的赔偿。③主要股东应当具有经营金融业务或者管理金融机构的良好业绩、良好的财务状况和社会信誉，资产规模达到国务院规定的标准，最近3年没有违法记录。主要股东是指持有基金管理公司股权比例最高且不低于25%的股东。④取得基金从业资格的人员达到法定人数。根据《证券投资基金管理公

司管理办法》的规定,设立基金管理公司,应当有符合法律、行政法规和中国证监会规定的拟任高级管理人员以及从事研究、投资、估值、营销等业务的人员,拟任高级管理人员、业务人员不少于15人,并应当取得基金从业资格。⑤董事、监事、高级管理人员具备相应的任职条件。担任公开募集基金的基金管理人的董事、监事、高级管理人员应当符合《证券投资基金法》《证券投资基金行业高级管理人员任职管理办法》等法律法规规定的任职资格。⑥有符合要求的营业场所、安全防范设施和与基金管理业务有关的其他设施,以保证基金管理业务的正常开展和基金财产安全。⑦有良好的内部治理结构、完善的内部稽核监控制度、风险控制制度。⑧法律、行政法规规定的和经国务院批准的中国证监会规定的其他条件。

对主要股东的界定标准如表4-5所示:

表4-5　对主要股东的界定

主要股东形式	条件
法人或其他组织	(1)持有股权比例最高且不低于25%
	(2)净资产不低于2亿元人民币
自然人	(1)股权比例最高且不低于25%
	(2)个人金融资产不低于3 000万元人民币
	(3)在境内外资产管理行业从业10年以上

中国证监会应当自受理基金管理公司设立申请之日起6个月内依照上述条件和审慎监管原则进行审查,做出批准或者不予批准的决定,并通知申请人;不予批准的,应当说明理由。

(2)管理公开募集基金的基金管理公司的其他事项。

基金管理公司变更持有5%以上股权的股东,变更公司的实际控制人,或者变更其他重大事项,应当报经国务院证券监督管理机构批准。国务院证券监督管理机构应当自受理申请之日起60日内做出批准或者不予批准的决定,并通知申请人;不予批准的,应当说明理由。

(二)对基金管理人从业人员资格的监管

基金管理人的从业人员是指基金管理人的董事、监事、高级管理人员、投资管理人员以及其他从业人员。基金管理人属于金融机构,是信托关系中的受托人。对其从业人员的任职资格应该有高于一般公司的董事、监事、高级管理人员的要求,以防范道德风险和保护基金份额持有人的利益。

1.基金管理人的从业人员的资格

基金管理人的董事、监事和高级管理人员,应当熟悉证券投资方面的法律、行政法规,具有3年以上与其所任职务相关的工作经历;高级管理人员还应当具备基金从业资格。相关的工作经历,是指从事基金、证券、银行等金融相关领域的工作经历及与拟任职务相适应的管理工作经历;担任督察长的,还应当具有法律、会计、监察、稽核等工作经历。此外,自2017年10月1日起,还应同时满足《证券公司和证券投资基金管理公司合规管理办法》的有关规定。

基金管理公司投资管理人员,是指在公司负责基金投资、研究、交易的人员以及实际履行相应职责的人员,具体包括以下几项:公司投资决策委员会成员,公司分管投资、研究、交易业务的高级管理人员,公司投资、研究、交易部门的负责人,基金经理、基金经理助理以及中国证监会规定的其他人员。从业人员的资格要求如表4-6所示:

表4-6 基金管理人的从业人员的资格要求

基金经理 任职条件	（1）取得基金从业资格
	（2）通过中国证监会或者其授权机构组织的证券投资法律知识考试
	（3）具有3年以上证券投资管理经历
	（4）没有法律、行政法规规定的不得担任公司董事、监事、经理和基金从业人员的情形
	（5）最近3年没有受到证券、银行、工商和税务等行政管理部门的行政处罚
不得担任 基金管理 人的董事、 监事、高 级管理人 员和其他 从业人员	（1）因犯有贪污贿赂、渎职、侵犯财产罪或者破坏社会主义市场经济秩序罪,被判处刑罚的
	（2）对所任职的公司、企业因经营不善破产清算或者因违法被吊销营业执照负有个人责任的董事、监事、厂长、高级管理人员,自该公司、企业破产清算终结或者被吊销营业执照之日起未逾5年的
	（3）个人所负债务数额较大,到期未清偿的
	（4）因违法行为被开除的基金管理人、基金托管人、证券交易所、证券公司、证券登记结算机构、期货交易所、期货公司及其他机构的从业人员和国家机关工作人员
	（5）因违法行为被吊销执业证书或者被取消资格的律师、注册会计师和资产评估机构、验证机构的从业人员及投资咨询从业人员
	（6）法律、行政法规规定不得从事基金业务的其他人员

2.基金管理人从业人员的兼任和竞业禁止

基于基金从业人员不得兼任不相容职务、竞业禁止和防止利益冲突的规则,公开募集基金的基金管理人的董事、监事、高级管理人员和其他从业人员,不得担任基金托管人或者其他基金管理人的任何职务,不得从事损害基金财产和基金份额持有人利益的证券交易及其他活动。

高级管理人员、基金管理公司基金经理应当维护所管理基金的合法利益,在基金份额持有人的利益与基金管理公司、基金托管银行的利益发生冲突时,应当坚持基金份额持有人利益优先的原则;不得从事或者配合他人从事损害基金份额持有人利益的活动。

另外,基金管理人的法定代表人、经营管理主要负责人和从事合规监管的负责人的选任或者改任,应当报经中国证监会审核。

（三）对基金管理人及其从业人员执业行为的监管

1.基金管理人的法定职责

明确公开募集基金的基金管理人的职责,是确保其依法履行职责的前提。公开募集基金的基金管理人应当履行下列职责:

（1）依法募集资金,办理基金份额的发售和登记事宜。

（2）办理基金备案手续。

（3）对所管理的不同基金财产分别管理、分别记账，进行证券投资。

（4）按照基金合同的约定确定基金收益分配方案，及时向基金份额持有人分配收益。

（5）进行基金会计核算并编制基金财务会计报告。

（6）编制中期和年度基金报告。

（7）计算并公告基金资产净值，确定基金份额申购、赎回价格。

（8）办理与基金财产管理业务活动有关的信息披露事项。

（9）按照规定召集基金份额持有人大会。

（10）保存基金财产管理业务活动的记录、账册、报表和其他相关资料。

（11）以基金管理人名义，代表基金份额持有人利益行使诉讼权利或者实施其他法律行为。

（12）中国证监会规定的其他职责。

2.基金管理人及其从业人员的执业禁止行为

公开募集基金的基金管理人及其董事、监事、高级管理人员和其他从业人员不得有下列行为：

（1）将其固有财产或者他人财产混同于基金财产从事证券投资。

（2）不公平地对待其管理的不同基金财产。

（3）利用基金财产或者职务之便为基金份额持有人以外的人牟取利益。

（4）向基金份额持有人违规承诺收益或者承担损失。

（5）侵占、挪用基金财产。

（6）泄露因职务便利获取的未公开信息，利用该信息从事或者明示、暗示他人从事相关的交易活动。

（7）玩忽职守，不按照规定履行职责。

（8）法律、行政法规和中国证监会规定禁止的其他行为。

3.基金管理人的从业人员证券投资的限制

基金管理人的董事、监事、高级管理人员及其他从业人员，其本人、配偶、利害关系人进行证券投资，应当事先向基金管理人申报，并不得与基金份额持有人发生利益冲突。公开募集基金的基金管理人应当建立董事、监事、高级管理人员及其他从业人员进行证券投资的申报、登记、审查、处置等管理制度，并报中国证监会备案。

（四）对基金管理人内部治理的监管

1.基金份额持有人利益优先原则

基金份额持有人利益优先原则是基金管理人内部治理的法定基本原则。当基金管理人及其从业人员的利益与基金份额持有人利益发生冲突时，应以基金份额持有人利益优先。

2.对基金管理人内部治理结构的监管

良好的内部治理结构是保证公开募集基金稳健运行、保护基金份额持有人利益的必要条件。建立良好的内部治理结构的基本途径是明确股东会、董事会、监事会和高级管理人员的职责权限，建立长效的激励和约束机制，完善监督和内控机制，确保基金管理人合法合规地行使职权，审慎高效地运作基金，维护基金份额持有人的利益。

3.对基金管理人的股东、实际控制人的监管

基金管理人的股东、实际控制人应当按照中国证监会的规定及时履行重大事项报告义务，并不得有下列行为：

（1）虚假出资或者抽逃出资。

（2）未依法经股东会或者董事会决议擅自干预基金管理人的基金经营活动。

（3）要求基金管理人利用基金财产为自己或者他人牟取利益，损害基金份额持有人利益。

（4）中国证监会规定禁止的其他行为。

基金管理人的股东、实际控制人有上述行为或者股东不再符合法定条件的，中国证监会应当责令其限期改正，并可视情节责令其转让所持有或者控制的基金管理人的股权。上述股东、实际控制人按照要求改正违法行为、转让所持有或者控制的基金管理人的股权前，中国证监会可以限制有关股东行使股东权利。

4.风险准备金制度

公开募集基金的基金管理人应当从管理基金的报酬中计提风险准备金。公开募集基金的基金管理人因违法违规、违反基金合同等原因给基金财产或者基金份额持有人合法权益造成损失，应当承担赔偿责任的，可以优先使用风险准备金予以赔偿。

（五）中国证监会对基金管理人的监管措施

1.对基金管理人违法违规行为的监管措施

公开募集基金的基金管理人违法违规，或者其内部治理结构、稽核监控和风险控制管理不符合规定的，中国证监会应当责令其限期改正；逾期未改正，或者其行为严重危及该基金管理人的稳健运行、损害基金份额持有人合法权益的，中国证监会可以区别情形，对其采取下列措施：

（1）限制业务活动，责令暂停部分或者全部业务。

（2）限制分配红利，限制向董事、监事、高级管理人员支付报酬、提供福利。

（3）限制转让固有财产或者在固有财产上设定其他权利。

（4）责令更换董事、监事、高级管理人员或者限制其权利。

（5）责令有关股东转让股权或者限制有关股东行使股东权利。

2.对基金管理人出现重大风险的监管措施

公开募集基金的基金管理人的董事、监事、高级管理人员未能勤勉尽责，致使基金管理人

存在重大违法违规行为或者重大风险的,中国证监会可以责令更换。公开募集基金的基金管理人违法经营或者出现重大风险,严重危害证券市场秩序、损害基金份额持有人利益的,中国证监会可以对该基金管理人采取责令停业整顿、指定其他机构托管、接管、取消基金管理资格或者撤销等监管措施。

在公开募集基金的基金管理人被责令停业整顿、被依法指定托管、接管或者清算期间,或者出现重大风险时,经中国证监会批准,可以对该基金管理人直接负责的董事、监事、高级管理人员和其他直接责任人员采取下列措施:

(1)通知出境管理机关依法阻止其出境。

(2)申请司法机关禁止其转移、转让或者以其他方式处分财产或者在财产上设定其他权利。

3.对基金管理人职责终止的监管措施

公开募集基金的基金管理人职责终止的事由有以下几项:

(1)被依法取消基金管理资格。

(2)被基金份额持有人大会解任。

(3)依法解散、被依法撤销或者被依法宣告破产。

(4)基金合同约定的其他情形。

基金管理人职责终止后,如果基金合同不终止,则应当选任新的基金管理人,以使基金运作得以继续正常进行。选任新的基金管理人以及基金管理业务的移交,通常需要经过一段时间,且需办理移交手续和对基金财产的审计,中国证监会应当依法采取必要的监管措施,以保护基金份额持有人的利益。

基金管理人职责终止的,基金份额持有人大会应当在6个月内选任新基金管理人;新基金管理人产生前,由中国证监会指定临时基金管理人。在指定临时管理人或者选任新的基金管理人之前,由国务院证券监督管理机构指定临时基金管理人。在临时管理人或者新选任的基金管理人产生后,原基金管理人与其应当及时办理基金管理业务的交接手续。

基金管理人职责终止的,应当按照规定聘请会计师事务所对基金财产进行审计,并将审计结果予以公告,同时报中国证监会备案。

真题链接

【2016年】基金管理人职责终止的,应当按照规定聘请(　　)对基金财产进行审计,并将审计结果予以公告,同时报(　　)备案。

A.律师事务所;中国证监会　　　　B.会计师事务所;中国证监会

C.会计师事务所;中国基金业协会　　D.律师事务所;中国基金业协会

【答案】B。解析:基金管理人职责终止时,应聘请会计师事务所对基金财产进审计,并将审计结果予以公告,同时报中国证监会备案。

二、对基金托管人的监管（★★★）

（一）基金托管人的市场准入监管

1.基金托管人资格的审核

基金托管人由依法设立的商业银行或者其他金融机构担任。商业银行担任基金托管人的，由中国证监会会同中国银保监会核准；其他金融机构担任基金托管人的，由中国证监会核准。

2.担任基金托管人的条件

担任基金托管人，应当具备下列条件：

（1）净资产和风险控制指标符合有关规定。

（2）设有专门的基金托管部门。

（3）取得基金从业资格的专职人员达到法定人数。

（4）有安全保管基金财产的条件。

（5）有安全高效的清算、交割系统。

（6）有符合要求的营业场所、安全防范设施和与基金托管业务有关的其他设施。

（7）有完善的内部稽核监控制度和风险控制制度。

（8）法律、行政法规规定的和经国务院批准的中国证监会、中国银保监会规定的其他条件。

基金托管人与基金管理人不得为同一机构，不得相互出资或者持有股份。

另外，对基金托管人的专门基金托管部门的高级管理人员和其他从业人员任职资格以及兼任和竞业禁止的要求，适用法律法规对基金管理人相关人员的规定。

（二）对基金托管人业务行为的监管

1.基金托管人的职责

根据《证券投资基金法》的规定，基金托管人的职责包括以下几项：

（1）安全保管基金财产。

（2）按照规定开设基金财产的资金账户和证券账户。

（3）对所托管的不同基金财产分别设置账户，确保基金财产的完整与独立。

（4）保存基金托管业务活动的记录、账册、报表和其他相关资料。

（5）按照基金合同的约定，根据基金管理人的投资指令，及时办理清算、交割事宜。

（6）办理与基金托管业务活动有关的信息披露事项。

（7）对基金财务会计报告、中期和年度基金报告出具意见。

（8）复核、审查基金管理人计算的基金资产净值和基金份额申购、赎回价格。

（9）按照规定召集基金份额持有人大会。

（10）按照规定监督基金管理人的投资运作。

（11）中国证监会规定的其他职责。

另外，法律法规规定的公开募集基金的基金管理人及其从业人员的执业禁止行为，同样适用于基金托管人。

2.基金托管人的监督义务

基金托管人发现基金管理人的投资指令违反法律、行政法规和其他有关规定，或违反基金合同约定的，应当拒绝执行，立即通知基金管理人，并及时向中国证监会报告。基金托管人发现基金管理人依据交易程序已经生效的投资指令违反法律、行政法规和其他有关规定，或违反基金合同约定的，应当立即通知基金管理人，并及时向中国证监会报告。

（三）中国证监会对基金托管人的监管措施

1.责令整改措施

基金托管人不再具备法定条件，或者未能勤勉尽责，在履行法定职责时存在重大失误的，中国证监会、中国银保监会应当责令其改正；逾期未改正，或者其行为严重影响所托管基金的稳健运行、损害基金份额持有人利益的，上述金融监管机构可以区别情形，对其采取下列措施：

（1）限制业务活动，责令暂停办理新的基金托管业务。

（2）责令更换负有责任的专门基金托管部门的高级管理人员。

基金托管人整改后，应当向上述金融监管机构提交报告；经验收，符合有关要求的，应当自验收完毕之日起3日内解除对其采取的有关措施。

2.取消托管资格措施

中国证监会、中国银保监会对有下列情形之一的基金托管人，可以取消其基金托管资格：

（1）连续3年没有开展基金托管业务的。

（2）违反《证券投资基金法》规定，情节严重的。

（3）法律、行政法规规定的其他情形。

3.对基金托管人职责终止的监管措施

有下列情形之一的，基金托管人职责终止：

（1）被依法取消基金托管资格。

（2）被基金份额持有人大会解任。

（3）依法解散、被依法撤销或被依法宣告破产。

（4）基金合同约定的其他情形。

基金托管人职责终止的，基金份额持有人大会应当在6个月内选任新基金托管人；新基金托管人产生前，由中国证监会指定临时基金托管人。基金托管人职责终止的，应当妥善保管基金财产和基金托管业务资料，及时办理基金财产和基金托管业务的移交手续，新基金托管人或临时基金托管人应当及时接收。

基金托管人职责终止的,应当按照规定聘请会计师事务所对基金财产进行审计,并将审计结果予以公告,同时报中国证监会备案。

真题链接

【2018年】关于基金托管人职责终止的原因,以下表述错误的是( )。

A.依法解散、被依法撤销或者被依法宣告破产的,基金托管人职责终止

B.被基金份额持有人大会解任的,基金托管人职责终止

C.在履行法定职责时存在失误,基金托管人职责终止

D.被依法取消基金托管资格的,基金托管人职责终止

【答案】C。解析:根据《证券投资基金法》第四十一条规定,有下列情形之一的,基金托管人职责终止:①被依法取消基金托管资格;②被基金份额持有人大会解任;③依法解散、被依法撤销或者被依法宣告破产;④基金合同约定的其他情形。

三、对基金服务机构的监管(★★★)

(一)基金服务机构的注册或备案

《证券投资基金法》规定,从事公开募集基金的销售、销售支付、份额登记、估值、投资顾问、评价、信息技术系统服务等基金服务业务的机构,应当按中国证监会的规定进行注册或备案。

1.基金销售机构的注册或备案

基金管理人可以办理其募集的基金产品的销售业务。商业银行、证券公司、保险公司、期货公司、证券投资咨询机构、独立基金销售机构、保险代理公司、保险经纪公司符合一定条件,均可向中国证监会申请注册为基金销售机构。

商业银行、证券公司、期货公司、保险机构、证券投资咨询机构、独立基金销售机构以及中国证监会认定的其他机构申请注册基金销售业务资格,应当具备下列条件:

(1)具有健全的治理结构、完善的内部控制和风险管理制度,并得到有效执行。

(2)财务状况良好,运作规范稳定。

(3)有与基金销售业务相适应的营业场所、安全防范设施和其他设施。

(4)有安全、高效的办理基金发售、申购和赎回等业务的技术设施,且符合中国证监会对基金销售业务信息管理平台的有关要求,基金销售业务的技术系统已与基金管理人、中国证券登记结算公司相应的技术系统进行了联网测试,测试结果符合国家规定的标准。

(5)制定了完善的资金清算流程,资金管理符合中国证监会对基金销售结算资金管理的有关要求。

(6)有评价基金投资人风险承受能力和基金产品风险等级的方法体系。

(7)制定了完善的业务流程、销售人员职业操守、应急处理措施等基金销售业务管理制

度，符合中国证监会对基金销售机构内部控制的有关要求。

（8）有符合法律法规要求的反洗钱内部控制制度。

（9）中国证监会规定的其他条件。

商业银行、证券公司、期货公司、保险机构、证券投资咨询机构、独立基金销售机构以及中国证监会认定的其他机构申请注册基金销售业务资格，除应具备上述条件外，还应符合《证券投资基金销售管理办法》对不同机构的具体要求，从事基金销售业务的，应向工商注册登记所在地的中国证监会派出机构进行注册并取得相应资格。

2.其他基金服务机构的注册或备案

其他基金服务机构均需进行注册或备案，才可以开展相应的基金服务业务。

基金销售支付机构可以是具有基金销售业务资格的商业银行或取得中国人民银行颁发的《支付业务许可证》的非金融支付机构，且应当具备具有安全、高效的办理支付结算业务的信息系统等条件。基金销售支付机构需要根据中国证监会的规定予以备案。中国证监会对于公开募集基金的基金份额登记机构、基金估值核算机构实行注册管理，对于基金投资顾问机构、基金评价机构、基金信息技术系统服务机构实行备案管理。

（二）基金服务机构的法定义务

基金服务机构的法定义务如表4-7所示：

表4-7　基金服务机构的法定义务

基金服务机构	法定义务		
基金销售机构	（1）向投资人充分揭示投资风险 （2）根据投资人的风险承担能力销售不同风险等级的基金产品	（1）确保基金销售结算资金、基金份额的安全、独立 （2）禁止任何单位或个人以任何形式挪用基金销售结算资金、基金份额	（1）勤勉尽责、恪尽职守 （2）建立应急风险管理制度和灾难备份系统
基金销售支付机构	（1）按照规定办理基金销售结算资金的划付 （2）确保基金销售结算资金安全、及时划付		
基金份额登记机构	（1）妥善保存登记数据，并将基金份额持有人名称、身份信息及基金份额明细等数据备份至中国证监会认定的机构。其保存期限自基金账户销户之日起不得少于20年 （2）基金份额登记机构应当保证登记数据的真实、准确、完整，不得隐匿、伪造、篡改或者毁损		
基金投资顾问机构及其从业人员	（1）提供基金投资顾问服务，应当具有合理的依据 （2）对其服务能力和经营业绩进行如实陈述 （3）不得以任何方式承诺或者保证投资收益 （4）不得损害服务对象的合法权益		

表4-7（续）

基金服务机构	法定义务	
基金评价机构及其从业人员	（1）客观公正，按照依法制定的业务规则开展基金评价业务 （2）禁止误导投资人，防范可能发生的利益冲突	（3）不得泄露与基金份额持有人、基金投资运作相关的非公开信息
律师事务所、会计师事务所	（1）接受基金管理人、基金托管人的委托，为有关基金业务活动出具法律意见书、审计报告、内部控制评价报告等文件，应当勤勉尽责，对所依据的文件资料内容的真实性、准确性、完整性进行核查和验证 （2）制作、出具的文件有虚假记载、误导性陈述或重大遗漏，给他人财产造成损失的，应当与委托人承担连带赔偿责任	

真题链接

【2018年】基金销售机构准入条件，不包括（ ）。

A.具有健全的治理结构、完善的内部控制和风险管理制度，并得到有效执行

B.财务状况良好，运作规范稳定

C.有与基金销售业务相适应的营业场所、安全防范设施和其他设施

D.净资产规模达到1亿元

【答案】D。解析：商业银行（含在华外资法人银行，下同）、证券公司、期货公司、保险机构、证券投资咨询机构、独立基金销售机构以及中国证监会认定的其他机构申请注册基金销售业务资格，应当具备下列条件：①具有健全的治理结构、完善的内部控制和风险管理制度，并得到有效执行；②财务状况良好，运作规范稳定；③有与基金销售业务相适应的营业场所、安全防范设施和其他设施；④有安全、高效的办理基金发售、申购和赎回等业务的技术设施，且符合中国证监会对基金销售业务信息管理平台的有关要求，基金销售业务的技术系统已与基金管理人、中国证券登记结算公司相应的技术系统进行了联网测试，测试结果符合国家规定的标准；⑤制定了完善的资金清算流程，资金管理符合中国证监会对基金销售结算资金管理的有关要求；⑥有评价基金投资人风险承受能力和基金产品风险等级的方法体系；⑦制定了完善的业务流程、销售人员执业操守、应急处理措施等基金销售业务管理制度，符合中国证监会对基金销售机构内部控制的有关要求；⑧有符合法律法规要求的反洗钱内部控制制度；⑨中国证监会规定的其他条件。

考点4 对公开募集基金的监管

一、对基金公开募集和销售活动的监管（★★★）

（一）对基金公开募集的监管

1.公开募集基金的注册

（1）注册制度。

我国基金行业快速发展，基金产品的严格管制已经无法适应市场需求。因此，我国改革

基金募集核准制为基金募集注册制，即对于公开募集基金，监管机构不再进行实质性审核，而只是进行合规性审查。

公开募集基金应当经中国证监会注册。未经注册，不得公开或者变相公开募集基金。公开募集基金，包括向不特定对象募集资金、向特定对象募集资金累计超过200人，以及法律、行政法规规定的其他情形。公开募集基金应当由基金管理人管理，基金托管人托管。

（2）基金注册的申请。

注册公开募集基金，由拟任基金管理人向中国证监会提交下列文件：①申请报告；②基金合同草案；③基金托管协议草案；④招募说明书草案；⑤律师事务所出具的法律意见书；⑥中国证监会规定提交的其他文件。

公开募集基金的基金合同和招募说明书的内容如表4-8所示：

表4-8　公开募集基金的基金合同和招募说明书的内容

公开募集基金的基金合同的内容	①募集基金的目的和基金名称；②基金管理人、基金托管人的名称和住所；③基金的运作方式；④封闭式基金的基金份额总额和基金合同期限，或者开放式基金的最低募集份额总额；⑤确定基金份额发售日期、价格和费用的原则；⑥基金份额持有人、基金管理人和基金托管人的权利、义务；⑦基金份额持有人大会召集、议事及表决的程序和规则；⑧基金份额发售、交易、申购、赎回的程序、时间、地点、费用计算方式，以及给付赎回款项的时间和方式；⑨基金收益分配原则、执行方式；⑩基金管理人、基金托管人报酬的提取、支付方式与比例；⑪与基金财产管理、运用有关的其他费用的提取、支付方式；⑫基金财产的投资方向和投资限制；⑬基金财产净值的计算方式和公告方式；⑭基金募集未达到法定要求的处理方式；⑮基金合同解除和终止的事由、程序以及基金财产清算方式；⑯争议解决方式；⑰当事人约定的其他事项
公开募集基金招募说明书的内容	①基金募集申请的准予注册文件名称和注册日期；②基金管理人、基金托管人的基本情况；③基金合同和基金托管协议的内容摘要；④基金份额的发售日期、价格、费用和期限；⑤基金份额的发售方式、发售机构及登记机构名称；⑥出具法律意见书的律师事务所和审计基金财产的会计师事务所的名称和住所；⑦基金管理人、基金托管人报酬及其他有关费用的提取、支付方式与比例；⑧风险警示内容；⑨中国证监会规定的其他内容

此外，根据《公开募集开放式证券投资基金流动性风险管理规定》：①基金管理人新设基金，拟允许单一投资者持有基金份额超过基金总份额50%的，应当采用封闭或定期开放运作方式且定期开放周期不得低于3个月(货币市场基金除外)；②采用发起式基金形式，在基金合同、招募说明书等文件中进行充分披露及标识；③不得向个人投资者公开发售；④此类产品的管理人还应在基金注册申请材料中承诺，其拥有完全、独立的投资决策权，不受特定投资者的影响。存续产品拟变更为允许单一投资者持有基金份额比例达到或者超过50%的，应当参照前述标准、依法履行公募基金产品更新注册等程序。

（3）基金注册的审查。

中国证监会应当自受理公开募集基金的募集注册申请之日起6个月内依照法律、行政法规及中国证监会的规定进行审查,做出注册或者不予注册的决定,并通知申请人;不予注册的,应当说明理由。

2.公开募集基金的发售

(1)基金的发售条件。

发售公开募集基金应符合下列条件和要求:①基金募集申请经注册后,方可发售基金份额;②基金份额的发售,由基金管理人或者其委托的基金销售机构办理;③基金管理人应当在基金份额发售的3日前公布招募说明书、基金合同及其他有关文件,并保证文件的真实、准确、完整;④对基金募集所进行的宣传推介活动,应当符合有关法律、行政法规的规定,不得有虚假记载、误导性陈述或者重大遗漏等法律规定的公开披露基金信息禁止行为。

(2)基金的募集期限。

基金管理人应当自收到准予注册文件之日起6个月内进行基金募集。超过6个月开始募集,原注册的事项未发生实质性变化的,应当报中国证监会备案;发生实质性变化的,应当向中国证监会重新提交注册申请。基金募集不得超过中国证监会准予注册的基金募集期限。基金募集期限自基金份额发售之日起计算。

(3)基金的备案。

基金募集期限届满,封闭式基金募集的基金份额总额达到准予注册规模的80%以上,开放式基金募集的基金份额总额超过准予注册的最低募集份额总额,并且基金份额持有人人数符合中国证监会规定的,基金管理人应当自募集期限届满之日起10日内聘请法定验资机构验资,自收到验资报告之日起10日内,向中国证监会提交验资报告,办理基金备案手续,并予以公告。

基金募集期间募集的资金应当存入专门账户,在基金募集行为结束前,任何人不得动用。

(4)募集基金失败时基金管理人的责任。

投资人交纳认购的基金份额的款项时,基金合同成立;基金管理人依法向中国证监会办理基金备案手续,基金合同生效。

基金募集期限届满,不能满足法律规定的条件,无法办理基金备案手续,基金合同不生效,即基金募集失败。基金募集失败,基金管理人应当承担下列责任:①以其固有财产承担因募集行为而产生的债务和费用;②在基金募集期限届满后30日内返还投资人已交纳的款项,并加计银行同期存款利息。

(二)对公开募集基金销售活动的监管

1.基金销售适用性监管

基金销售机构在销售基金和相关产品的过程中,应坚持投资人利益优先原则,注重根据投资人的风险承受能力销售不同风险等级的产品,把合适的产品销售给合适的基金投资人。

基金销售机构应当建立基金销售适用性管理制度,至少包括以下内容:

（1）对基金管理人进行审慎调查的方式和方法。

（2）对基金产品的风险等级进行设置、对基金产品进行风险评价的方式和方法。

（3）对基金投资人风险承受能力进行调查和评价的方式和方法。

（4）对基金产品和基金投资人进行匹配的方法。

基金销售机构所使用的基金产品风险评价方法及其说明应向基金投资人公开。基金销售机构应加强投资者教育，引导投资者充分认识基金产品的风险特征，保障投资者的合法权益。

基金销售机构办理基金销售业务时应当根据反洗钱法规相关要求识别客户身份，核对客户的有效身份证件，登记客户身份基本信息，确保基金账户持有人名称与身份证明文件中记载的名称一致，并留存有效身份证件的复印件或者影印件。基金销售机构销售基金产品时委托其他机构进行客户身份识别的，应当通过合同、协议或者其他书面文件，明确双方在客户身份识别、客户身份资料和交易记录保存与信息交换、大额交易和可疑交易报告等方面的反洗钱职责和程序。

2.对基金宣传推介材料的监管

基金宣传推介材料的制作、分发和发布应当符合相关规定，应当充分揭示相关投资风险。基金宣传推介材料，是指为推介基金向公众分发或公布，使公众可以普遍获得的书面、电子或者其他介质的信息，包括以下几项：

（1）公开出版资料。

（2）宣传单、手册、信函、传真、非指定信息披露媒体上刊发的与基金销售相关的公告等面向公众的宣传资料。

（3）海报、户外广告。

（4）电视、电影、广播、互联网资料、公共网站链接广告、短信及其他音像、通信资料。

（5）中国证监会规定的其他材料。

基金管理人的基金宣传推介材料，应当事先经基金管理人负责基金销售业务的高级管理人员和督察长检查，出具合规意见书，并自向公众分发或者发布之日起5个工作日内报主要经营活动所在地中国证监会派出机构备案。其他基金销售机构的基金宣传推介材料，应当事先经基金销售机构负责基金销售业务和合规的高级管理人员检查，出具合规意见书，并自向公众分发或者发布之日起5个工作日内报工商注册登记所在地中国证监会派出机构备案。

制作基金宣传推介材料的基金销售机构应当对其内容负责，保证其内容的合规性，并确保向公众分发、公布的材料与备案的材料一致。

基金宣传推介材料必须真实、准确，与基金合同、基金招募说明书相符，不得有下列情形：

（1）虚假记载、误导性陈述或者重大遗漏。

（2）预测基金的证券投资业绩。

（3）违规承诺收益或者承担损失。

（4）诋毁其他基金管理人、基金托管人或者基金销售机构，或者其他基金管理人募集或管理的基金。

（5）夸大或者片面宣传基金，违规使用安全、保证、承诺、保险、避险、有保障、高收益、无风险等可能使投资人认为没有风险的或者片面强调集中营销时间限制的表述。

（6）登载单位或者个人的推荐性文字。

（7）中国证监会规定的其他情形。

基金宣传推介材料应当含有明确、醒目的风险提示和警示性文字，以提醒投资人注意投资风险，仔细阅读基金合同和基金招募说明书，了解基金的具体情况。

3.对基金销售费用的监管

基金管理人应当在基金合同、招募说明书或者公告中载明收取销售费用的项目、条件和方式，在招募说明书或者公告中载明费率标准及费用计算方法。

基金销售机构办理基金销售业务，可以按照基金合同和招募说明书的约定向投资人收取认购费、申购费、赎回费、转换费和销售服务费等费用。基金销售机构收取基金销售费用的，应当符合中国证监会关于基金销售费用的有关规定。

基金销售机构为基金投资人提供增值服务的，可以向基金投资人收取增值服务费。增值服务，是指基金销售机构在销售基金产品的过程中，在确保遵守基金和相关产品销售适用性原则的基础上，向投资人提供的除法定或者基金合同、招募说明书约定服务以外的附加服务。

基金销售机构收取增值服务费的，应当符合下列要求：

（1）遵循合理、公开、质价相符的定价原则。

（2）所有开办增值服务的营业网点应当公示增值服务的内容。

（3）统一印制服务协议，明确增值服务的内容、方式、收费标准、期限及纠纷解决机制等；

（4）基金投资人应当享有自主选择增值服务的权利，选择接受增值服务的基金投资人应当在服务协议上签字确认。

（5）增值服务费应当单独缴纳，不应从申购（认购）资金中扣除。

（6）提供增值服务和签订服务协议的主体应当是基金销售机构，任何销售人员不得私自收取增值服务费。

（7）相关监管机构规定的其他情形。

基金销售机构提供增值服务并以此向投资人收取增值服务费的，应当将统一印制的服务协议向中国证监会备案。

基金管理人与基金销售机构可以在基金销售协议中约定依据基金销售机构销售基金的保有量提取一定比例的客户维护费，用以向基金销售机构支付客户服务及销售活动中产生的相关费用。基金销售机构收取客户维护费的，应当符合中国证监会关于基金销售费用的有关规定。

真题链接

【2017年】下列关于公募证券投资基金宣传推介材料的说法,错误的是(　　)。

A.在真实、准确、完整的前提下,宣传推介材料可以登载证券行业专业人士对基金的推荐性文字

B.基金销售机构的客户经理向特定高端个人客户发送的产品介绍微信不属于宣传推介材料

C.在基金销售机构某网点LED屏幕滚动播放的基金信息介绍短片也属于宣传推介材料

D.基金宣传推介材料应当含有明确、醒目的风险提示和警示性文字

【答案】A。解析:基金宣传推介材料必须真实、准确,与基金合同、基金招募说明书相符,禁止登载单位或者个人的推荐性文字,A项说法错误。基金宣传推介材料,是指为推介基金向公众分发或者公布,使公众可以普遍获得的书面、电子或者其他介质的信息。B项,"向特定高端个人客户发送的产品介绍微信"只有特定客户能获得该资料,不具有普遍性,因此不属于宣传推介材料;C项,"LED屏幕滚动播放的基金信息介绍短片"是公众可以普遍获得的信息,因此属于宣传推介材料,B、C两项正确。基金宣传推介材料应当含有明确、醒目的风险提示和警示性文字,以提醒投资人注意投资风险,D项说法正确。故本题选A。

二、对基金运作的监管(★★★)

(一)对公开募集基金投资与交易行为的监管

1.基金的投资方式和范围

(1)投资方式:资产组合方式。

资产组合的具体方式和投资比例,依照法律和中国证监会的规定在基金合同中约定。资产组合投资方式有利于分散风险、稳定收益。

(2)投资范围:①上市交易的股票、债券;②中国证监会规定的其他证券及其衍生品种。

2.基金的投资与交易行为的限制

基金财产不得用于下列投资或活动:

(1)承销证券。

(2)违反规定向他人贷款或者提供担保。

(3)从事承担无限责任的投资。

(4)买卖其他基金份额,但中国证监会另有规定的除外。

(5)向基金管理人、基金托管人出资。

(6)从事内幕交易、操纵证券交易价格及其他不正当的证券交易活动。

(7)法律、行政法规和中国证监会规定禁止的其他活动。

运用基金财产买卖基金管理人、基金托管人及其控股股东、实际控制人或者与其有其他

重大利害关系的公司发行的证券或承销期内承销的证券，或者从事其他重大关联交易的，应当遵循基金份额持有人利益优先的原则，防范利益冲突，符合中国证监会的规定，并履行信息披露义务。

（二）对公开募集基金信息披露的监管

1.对基金信息披露的要求

基金管理人、基金托管人和其他基金信息披露义务人应当依法披露基金信息，并保证所披露信息的真实性、准确性和完整性。基金信息披露义务人应当确保应予披露的基金信息在中国证监会规定时间内披露，并保证投资人能够按照基金合同约定的时间和方式查阅或者复制公开披露的信息资料。

2.基金信息披露的内容及禁止行为

基金信息披露的内容及禁止行为如表4-9所示：

表4-9　基金信息披露的内容及禁止行为

公开披露的基金信息	①基金招募说明书、基金合同、基金托管协议；②基金募集情况；③基金份额上市交易公告书；④基金资产净值、基金份额净值；⑤基金份额申购、赎回价格；⑥基金财产的资产组合季度报告、财务会计报告及中期和年度基金报告；⑦临时报告；⑧基金份额持有人大会决议；⑨基金管理人、基金托管人的专门基金托管部门的重大人事变动；⑩涉及基金财产、基金管理业务、基金托管业务的诉讼或者仲裁；⑪中国证监会规定应予披露的其他信息
基金信息披露的禁止行为	①虚假记载、误导性陈述或重大遗漏；②对证券投资业绩进行预测；③违规承诺收益或承担损失；④诋毁其他基金管理人、基金托管人或者基金销售机构；⑤法律、行政法规和中国证监会规定禁止的其他行为

（三）基金份额持有人及基金份额持有人大会

1.基金份额持有人的权利、基金份额持有人大会及其日常机构的职权

基金份额持有人的权利、基金份额持有人大会及其日常机构的职权如表4-10所示：

表4-10　基金份额持有人的权利、基金份额持有人大会及其日常机构的职权

基金份额持有人的权利	①分享基金财产收益；②参与分配清算后的剩余基金财产；③依法转让或者申请赎回其持有的基金份额；④按照规定要求召开基金份额持有人大会或者召集基金份额持有人大会；⑤对基金份额持有人大会审议事项行使表决权；⑥对基金管理人、基金托管人、基金服务机构损害其合法权益的行为依法提出诉讼；⑦基金合同约定的其他权利 公开募集基金的基金份额持有人有权查阅或者复制公开披露的基金信息资料；非公开募集基金的基金份额持有人对涉及自身利益的情况，有权查阅基金的财务会计账簿等财务资料

表4-10（续）

基金份额持有人大会的职权	①决定基金扩募或者延长基金合同期限；②决定修改基金合同的重要内容或提前终止基金合同；③决定更换基金管理人、基金托管人；④决定调整基金管理人、基金托管人的报酬标准；⑤基金合同约定的其他职权
基金份额持有人大会日常机构的职权	①召集基金份额持有人大会；②提请更换基金管理人、基金托管人；③监督基金管理人的投资运作、基金托管人的托管活动；④提请调整基金管理人、基金托管人的报酬标准；⑤基金合同约定的其他职权 基金份额持有人大会及其日常机构不得直接参与或干涉基金的投资管理活动

2.公开募集基金的基金份额持有人权利行使

（1）基金份额持有人大会的召集。

基金份额持有人大会由基金管理人召集。基金份额持有人大会设立日常机构的，由该日常机构召集；该日常机构未召集的，由基金管理人召集。基金管理人未按规定召集或不能召集的，由基金托管人召集。代表基金份额10%以上的基金份额持有人就同一事项要求召开基金份额持有人大会，而基金份额持有人大会的日常机构、基金管理人、基金托管人都不召集的，代表基金份额10%以上的基金份额持有人有权自行召集，并报中国证监会备案。

召开基金份额持有人大会，召集人应当至少提前30日公告基金份额持有人大会的召开时间、会议形式、审议事项、议事程序和表决方式等事项。基金份额持有人大会不得就未经公告的事项进行表决。

（2）基金份额持有人大会的召开。

基金份额持有人大会可以采取现场方式召开，也可以采取通信等方式召开。每一基金份额具有一票表决权，基金份额持有人可以委托代理人出席基金份额持有人大会并行使表决权。基金份额持有人大会应当有代表1/2以上基金份额的持有人参加，方可召开。参加基金份额持有人大会的持有人的基金份额低于前款规定比例的，召集人可以在原公告的基金份额持有人大会召开时间的3个月以后、6个月以内，就原定审议事项重新召集基金份额持有人大会。重新召集的基金份额持有人大会应当有代表1/3以上基金份额的持有人参加，方可召开。

（3）基金份额持有人大会的决议规则。

基金份额持有人大会就审议事项做出决定，应当经参加大会的基金份额持有人所持表决权的1/2以上通过；但是，转换基金的运作方式、更换基金管理人或者基金托管人、提前终止基金合同、与其他基金合并，应当经参加大会的基金份额持有人所持表决权的2/3以上通过。基金份额持有人大会决定的事项，应当依法报中国证监会备案，并予以公告。

> **真题链接**

【2015年】关于基金份额持有人大会，以下描述错误的是（　　）。

A.基金份额持有人大会应当有代表1/2以上基金份额的持有人参加，方可召开

B.召开基金份额持有人大会,召集人应当至少提前30日公告基金份额持有人大会相关事项

C.基金份额持有人大会不得就未经公告的事项进行表决

D.基金份额持有人大会只能采取现场方式召开

【答案】 D。解析:根据《证券投资基金法》的规定,基金份额持有人大会可以采取现场方式召开,也可以采取通信等方式召开,D项错误。

考点5　对非公开募集基金的监管

一、非公开募集基金管理人登记事宜(★★★)

非公开募集基金,也称私募基金,是指在中华人民共和国境内,以非公开方式向投资者募集资金设立的投资基金。

(一)非公开募集基金管理人的市场准入与内部治理结构

我国对于非公开募集基金的基金管理人没有严格的市场准入限制,担任非公开募集基金的基金管理人无须中国证监会审批,而实行登记制度,即非公开募集基金的基金管理人只需向基金业协会登记即可。对于非公开募集基金管理人的内部治理结构也没有强制性的监管要求,而由基金业协会制定相关指引和准则,实行自律管理。

(二)非公开募集基金管理人的登记

担任非公开募集基金的基金管理人应当按规定向基金业协会履行登记手续,报送基本情况。未经登记,任何单位或个人不得使用"基金"或"基金管理"字样或者近似名称进行证券投资活动;但是法律、行政法规另有规定的除外。非公开募集基金的基金管理人登记制度,目的在于防止滥用基金或者基金管理人的名义进行非法集资等违法活动。

除证券投资基金外,根据《社会保险法》设立的社会保险基金和全国社会保障基金、根据《基金会管理条例》设立的公募基金和非公募基金以及各类政府性基金等,可以依据相关法律、行政法规的规定以"基金"名义进行投资运作。

(三)私募投资基金的监督管理

设立私募基金管理机构和发行私募基金不设行政审批,允许各类发行主体在依法合规的基础上,向累计不超过法律规定数量的投资者发行私募基金。建立健全私募基金发行监管制度,切实强化事中事后监管,依法严厉打击以私募基金为名的各类非法集资活动。

各类私募基金管理人应当根据中国基金业协会的规定,向中国基金业协会申请登记,报送以下基本信息:

(1)工商登记和营业执照正副本复印件。

(2)公司章程或者合伙协议。

（3）主要股东或者合伙人名单。

（4）高级管理人员的基本信息。

（5）基金业协会规定的其他信息。

中国基金业协会应当在私募基金管理人登记材料齐备后的20个工作日内，通过网站公告私募基金管理人名单及其基本情况的方式，为私募基金管理人办结登记手续。

真题链接

【2017年】下列关于非公开募集基金的基金管理人登记的说法，正确的是（　　）。

A.办理登记的前提是满足中国证券投资基金业协会规定的净资产、高级管理人员资格的标准

B.经登记的非公开募集基金的基金管理人将自动成为中国证券投资基金业协会会员

C.非公开募集基金的基金管理人的登记申请办理时间限制不适用《中华人民共和国行政许可法》的规定

D.经登记的非公开募集基金的基金管理人可以选择不公示企业名称、联系方式等信息

【答案】C。解析：我国对于非公开募集基金的基金管理人没有严格的市场准入限制，担任非公开募集基金的基金管理人无须中国证监会审批，而实行登记制度，即非公开募集基金的基金管理人只需向基金业协会登记即可。对于非公开募集基金管理人的内部治理结构也没有强制性的监管要求，而由基金业协会制定相关指引和准则，实行自律管理。基金业协会应当在私募基金管理人登记材料齐备后的20个工作日内，通过网站公告私募基金管理人名单及其基本情况的方式，为私募基金管理人办结登记手续。网站公示的私募基金管理人基本情况包括私募基金管理人的名称、成立时间、登记时间、住所、联系方式、主要负责人等基本信息以及基本诚信信息。私募投资基金管理人登记和私募基金备案不属于行政许可事项。

二、非公开募集基金的募集以及运作的监管（★★★）

非公开募集基金的募集行为包含推介私募基金，发售基金份额（权益），办理基金份额（权益）认/申购（认缴）、赎回（退出）等活动。

我国对于非公开募集基金监管的重点集中在募集环节，主要体现为确立合格投资者制度；禁止公开宣传推介；规范基金合同必备条款并强化违反监管规定的法律责任。

（一）对非公开募集基金募集行为的监管

1.对非公开募集基金募集对象的限制

根据《证券投资基金法》的规定，非公开募集基金应当向合格投资者募集，合格投资者累计不得超过200人。

根据《私募投资基金监督管理暂行办法》的规定，私募基金应当向合格投资者募集，单只私募基金的投资者人数累计不得超过《证券投资基金法》《公司法》《合伙企业法》等法律规

定的特定数量。投资者转让基金份额的,受让人应当为合格投资者且基金份额受让后投资者人数应当符合上述法规规定。

私募基金的合格投资者是指具备相应风险识别能力和风险承担能力,**投资于单只私募基金的金额不低于100万元**且符合下列相关标准的单位和个人:①净资产不低于1 000万元的单位;②金融资产不低于300万元或最近3年个人年均收入不低于50万元的个人。上述金融资产包括银行存款、股票、债券、基金份额、资产管理计划、银行理财产品、信托计划、保险产品、期货权益等,具体要求如表4-11所示:

表4-11 私募基金的合格投资者要求

合格投资者形式	要求
法人或其他组织	(1)投资于单只私募基金的金额不低于100万元
	(2)净资产不低于1 000万元人民币
自然人	(1)投资于单只私募基金的金额不低于100万元
	(2)金融资产不低于300万元人民币
	(3)最近3年个人年均收入不低于50万元

下列投资者视为合格投资者:

(1)社会保障基金、企业年金等养老基金,慈善基金等社会公益基金。

(2)依法设立并在基金业协会备案的投资计划。

(3)投资于所管理私募基金的私募基金管理人及其从业人员。

(4)中国证监会规定的其他投资者。

以合伙企业、契约等非法人形式,通过汇集多数投资者的资金直接或间接投资于私募基金的,私募基金管理人或私募基金销售机构应当穿透核查最终投资者是否为合格投资者,并合并计算投资者人数。但是,符合上述第(1)(2)(4)项规定的投资者投资私募基金的,不再穿透核查最终投资者是否为合格投资者和合并计算投资者人数。

合格投资者制度作为非公开募集基金在募集对象方面的一项重要制度,是将风险不同的金融产品提供给具有相应风险承受能力投资者,体现了投资者适当性原则。非公开募集基金的监管力度小,相应地要求投资者应当具有一定的风险识别能力和风险承受能力,以保护投资者。

限制合格投资者的人数是为了防止非公开募集基金丧失其私募特征而构成实质上的公开募集基金。如果非公开募集基金的募集对象累计**人数超过200人**,就构成了公开募集基金,应当按照公开募集基金接受监管。

真题链接

【2016年】私募基金的合格投资者需要满足的条件不包括( )。

A.投资于单只私募基金的金额不低于100万元

B.单位的净资产不低于1 000万元

C.个人的金融资产不低于200万元

D.最近3个个人年均收入不低于50万元

【答案】C。解析：私募基金的合格投资者是指具备相应风险识别能力和风险承担能力，投资于单只私募基金的金额不低于100万元且符合下列相关标准的单位和个人：①净资产不低于1 000万元的单位；②金融资产不低于300万元或者最近3年个人年均收入不低于50万元的个人。

2.对非公开募集基金推介方式的限制

非公开募集金的募集对象是特定的，这就决定了采用非公开方式推介是其区别于公开募集基金的关键性特征。

非公开募集基金，不得向合格投资者之外的单位和个人募集资金，不得通过下列媒介渠道推介私募基金：公开出版资料；面向社会公众的宣传单、布告、手册、信函、传真；海报、户外广告；电视、电影、电台及其他音像等公共传播媒体；公共、门户网站链接广告、博客等；未设置特定对象确定程序的募集机构官方网站、微信朋友圈等互联网媒介；未设置特定对象确定程序的讲座、报告会、分析会；未设置特定对象确定程序的电话、短信和电子邮件等通信媒介及法律行政法规、中国证监会的有关规定和中国基金业协会自律规则禁止的其他行为。

对于违反法律法规，擅自公开或者变相公开募集基金的，应当承担相应的法律后果。这一规定同样适用于非公开募集基金份额的转让，基金份额持有人也不得采用公开宣传的方式向非合格投资者转让基金份额。

私募基金管理人、私募基金销售机构不得向投资者承诺投资本金不受损失或者承诺最低收益。私募基金管理人自行销售私募基金的，应当采取问卷调查等方式，对投资者的风险识别能力和风险承担能力进行评估，由投资者书面承诺符合合格投资者条件；应当制作风险揭示书，由投资者签字确认。私募基金管理人委托销售机构销售私募基金的，私募基金销售机构应当采取上述规定的评估、确认等措施。投资者风险识别能力和承担能力问卷及风险揭示书的内容与格式指引，由基金业协会按照不同类别私募基金的特点制定。私募基金管理人自行销售或者委托销售机构销售私募基金，应当自行或者委托第三方机构对私募基金进行风险评级，向风险识别能力和风险承担能力相匹配的投资者推介私募基金。

投资者应当如实填写风险识别能力和承担能力问卷，如实承诺资产或收入情况，并对其真实性、准确性和完整性负责。填写虚假信息或者提供虚假承诺文件的，应当承担相应责任。投资者应当确保投资资金来源合法，不得非法汇集他人资金投资私募基金。

3.非公开募集基金的基金合同的必备条款

非公开募集基金，应当制定并签订基金合同，其内容包括以下几项：

（1）契约型私募基金合同的必备条款：声明与承诺；私募基金的基本情况；私募基金的募集；私募基金的成立与备案；私募基金的申购、赎回与转让；当事人及权利义务；私募基金份额持有人大会及日常机构；私募基金份额的登记；私募基金的投资；私募基金的财产；交易及清算交收安排;私募基金财产的估值和会计核算;私募基金的费用与税收;私募基金的收益分配;信息披露与报告;风险揭示;基金合同的效力、变更、解除与终止;私募基金的清算;违约责任;争议的处理;其他事项。

（2）公司型基金章程应当具备的条款:基本情况;股东出资;股东的权利义务;入股、退股及转让;股东(大)会;高级管理人员;投资事项;管理方式;托管事项;利润分配及亏损分担;税务承担;费用和支出;财务会计制度;信息披露制度;终止、解散及清算;章程的修订;一致性;份额信息备份;报送披露信息等。

（3）合伙型基金应当制定有限合伙协议,合伙协议应具备的条款如下:基本情况;合伙人及其出资;合伙人的权利义务;执行事务合伙人;有限合伙人;合伙人会议;管理方式;托管事项;入伙、退伙、合伙权益转让和身份转变;投资事项;利润分配及亏损分担;税务承担;费用和支出;财务会计制度;信息披露制度;终止、解散与清算;合伙协议的修订;争议解决;一致性;份额信息备份;报送披露信息等。

（二）对非公开募集基金运作的监管

1.非公开募集基金的备案

我国对于非公开募集基金实行产品备案制度,是对非公开募集基金区别监管理念的体现。非公开募集基金募集完毕,基金管理人应当向基金业协会备案。对募集的资金总额或基金份额持有人的人数达到规定标准的基金,中国基金业协会应当向中国证监会报告。

各类私募基金募集完毕,私募基金管理人应当根据基金业协会的规定,办理基金备案手续,报送以下基本信息:

（1）主要投资方向及根据主要投资方向注明的基金类别。

（2）基金合同、公司章程或者合伙协议。资金募集过程中向投资者提供基金招募说明书的,应当报送基金招募说明书。以公司、合伙等企业形式设立的私募基金,还应当报送工商登记和营业执照正副本复印件。

（3）采取委托管理方式的,应当报送委托管理协议。委托托管机构托管基金财产的,还应当报送托管协议。

（4）中国基金业协会规定的其他信息。

中国基金业协会应当在私募基金备案材料齐备后的20个工作日内,通过网站公告私募基金名单及其基本情况的方式,为私募基金办结备案手续。中国基金业协会为私募基金管理人和私募基金办理登记备案不构成对私募基金管理人投资能力、持续合规情况的认可,不作为对基金财产安全的保证。

2.非公开募集基金的托管

对非公开募集基金的托管,可以发挥规范基金运作、增强对投资人保护的积极作用。《证券投资基金法》允许非公开募集基金的当事人对于设置基金托管人做例外约定。除基金合同另有约定外,私募基金应当由基金托管人托管。基金合同约定私募基金不进行托管的,应当在基金合同中明确保障私募基金财产安全的制度措施和纠纷解决机制。

3.非公开募集基金的投资运作行为规范

与公开募集基金相比,非公开募集基金的投资范围更加宽泛。非公开募集基金财产的证券投资,包括买卖公开发行的股份有限公司股票、债券、基金份额以及中国证监会规定的其他证券及其衍生品种。

同一私募基金管理人管理不同类别私募基金的,应当坚持专业化管理原则;管理可能导致利益输送或者利益冲突的不同私募基金的,应当建立防范利益输送和利益冲突的机制。

私募基金管理人、私募基金托管人、私募基金销售机构及其他私募服务机构及其从业人员从事私募基金业务,不得有以下行为:

(1)将其固有财产或者他人财产混同于基金财产从事投资活动。

(2)不公平地对待其管理的不同基金财产。

(3)利用基金财产或者职务之便,为本人或者投资者以外的人牟取利益,进行利益输送。

(4)侵占、挪用基金财产。

(5)泄露因职务便利获取的未公开信息,利用该信息从事或者明示、暗示他人从事相关的交易活动。

(6)从事损害基金财产和投资者利益的投资活动。

(7)玩忽职守,不按照规定履行职责。

(8)从事内幕交易、操纵交易价格及其他不正当交易活动。

(9)法律、行政法规和中国证监会规定禁止的其他行为。

4.非公开募集基金的信息披露和报送

私募基金管理人、私募基金托管人应当按照合同约定,如实向投资者披露基金投资、资产负债、投资收益分配、基金承担的费用和业绩报酬、可能存在的利益冲突情况以及可能影响投资者合法权益的其他重大信息,不得隐瞒或者提供虚假信息。信息披露规则由基金业协会另行制定。

私募基金管理人应当根据基金业协会的规定,及时填报并定期更新管理人及其从业人员的有关信息、所管理私募基金的投资运作情况和杠杆运用情况,保证所填报内容真实、准确、完整。发生重大事项的,应当在10个工作日内向基金业协会报告。

私募基金管理人应当于每个会计年度结束后的4个月内,向中国基金业协会报送经会计师事务所审计的年度财务报告和所管理私募基金年度投资运作基本情况。

私募基金管理人、私募基金托管人及私募基金销售机构应当妥善保存私募基金投资决策、交易和投资者适当性管理等方面的记录及其他相关资料,保存期限自基金清算终止之日起不得少于10年。

创业投资基金是指主要投资于未上市创业企业普通股或者依法可转换为普通股的优先股、可转换债券等权益的股权投资基金。基金业协会在基金管理人登记、基金备案、投资情况报告要求和会员管理等环节,对创业投资基金采取区别于其他私募基金的差异化行业自律,并提供差异化会计服务。中国证监会及其派出机构对创业投资基金在投资方向检查等环节,采取区别于其他私募基金的差异化监督管理;在账户开立、发行交易和投资退出等方面,为创业投资基金提供便利服务。

本章同步自测

1.狭义的基金监管是指政府基金监管机构依法对( )的监督和管理。

A.基金市场及基金市场运作

B.基金市场、基金市场主体及其活动

C.基金市场、基金投资人及基金市场运作

D.基金活动、基金当事人及其活动

2.基金监管的基本原则不包括( )。

A.保障投资人利益原则　　　　　　B.适度监管原则

C.公开透明原则　　　　　　　　　D.审慎监管原则

3.中国证监会对基金市场的监管措施包括( )。

A.稽查　　　　　　　　　　　　　B.限制交易

C.刑事处罚　　　　　　　　　　　D.强制清算

4.基金业协会的职责不包括( )。

A.监督检查基金信息的披露情况

B.提供会员服务,组织行业交流

C.依法办理非公开募集基金的登记、备案

D.制定和实施行业自律规则

5.基金管理公司变更持有5%以上股权的股东,变更公司的实际控制人,或者变更其他重大事项,应当报经( )批准。

A.国务院证券监督管理机构　　　　B.中国人民银行

C.中国基金业协会　　　　　　　　D.各证监局

6.下列不属于基金服务机构共同的法定义务的是( )。

A.建立应急等风险管理制度和灾难备份系统

B.勤勉尽责、恪尽职守

C.坚持基金服务机构利益优先原则

D.不得泄露与基金份额持有人、基金投资运作相关的非公开信息

7.基金的投资方式为（　　）。

A.分散投资　　　　　　　　　B.资产组合

C.委托管理　　　　　　　　　D.保本投资

8.下列说法错误的是（　　）。

A.基金份额持有人不能委托代理人出席基金份额持有人大会并行使表决权

B.基金份额持有人大会应当有代表1/2以上基金份额的持有人参加方可召开

C.重新召集的基金份额持有人大会应当有代表1/3以上基金份额的持有人参加方可召开

D.每一基金份额具有一票表决权

9.下列关于私募基金合格投资者的说法错误的是（　　）。

A.私募基金的合格投资者投资于单只私募基金的金额不低于200万元

B.私募基金的合格投资者应具备相应风险识别能力和风险承担能力

C.私募基金的合格投资者如果是单位,则其净资产不得低于1 000万元

D.私募基金的合格投资者如果是个人,则其金融资产不得低于300万元或最近3年个人年均收入不得低于50万元

10.下列选项中,不属于合格投资者的是（　　）。

A.养老基金投资者

B.社会公益基金投资者

C.依法设立并在基金业协会备案的投资计划投资者

D.商业保险投资者

参考答案及解析 >>>>>

1.【答案】B。解析:本题旨在考查基金监管的狭义概念。狭义的基金监管一般专指政府基金监管机构依法对基金市场、基金市场主体及其活动的监督和管理。

2.【答案】C。解析:本题旨在考查基金监管的基本原则。基金监管的基本原则如下:①保障投资人利益原则;②适度监管原则;③高效监管原则;④依法监管原则;⑤审慎监管原则;⑥公开、公平、公正原则。其中不包含公开透明原则,C项表述错误。

3.【答案】B。解析:本题旨在考查中国证监会对基金市场的监管措施。中国证监会对基金市场的监管措施包括检查、调查取证、限制交易和行政处罚,故本题选B。

4.【答案】A。解析:本题旨在考查基金业协会的职责。监督检查基金信息的披露情况是中国证监会的职责之一。

5.【答案】A。解析:本题旨在考查基金管理公司变更股东、实际控制人等的处理。基金管理公司变更持有5%以上股权的股东,变更公司的实际控制人,或者变更其他重大事项,应当报经国务院证券监督管理机构批准。

6.【答案】C。解析:本题旨在考查基金服务机构的法定义务。主要基金服务机构共同的法定义务如下:①勤勉尽责、恪尽职守;②建立应急等风险管理制度和灾难备份系统;③不得泄露与基金份额持有人、基金投资运作相关的非公开信息。C项表述错误。

7.【答案】B。解析:本题旨在考查基金的投资方式。基金的投资方式是资产组合方式。

8.【答案】A。解析:本题旨在考查基金份额持有人大会的召开。每一基金份额具有一票表决权,基金份额持有人可以委托代理人出席基金份额持有人大会并行使表决权,A项表述错误。

9.【答案】A。解析:本题旨在考查私募基金合格投资者的要求。私募基金的合格投资者是指具备相应风险识别能力和风险承担能力,投资于单只私募基金的金额不低于100万元且符合下列相关标准的单位和个人:①净资产不低于1 000万元的单位;②金融资产不低于300万元或最近3年个人年均收入不低于50万元的个人。A项表述错误。

10.【答案】D。解析:本题旨在考查合格投资者的内容。下列投资者视为合格投资者:①投资于社会保障基金、企业年金等养老基金,慈善基金等社会公益基金的投资者;②投资于依法设立并在基金业协会备案的投资计划的投资者;③投资于所管理私募基金的私募基金管理人及其从业人员;④中国证监会规定的其他投资者。

第五章 基金职业道德

第五章	考点	考查角度
基金职业道德	道德与职业道德	道德的概念、特征及其与法律的关系,职业道德的概念、特征及作用
	基金职业道德规范	基金从业人员职业道德的含义、基金职业道德规范的内容、守法合规的含义和基本要求、诚实守信的含义和基本要求、专业审慎的含义和基本要求、客户至上的含义和基本要求、忠诚尽责的含义和基本要求、保守秘密的含义和基本要求
	基金职业道德教育与修养	基金职业道德教育与修养的内容与途径

考点精讲

考点1 道德与职业道德

一、道德、职业道德以及基金职业道德的含义和区别(★★)

道德、职业道德以及基金职业道德的含义和区别如表5-1所示:

表5-1 道德、职业道德以及基金职业道德含义和区别

项目	道德	职业道德	基金职业道德
含义	道德是一种社会意识形态,由社会经济基础决定并形成的,以是与非、善与恶等范畴为评价标准,依靠社会舆论、传统习俗和内心信念等约束力量,实现调整人与人之间、人与社会之间关系的行为规范的总和	职业道德又称职业道德规范,是一般社会道德在职业活动和职业关系中的具体体现。它是与人们的职业行为紧密联系的符合职业特点要求的道德规范的总和。它既是对从业人员在职业活动中行为的要求,又是职业对社会所负有的道德责任与义务的体现	基金职业道德是人们在基金从业时应遵循的基本道德,是一般社会道德、职业道德基本规范在基金行业的具体化。它是基于基金行业以及基金从业人员所承担的特定的职业义务和责任,在长期的基金职业实践中所形成的职业行为规范

表5-1（续）

项目	道德	职业道德	基金职业道德
特点	①差异性;②继承性;③约束性;④具体性	①特殊性;②继承性;③规范性;④具体性	①特殊性;②继承性;③规范性;④实践性
作用	①调整人与人之间的关系;②维护社会秩序	①调整职业关系;②提升职业素质;③促进行业发展	规范基金职业人员的从业行为

二、道德与法律的联系和区别（★★）

道德与法律的联系和区别如表5-2所示：

表5-2　道德与法律的联系和区别

		道德	法律
区别	表现形式	成文或不成文,没有特定的表现形式	制定法或判例法,内容明确,通常以文字作为载体
	内容结构	（1）一般只以义务为内容,并不要求有对等的权利 （2）一般没有明确的制裁措施或者行为后果	（1）以权利义务为内容,要求权利义务对等 （2）其结构是假定、处理和制裁,即行为模式和法律后果
	调整范围	（1）以价值判断为评价标准,调整范围更为广泛 （2）不仅调整人们外在的行为和结果,还调整人们的精神世界和心理动机 （3）道德以价值判断,即以公认的是非、善恶、美丑、正邪等范畴为评价标准	（1）法律主要调整人们的外在行为和结果的合法化,具有较强的客观性 （2）法律的评价标准不限于价值判断或不直接反映价值判断
	调整手段	（1）调整手段多,但不具有强制性,主要依靠社会舆论、传统习俗等力量实现约束力,以自律为主 （2）社会德治建设偏重于内化机制	（1）主要依靠国家强制力保证实施,以他律为主 （2）社会法治建设偏重于外化机制
联系	目的一致	（1）皆为行为规范,是重要的社会调控手段 （2）都属于上层建筑范畴,为一定的社会经济基础服务 （3）根本目的上的一致性	
	内容转化	（1）道德可分为两类:维护社会秩序所要求的最低限度的道德和有助于提高人的精神素质、增进人与人之间和谐关系的较高要求的道德。法律通常调整前者而不涉及后者 （2）法律以道德规范为基础,将"必须遵守"的道德规范转化为法律规范,同时规定积极的道德标准为法律必须遵循的准则,以立法形式禁止消极的道德行为	

表5-2（续）

联系	功能互补	（1）道德在调整范围上对法律具有补充作用
		（2）法律在约束力上对道德具有补充作用，依靠国家强制力保证实施
	相互促进	（1）法律对道德的传播具有促进作用，有助于人们法律意识的形成和道德观念的培养
		（2）道德对法律的实施具有促进作用，增强道德观念有助于人们自觉守法

另外，规章、制度、纪律等也属于行为规范的范畴，是介于法律和道德之间的一种特殊规范。这些规范通常由特定组织制定，效力限于组织内部人员。其与法律、道德的区别在于：①不太强调价值判断，具有突出的技术性；②这些规范有强于道德而弱于法律的约束力，具有一定的强制性。

真题链接

【2018年】对于道德与法律的关系，以下表述错误的是（ ）。

A.法律实施主要依靠他律，道德实施主要依靠自律

B.法律与道德的评价标准都是相同的

C.法律的内容比较明确，道德没有特定的表现形式

D.相比法律，道德的调整手段更多，但均不具有强制性

【答案】B。解析：法律主要依靠国家强制力保证实施，而道德主要依靠社会舆论、传统习俗和内心信念等力量来实现其约束力。相比法律，道德的调整手段更多，但均不具有强制性。因此，法律的实施主要依靠他律，而道德的实施主要依靠自律。故A、D两项正确。法律是由国家制定或认可的一种行为规范，内容明确，通常以文字作为载体，以便人们认知和遵守；而道德是社会认可和人们普遍接受的行为规范，既可以是成文的，也可以是不成文的，没有特定的表现形式，C项正确。法律与道德的调整范围存在交叉，根本原因在于二者的评价标准存在一定的不同；道德以价值判断，即以公认的是非、善恶、美丑、正邪等范畴为评价标准；而法律的评价标准不限于价值判断或者不直接反映价值判断，故B项错误。

考点2 基金职业道德规范

一、基金职业道德规范的含义（★★★）

基金从业人员职业道德规范，简称为基金职业道德规范或基金职业道德。

基金职业道德是人们在基金从业时应遵循的基本道德，是一般社会道德和职业道德基本规范在基金行业的特殊表现。它是基于基金行业以及基金从业人员所承担的特定的职业义务和责任，在长期的基金职业实践中所形成的职业行为规范。

2014年12月15日，中国基金业协会颁布了《基金从业人员执业行为自律准则》（以下简称《自律准则》），引导全体从业人员以合乎职业道德规范的方式对待客户、公众、所在机构、

其他同业机构以及行业其他参与者。

二、基金职业道德规范的内容（★★）

基金职业道德规范的内容如表5-3所示：

表5-3 基金职业道德规范的内容

	守法合规
	诚实守信
基金职业道德	专业审慎
	客户至上
	忠诚尽责
	保守秘密

三、守法合规的含义和基本要求（★★★）

（一）守法合规的含义

守法合规，作为基金从业人员职业道德的最基础要求，调整了基金从业人员与基金行业及基金监管之间的关系。守法合规是指基金从业人员不但要遵守宪法、刑法、民法等所有公民都应当遵守的法律，还应当遵守规范证券投资基金领域的法律、行政法规、部门规章以及基金行业自律性规则和基金从业人员所属机构的章程、内部规章制度、规程、工作纪律等行为规范，并且要配合基金监督管理机构的监管工作，以避免基金从业人员利用职务之便实施或参与违法违规行为，或为他人违法违规的行为提供帮助。

（二）守法合规的基本要求

守法合规对基金从业人员提出了以下的要求。

1.熟悉法律法规等行为规范

熟悉法律法规等行为规范是守法合规的前提与基础。不同层次的规范性文件普遍包含有关基金从业人员执业的法律法规等行为规范。基金从业人员应当及时全面地学习有关基金从业人员执业的法律法规等行为规范，防止因曲解行为规范而实施或参与违法违规的行为，或者利用职务之便帮助他人实施或参与违法违规的行为。

基金机构首先应当注重基金从业人员守法合规意识的培养，完善机构的规章制度，加强对从业人员执业的监督管理，对违法违规的从业人员有相关的处罚措施；其次应当建立健全重视法律法规等行为规范，学习并运用有关法律法规等行为规范的机制，营造守法合规的企业文化。

2.遵守法律法规等行为规范

基金从业人员不仅要熟悉法律法规等行为规范，更要遵守行为规范。

（1）基金从业人员应当严格遵守法律法规等行为规范，当效力级别不同的规范对同一行为均有规定时,应当遵守更为严格的规范。

（2）基金从业人员应当自觉遵守《自律准则》规定的各类行为规范。

（3）基金从业人员应当积极配合基金监督管理机构的监管。

（4）基金从业人员负有监督职责的,应当忠实履行自己的监督职责,严格监督其他从业人员的执业行为,及时发现并制止其违法违规行为,并报监管部门备案,防止违法违规行为造成严重后果。

（5）基金从业人员不负有监督职责的,应当遵守法律法规等行为规范的要求,并且配合监督人员的工作。一旦发现他人有违法违规行为的,应当及时制止并向上级部门或者监督机构报告,在机构内部形成人人守法合规的良好工作氛围。

四、诚实守信的含义和基本要求（★★★）

（一）诚实守信的含义

诚实守信是中华民族传统美德的一个重要规范,是基金职业道德的核心规范,是调整各种社会人际关系的基本准则。

支撑基金市场存续和基金行业发展的基础是投资人的信心和信任,因此诚实守信尤为重要。基金机构从业人员的执业行为往往与基金机构的行为挂钩,是基金机构内涵的外在表现。基金机构从业人员在执业过程中是否诚实守信,不仅关系到基金机构的声誉,还关系到投资者的合法权益及其信心与信任。因此基金从业人员要以维护和增进基金行业的信用和声誉为重,诚实守信和恪尽职守,以赢得投资人和社会的信任。

（二）诚实守信的基本要求

1.不得欺诈客户

欺诈是指利用虚构事实或隐瞒真相的方式使客户产生错误的认识,导致其做出错误的判断的行为。欺诈的方式包括虚假陈述和舞弊行为两种。虚假陈述和舞弊行为主要体现在宣传销售基金产品和信息披露领域,涉及基金销售人员和基金管理人的从业人员。

在宣传销售基金产品时,基金从业人员应当以诚实的态度如实告知投资人可能影响其利益的重要情况,如实向其揭示投资风险,不得做出保证收益或者承担损失的不正当的承诺。基金从业人员具体应该做到:

（1）基金从业人员在宣传、推介和销售基金产品时,应当客观、全面、准确地向投资者推介基金产品、揭示投资风险。

（2）基金从业人员对基金产品的陈述、介绍和宣传,应当与基金合同、招募说明书等相符,不得进行虚假或者误导性陈述,也不得出现重大遗漏。

（3）基金从业人员在陈述所推介基金或者某一基金管理人管理的其他基金的过往业绩时,应当客观、全面、准确,并提供业绩信息的原始资料,不得片面夸大过往业绩,也不得预测所推介基金的未来业绩。

（4）基金从业人员分发或者公布的基金宣传推介材料应当是基金管理机构或者基金代销机构统一制作的材料，不得为个人制作的材料。

（5）基金从业人员不得违规向投资人做出保证最低收益或者投资不受损失的承诺。

（6）基金从业人员不得从事隐匿、伪造、篡改或者损毁交易数据等舞弊的行为，或做出任何与执业声誉、正直性相背离的行为。

在信息披露领域，基金从业人员也应诚实守信，确保披露信息的客观、准确、全面，没有虚假性或者误导性内容，同时也没有故意隐瞒和重大遗漏情形。

2.不得进行内幕交易和操纵市场

内幕交易和操纵市场的行为违反证券市场"三公"原则，违反法律法规等行为规范，破坏证券市场秩序，损害投资人合法权益，对社会有极大危害，是《证券法》明确规定的禁止性行为。

（1）内幕交易，是指为了自己或者他人的利益，利用内幕信息进行证券交易。内幕信息是指对证券价格有影响的重要非公开信息。内幕信息的构成要素有以下几项：①来源可靠。信息来源不可靠，即便对证券价格有影响，也不能构成内幕信息。②重要性。信息的重要性是指该信息的披露会对证券价格产生影响或该信息是投资者投资决策的前提。③非公开。

基金从业人员不得自己或者促使他人利用内幕信息牟取不正当利益，不得从事或者协同他人从事内幕交易或者利用未公开的信息从事交易活动，不得泄露利用职务之便获取的内幕信息或者其他未公开的信息，不得明示、暗示他人从事内幕交易活动。

（2）操纵市场，是指通过歪曲证券价格或人为虚增交易量等方式来意图误导市场参与者的行为。操纵市场的构成要素包括以下几项：①实施了歪曲证券价格或者人为虚增交易量等不正当影响证券价格的行为；②有误导市场参与者的意图。

基金从业人员不得通过操纵市场牟取不正当利益，不得利用资金优势、信息优势和持股优势，以单独或者合谋串通等方式，影响证券交易价格或者交易量，误导市场参与者，扰乱证券市场秩序。

3.不得进行不正当竞争

大量机构参与基金行业激烈的竞争，同业同行之间的竞争如果是良性竞争，那么就能促进基金行业发展；但如果同业同行之间的竞争是恶性的，那么不仅起不到推动基金行业前进的作用，而且还会损害基金行业的社会形象和破坏基金市场的秩序稳定。

基金从业人员应当根据诚实守信的要求，不与他人进行恶性竞争、不正当竞争，不以排挤竞争对手为目的压低基金的收费水平，以低于基金销售成本的销售费率销售基金；不采取抽奖、回扣或者赠送实物、保险、基金份额等方式销售基金。基金从业人员应当公平、合法、有序地进行竞争。

公平竞争是正当竞争的前提，要求竞争的内容要公平。基金行业的竞争不应该是非市场因素的竞争，而应该是基金产品和服务的竞争。基金从业人员应该以法律法规为准绳，在相同的市场竞争环境下，依靠专业的基金管理知识和优良的服务质量与同行业竞争。

合法竞争是正当竞争的基础，要求竞争的手段要合法。基金从业人员应当遵守法律法规等行为规范，做到以下两点：①不得借助行政手段或者其他不合法的手段开展业务，不得给予客户或者承诺给予客户不正当利益；②尊重竞争对手，不得对同行同业或者非合作关系方及其从业人员的人格与工作、竞争对手的产品和服务有诋毁、贬低或者负面评价的行为。

有序竞争是正当竞争的表现，要求竞争的环境要有序。正当竞争是在公平、合法的基础上，依据市场经济基本规则进行的有序的竞争。不公平、不合法的竞争必然导致基金市场的混乱和无序，不利于我国基金行业与总体经济的发展。

根据基金业协会2014年8月发布的《公开募集证券投资基金销售公平竞争行为规范》的规定，基金管理人和基金销售机构在基金销售活动中应该严格贯彻国家关于治理商业贿赂和反不正当竞争行为的各项规定，不得违反商业道德和市场规则，影响公平竞争。

真题链接

【2015年】关于基金职业道德规范中诚实守信的基本要求，以下做法正确的是（　　）。

A.不正当竞争

B.内幕交易和操纵市场

C.欺诈客户

D.公平、合法、有序竞争

【答案】D。解析：诚实守信要求基金从业人员不得欺诈客户，在证券投资活动中不得有内幕交易和操纵市场行为，不得与同行进行不正当竞争。基金从业人员应当公平、合法、有序地进行竞争。

五、专业审慎的含义和基本要求（★★★）

（一）专业审慎的含义

专业审慎，是指基金从业人员应当具备与其所从事的职业相适应的职业能力，应当具备从事相关业务活动的专业知识和技能，保持和提高专业技能和风险管理能力，勤勉审慎开展业务，不得做出与专业能力相背离的行为，是调整基金从业人员与职业之间关系的道德规范。

基金行业属于智力服务型行业，行业能否存续发展主要涉及基金从业人员的职业技能。如果基金从业人员从事自己力所不能及的工作，既不利于保护投资者的合法利益，也不利于基金行业形象的塑造。因此基金从业人员必须具备能够胜任工作的职业能力，并审慎开展业务活动。

（二）专业审慎的基本要求

1.持证上岗

持证上岗是指基金从业人员应当具备从事相关活动所必需的法律法规、金融、财务等专业知识和技能，必须通过基金从业人员资格考试，取得基金从业资格，并经由所在机构向基金业协会申请执业注册后，方可执业。其目的在于确保基金从业人员具备必要的开展业务的职业能力和专业水平。

另外，基金从业人员必须经由所在机构向基金业协会申请执业注册后方可执业，这是出于监督管理的角度考虑，这样可以保证基金从业人员的职业活动处于监管机构的监督之下，规范基金从业人员的执业行为。

2.持续学习

持续学习是指基金从业人员应当对本职工作有很高的热情，并且在执业的实践过程中，仔细钻研业务，注重业务实践，不断汲取新知识，积极参加基金业协会和所在机构组织的提高职业素养的后续培训，完成规定的后续职业培训学时（包括必修学时和选修学时），并通过基金业协会机构组织的从业人员年检。由于基金行业注重实践、知识更新快、竞争激烈，基金从业人员如果不努力提高自己的职业素养，就会跟不上基金行业的要求。

3.审慎开展执业活动

基金从业人员单有持续学习的素质还不够，他们应当本着对投资者高度负责的态度开展业务。这就要求从业人员在执业过程中审慎处理各项业务，具体要求包括以下几项：

（1）基金从业人员在进行投资分析、提供投资建议、采取投资行动时，应当具有合理充分的依据，有适当的研究和调查支撑，保持独立性与客观性，坚持原则，不得受各种外界因素的干扰。

（2）基金从业人员应当牢固树立风险控制意识，强化投资风险管理，提高专业化风险管理水平。

（3）基金从业人员应当合理分析、判断影响投资分析、建议或行动的重要因素。

（4）基金从业人员应当区分投资分析和建议演示中的事实、观点和假设。

（5）基金从业人员必须记载和妥善保留适当的记录，以支持投资分析、建议、行动等相关事项。

（6）基金从业人员在销售基金或为投资者提供咨询服务时，应当向客户和潜在客户披露用于分析投资、选择证券、构建投资组合的投资过程的基本流程和一般原则。

（7）基金从业人员在向客户推荐或者销售基金时，应充分了解客户的投资需求和投资目标以及客户的财务状况、投资经验、流动性要求和风险承受能力等信息，坚持销售适用性原则，向客户推荐或者销售合适的基金。

真题链接

【2015年】专业审慎是指基金从业人员应当具备与其执业活动相适应的职业技能,是调整基金从业人员与( )之间关系的道德规范。

A.社会关系 B.职业

C.基金监管 D.投资人

【答案】B。解析:专业审慎是调整基金从业人员与职业之间关系的道德规范。

六、客户至上的含义和基本要求(★★★)

(一)客户至上的含义

客户,即基金投资者、基金份额持有人。客户至上,是指基金从业人员的一切执业活动应当以投资者的根本利益为出发点,是调整基金从业人员与投资者之间关系的道德规范。其基本含义包括两点:①客户利益优先,指当机构的利益、基金从业人员个人的利益与客户的利益相冲突的时候,应当优先满足客户的利益;②公平对待客户,指当不同客户之间的利益发生冲突时,要公平对待所有客户的利益。

(二)客户至上的基本要求

1.客户利益优先

客户利益优先要求基金从业人员以客户的利益为执业的出发点,当机构的利益、基金从业人员个人的利益与客户的利益相冲突的时候,应当将客户的利益置于机构和个人的利益之上。具体而言基金从业人员应当做到:

(1)不得从事与投资者利益相冲突的业务。

(2)应当采取合理的措施避免与投资者发生利益冲突。

(3)在执业过程中,遇到自身利益或相关方利益与投资者的利益发生冲突时,应以投资者利益优先,并应及时向所在机构报告。

(4)不得侵占或者挪用基金投资者的交易资金和基金份额。

(5)不得在不同基金资产之间、基金资产和其他受托资产之间进行利益输送。

(6)不得在执业活动中为自己或者他人牟取不正当利益。

(7)不得利用职务之便向任何机构和个人输送利益,损害基金持有人利益。

2.公平对待客户

公平对待客户是指基金从业人员应当尊重所有客户并公平对待所有客户,不能因为基金份额多少、关系亲疏远近等原因而区别对待客户。当基金从业人员进行投资分析、提供投资建议、采取投资行动或从事其他职业活动时,要公平对待所有客户;当不同客户之间的利益产生冲突的时候,就更加要求基金从业人员要对所有客户一视同仁。

七、忠诚尽责的含义和基本要求（★★★）

（一）忠诚尽责的含义

忠诚，是指基金从业人员应当忠实于所在机构，避免有与所在机构利益冲突的行为，不得损害所在机构的利益。尽责，是指基金从业人员应当兢兢业业，要把所从事的工作当作是与自己切身利益相关的事情，恪尽职守。忠诚尽责，是指基金从业人员应当忠于所在机构，不得损害所在机构利益，尽职尽责地为所在机构工作，是调整基金从业人员与其所在机构之间关系的职业道德规范。基金从业人员作为其所在机构的雇员或者受托人，应当对作为雇主或者委托人的基金机构尽相应的职责和责任，应当严格遵循忠诚尽责这一规范。

（二）忠诚尽责的基本要求

1.忠诚廉洁

基金从业人员在执业活动中要做到公私分明和廉洁自律，自觉维护所在机构的利益和基金行业的形象。具体要求有以下几点：

（1）应当与所在机构签订正式劳动合同或其他形式的聘任合同，保证自身在相应机构对其进行直接管理的条件下从事执业活动。

（2）应当保护所在机构财产与信息安全，防止所在机构资产损失、丢失。

（3）应当严格遵守所在机构的各项管理制度和操作流程。

（4）不得接受利益相关方的贿赂或对其进行商业贿赂。

（5）不得利用基金财产或者所在机构固有财产为自己或者他人牟取非法利益。

（6）不得利用职务之便或者所在机构的商业机会为自己或者他人牟取非法利益。

（7）不得侵占或者挪用基金财产或者机构固有财产。

（8）不得为了迎合客户的不合理要求而损害社会公共利益、所在机构或者他人的合法权益，不得私下接受客户委托买卖证券期货。

（9）不得从事可能导致与投资者或者所在机构之间产生利益冲突的活动。

2.勉强尽责

基金从业人员要以高度负责的态度、勤勉的敬业精神履行岗位职责，从事执业活动。基金从业人员应当做到以下几点：

（1）秉持勤勉的工作态度，爱岗敬业，恪尽职守，严谨务实，做好本职工作。

（2）在执业活动中，相互支持，团结协作，提高工作效率与工作质量，不推诿扯皮、贻误工作。

（3）应当严格遵守所在机构的授权制度，在授权范围内履行职责；超出授权范围的，应当按照所在机构制度履行批准程序。

（4）应当严格遵守所在机构工作纪律，服从领导，认真执行上级决定。但对来自上级、同事、亲友等各种关系因素的不当干扰，应坚持原则、自觉抵制，客观公正地履行职责。

（5）基金从业人员提出辞职时，应当按照聘用合同约定的期限提前向公司提出申请，并积极配合有关部门完成工作移交。已提出辞职但尚未完成工作移交的，从业人员应认真履行各项义务，不得擅自离岗；已完成工作移交的从业人员应当按照聘用合同的规定，认真履行保密、竞业禁止等义务。

真题链接

【2017年】甲从某基金管理公司离职时，未经公司同意带走了公司的客户清单，并将这些客户招揽至新任职的基金公司，这一行为属于（　　）。

A.违反忠诚尽责　　　　　　　　B.不公平对待客户

C.泄露内幕信息　　　　　　　　D.泄露商业秘密

【答案】A。解析：忠诚尽责要求基金从业人员在工作中要做到两个方面：一是忠诚廉洁；二是勤勉尽责。其中忠诚廉洁要求基金从业人员有义务保护公司财产、信息安全，防止所在机构资产损失、丢失。甲未经公司同意带走属于公司资产的客户清单，并利用客户清单损害公司利益，违反了忠诚尽责的职业道德要求。

八、保守秘密的含义和基本要求（★★★）

（一）保守秘密的含义

保守秘密，就是指基金从业人员在履行自己的职责时，应树立保密观念，做到保守商业秘密，不泄露或者披露客户和所在机构或者相关基金机构向其传达的信息。以下三种情形除外：一是信息涉及客户或潜在客户的违法活动，二是该信息属于法律要求披露的信息，三是客户或者潜在客户允许披露此信息。保守秘密是基金从业人员应尽的义务，是基金职业道德的一项基本规范。

基金从业人员要保守的秘密主要包括以下三类：

1.商业秘密

商业秘密，是指不为公众所知悉的、能够带来经济利益流入的、具有实用性并被采取保密措施的技术信息和经营信息。商业秘密是企业的财产权利，关乎企业的竞争力，对企业的发展至关重要。从机构运营角度，包括对证券市场的分析报告、对某一行业的研究报告、投资组合、投资计划等；从机构内部治理角度，包括内控制度、防火墙制度、员工激励机制、人事管理制度、工作流程等。

2.客户资料

客户资料，主要是指客户的个人资料，包括客户的个人身份证信息、电话号码、财务状况、家庭成员信息、投资需求等资料。这些属于客户的私人资料，是出于信任透露给基金管理机构以便从业人员对其资产进行投资管理。保护客户的隐私是法律法规等行为规范的要求，也是基金职业道德的要求。基金从业人员应当妥善保管客户资料，不得有主动或者被动泄露客户资料行为的发生。基金从业人员也应当对有投资需求客户的名单保密。

3.内幕信息

内幕信息，是指对证券价格有影响的重要非公开信息。基金从业人员不得自己或者促使他人利用内幕信息牟取不正当利益，不得从事或者协同他人从事内幕交易或者利用未公开的信息从事交易活动，不得泄露利用职务之便获取的内幕信息或者其他未公开的信息，不得明示、暗示他人从事内幕交易活动。

保守秘密与守法合规中的举报他人的违法行为并不矛盾。基金职业道德要求基金从业人员保守的秘密是内容合法的信息，而对于违法违规的行为，基金从业人员应积极监督和举报。

（二）保守秘密的基本要求

保守秘密，要求基金从业人员对机密资料不外传、不外泄，守口如瓶，不向第三方透露秘密信息，不得公开尚处于禁止公开期间的信息。基金从业人员应当做到以下几点：

（1）不得泄露在执业活动中所获知的各相关方的信息及其所属机构的商业秘密，不得把商业秘密用于为自己或者他人牟取不正当利益。

（2）应当妥善保管并严格保守客户秘密，未经许可不得泄露客户资料和交易信息。基金从业人员不论是在职还是离职，均不应该泄露任何客户资料和交易信息。

（3）不得泄露在执业活动中所获知的内幕信息。

基金从业人员应当注意不在工作岗位以外的场所谈论、评价相关客户或者机构的信息，保持必要的警惕，防止无意泄密，也应该严格遵守所在机构的保密制度，不打听不属于自己业务范围的秘密，也不和同事交流自己已获知的秘密。在秘密已经泄露的情况下，应当及时通知有关部门做出相应的补救措施，防止损失进一步扩大。

真题链接

【2015年】关于基金从业人员保守秘密的职业道德要求，以下理解错误的是（　　）。

A.保守秘密与守法合规、举报他人违法行为并不冲突

B.对于已离职的人员，泄露客户信息并不违反保守秘密的职业道德要求

C.保守秘密是基金从业人员的一项法定义务，也是基金职业道德的一项基本规范

D.保守秘密要求从业人员不泄露在执业活动中所获知的内幕信息

【答案】B。解析：保守秘密要求基金从业人员不得向第三者透露作为秘密的信息，也不得公开尚处于禁止公开期间的信息。具体而言，基金从业人员应当做到以下几点：①妥善保管并严格保守客户秘密，非经许可不得泄露客户资料和交易信息，且无论是在任职期间还是离职后，均不得泄露任何客户资料和交易信息；②不得泄露在执业活动中所获知的各相关方的信息及所属机构的商业秘密，更不得用以为自己或他人牟取不正当的利益；③不得泄露在执业活动中所获知的内幕信息。

考点3 基金职业道德教育与修养

一、基金职业道德教育的内容与途径（★★）

基金职业道德教育，是指针对基金行业从业人员所进行的职业道德教育活动。基金职业道德教育主要以他律的形式对受教育人员施加影响，从而帮助其树立职业义务与责任心，促使其自觉遵守职业行为规范，形成职业道德品质，提升职业道德素养，具有鲜明的目的性、组织性与计划性。对于基金从业人员而言，基金职业道德教育和修养要从他律走向自律，从被动接受教育走向主动自我教育，把外在的基金职业道德规范转化为内在的职业道德情感、职业道德观念和职业行为习惯的活动。

（一）基金职业道德教育的内容

1.培养基金职业道德观念

培养基金职业道德观念不仅是基金职业道德教育的重要内容，更是其基础和保障。由于基金行业的有序健康发展必须依托于投资者与基金的互信，而投资者对基金的信任往往基于基金从业人员的基本素质与职业道德。培养基金从业人员的职业道德观念不仅有助于增强投资者对基金的信任程度，促进基金行业的有序健康发展，还能加强对从业人员职业道德观念的培养，有利于提升其职业素养，从根源上减少不当市场行为的发生，有助于培养专业技能与职业素质俱优的优秀人才，推进基金行业的完善与发展。

2.灌输基金职业道德规范

灌输基金职业道德规范是基金职业道德教育的核心内容，是提升基金从业人员职业信用的重要方式。基金职业道德规范的主要内容是守法合规、诚实守信、专业审慎、客户至上、忠诚尽责、保守秘密。通过灌输基金职业道德规范，引导基金从业人员自觉践行职业道德规范，推动基金从业人员自觉调整其行为，不仅有助于提高其专业技能与增长知识，减少市场违法或不当行为的发生，形成良好的从业风气，也有助于提高客户对基金工作的满意度，提升基金行业的整体形象。

（二）基金职业道德教育的途径

基金职业道德教育的途径主要包括岗前职业道德教育、岗位职业道德教育、基金业协会的自律、树立基金职业道德典型和社会各界持续监督五种途径。

1.岗前职业道德教育

岗前职业道德教育是在基金从业人员就业上岗之前对其进行的职业道德教育活动，以职业资格考试和入职时上岗前对其进行教育等途径来完成。通过这一途径，从业者可以了解到其在日后可能面临的职业道德风险与应遵守的基金职业道德规范，增强自身抵御道德风险的意识，树立起良好的职业道德观念。

2.岗位职业道德教育

岗位职业道德教育是在基金从业人员就业上岗后，对其进行的业务能力和职业道德的继续教育，以在职培训为主要表现形式。岗位职业道德教育实质上是一种继续教育，主要依托于基金机构对职业道德的重视程度与机构内职业道德的文化氛围。在实际工作中，基金机构可以采取多种相关的激励措施、表彰措施与宣传手段激励从业人员树立良好的职业道德，形成优秀的服务态度。

3.基金业协会的自律

作为基金行业的自律性组织，基金业协会在基金职业道德教育方面始终发挥着重要的作用，主要通过制定完备的基金职业道德规范与建立必要的职业道德奖惩机制两种方式来实现。

4.树立基金职业道德典型

基金行业应大力宣传具备优秀职业道德的高素质从业人员典型事迹，并利用道德模范的感染力，号召从业人员向其学习，自觉树立良好的职业道德。同时，基金行业也应当大力张示在从业过程中做出了违反职业道德甚至是违法行为的反面典型人物及其后果，以示警诫。

5.社会各界持续监督

加强基金职业道德教育，同样需要充分发挥社会各界的作用。基金行业应当鼓励、支持与欢迎基金市场投资者、各类新闻媒体等的监督，并对这种监督行为给予一定的激励。

中公锦囊

岗前、岗位职业道德教育的区别如表5-4所示：

表5-4 岗前、岗位职业道德教育的区别

教育途径	教育时间	主要表现形式
岗前职业道德教育	基金从业人员就业上岗前	职业资格考试
岗位职业道德教育	基金从业人员在职阶段	在职培训

二、基金职业道德修养的内容与途径（★★）

（一）基金职业道德修养的内容

基金职业道德修养是基金从业人员按照职业道德的规范与要求，进行自我教育、自我改造、自我完善，从而使自己形成良好的职业道德品质的一种自律行为。通过基金职业道德修养，基金从业人员可以将基金职业道德外在的职业行为规范内化为内在的职业道德情感与认知，从而树立职业道德义务与责任感，坚定职业道德信念，提升自身的职业道德境界。较基金职业道德教育而言，基金职业道德修养更加充分地发挥了基金从业人员的主观能动性，但也对其提出了更高的要求。

（二）基金职业道德修养的途径

1.正确树立基金职业道德观念

首先，树立正确的人生观、世界观、价值观是正确树立基金职业道德观念的前提。其次，正确树立基金职业道德观念要求从业人员深刻意识到从事行业的重要性与必要性,培养职业使命感与责任感,积极工作,自觉遵守职业道德。

2.深刻领会基金职业道德规范

深刻领会基金职业道德规范,要求从业人员了解基金职业道德的含义并自觉践行。其主要对从业人员产生了两方面的要求:①要求从业人员自我学习基金职业道德规范;②要求从业人员主动接受基金职业道德教育。

3.积极参加基金职业道德实践

践行基金职业道德是树立基金职业道德观念和领会基金职业道德规范的根本目的。

通过积极参加基金职业道德实践,从业人员不断修正其所犯下的错误,促使自身行为不断向良好的职业道德规范靠拢,并加强对行业中道德模范人物的学习,进行自我改造与教育,在实践中不断提升自身的道德境界。

本章同步自测

1.下列说法错误的是(　　)。

A.道德具有差异性、继承性、约束性和具体性

B.道德能调整人与人之间的关系,维护社会秩序

C.职业道德有调整职业关系、提升职业素质和促进行业发展的作用

D.基金职业道德是一般社会道德在职业活动和职业关系中的特殊表现

2.下列关于道德与法律的区别的说法,错误的是(　　)。

A.道德主要表现为制定法或者判定法,法律没有特定的表现形式

B.道德与法律的调整范围存在交叉

C.道德一般只以义务为内容,法律以权力义务为内容

D.道德主要依靠自律,法律主要依靠他律

3.不属于内幕信息的构成要素的是(　　)。

A.信息来源可靠　　　　　　　　　B.信息非公开

C.信息有其重要性　　　　　　　　D.信息量大

4.基金销售机构的从业人员李明,并未取得基金销售人员从业资格考试成绩合格证。因同事张三回家探亲,便替代张三从事基金宣传推介活动。那么李明的行为违反了基金职业道德中的(　　)。

A.持续学习　　　　　　　　　　　B.持证上岗

C.审慎开展职业活动　　　　　　　D.公平竞争

5.下列选项中,不属于基金职业道德教育内容的是( )。

A.培养基金职业道德观念

B.灌输基金职业道德规范

C.进行职业道德观念教育

D.从业人员自我学习实践

6.下列选项中,不属于基金职业道德修养的途径的是( )。

A.正确树立基金职业道德观念　　　B.深刻领会基金职业道德规范

C.积极参加基金职业道德实践　　　D.培养基金职业道德观念

参考答案及解析 >>>>>

1.【答案】D。解析:本题旨在考查道德、职业道德和基金职业道德的含义和区别。基金职业道德是人们在基金从业时应遵循的基本道德,是一般社会道德、职业道德基本规范在基金行业的具体化。职业道德是一般社会道德在职业活动和职业关系中的特殊表现,是与人们的职业行为紧密联系的符合职业特点要求的道德规范的总和。D项表述错误。

2.【答案】A。解析:本题旨在考查道德与法律的区别。道德与法律的在表现形式方面的区别体现在:道德既可以是成文的,也可以是不成文的,没有固定的表现形式;法律主要表现为制定法或者判例法,内容明确,通常以文字作为载体,A项表述错误。

3.【答案】D。解析:本题旨在考查内幕信息的构成要素。内幕信息的构成要素包括信息来源可靠、信息有其重要性和信息是非公开的。信息量大不是内幕信息的构成要素之一。

4.【答案】B。解析:本题旨在考查专业审慎的基本要求。专业审慎的基本要求包括持证上岗、持续学习和审慎开展执业活动。题中李明未取得基金销售人员从业资格考试成绩合格证便从事基金宣传推介活动,可能会因为专业水平不足而损害投资者的利益,不符合持证上岗的要求。

5.【答案】D。解析:本题旨在考查基金职业道德教育的内容。基金职业道德教育的内容主要包括培养基金职业道德观念与灌输基金职业道德规范,其中,培养基金职业道德观念也就是进行职业道德观念教育,A、B、C三项表述均正确。从业人员的自我学习实践并不是一个被动地接受教育的过程,而是主动地自我提高的过程,属于基金职业道德修养的内容而非基金职业道德教育。

6.【答案】D。解析:本题旨在考查基金职业道德修养的途径。基金职业道德修养主要包括正确树立基金职业道德观念、深刻领会基金职业道德规范与积极参加基金职业道德实践三种方法,不包括培养基金职业道德观念。

第六章　基金的募集、交易与登记

第六章	考点	考查角度
基金的募集、交易与登记	基金的募集与认购	基金募集的概念,基金申请、注册、发售、合同生效的流程,基金认购的概念,各类基金的认购方式和程序
	基金的交易、申购与赎回	封闭式基金的上市与交易,开放式基金的申购与赎回的概念及费用结构、转换及特殊业务处理,不同产品的交易方式与流程
	基金的登记	开放式基金份额登记的概念,我国开放式基金注册登记体系的模式,登记机构职责和基金份额登记业务流程

考点精讲

考点1　基金的募集与认购

一、基金募集的概念与程序(★★★)

(一)基金募集的概念

基金募集是指基金管理公司根据有关规定向中国证监会提交募集申请文件、发售基金份额、募集基金的行为。

(二)基金募集的程序

基金募集的程序主要包括四个方面:申请、注册、发售、基金合同生效。

1.基金募集申请

申请募集基金,拟任基金管理人、基金托管人应当具备一定条件,根据《公开募集证券投资基金运作管理办法》的规定主要包括以下几项:

(1)拟任基金管理人为依法设立的基金管理公司或者经中国证监会核准的其他机构,拟任基金托管人为具有基金托管资格的商业银行或经中国证监会核准的其他金融机构。

(2)有符合中国证监会规定的、与管理和托管拟募集基金相适应的基金经理等业务人员。

(3)最近一年内没有因重大违法违规行为、重大失信行为受到行政处罚或者刑事处罚。

(4)没有因违法违规行为、失信行为正在被监管机构立案调查、司法机关立案侦查,或者正处于整改期间。

（5）最近一年内向中国证监会提交的注册基金申请材料不存在虚假记载、误导性陈述或者重大遗漏。

（6）不存在对基金运作已经造成或可能造成不良影响的重大变更事项，或者诉讼、仲裁等其他重大事项。

（7）不存在治理结构不健全、经营管理混乱、内部控制和风险管理制度无法得到有效执行、财务状况恶化等重大经营风险。

（8）中国证监会根据审慎监管原则规定的其他条件。

申请募集基金，拟募集的基金也应当具备下列条件：

（1）有明确、合法的投资方向。

（2）有明确的基金运作方式。

（3）符合中国证监会关于基金品种的规定。

（4）基金合同、招募说明书等法律文件草案符合法律、行政法规和中国证监会的规定。

（5）基金名称表明基金的类别和投资特征，不存在损害国家利益、社会公共利益，欺诈、误导投资者，或者其他侵犯他人合法权益的内容。

（6）招募说明书真实、准确、完整地披露了投资者做出投资决策所需的重要信息，不存在虚假记载、误导性陈述或者重大遗漏，语言简明、易懂、实用，符合投资者的理解能力。

（7）有符合基金特征的投资者适当性管理制度，有明确的投资者定位、识别和评估等落实投资者适当性安排的方法，有清晰的风险警示内容。

（8）基金的投资管理、销售、登记和估值等业务环节制度健全，行为规范，技术系统准备充分，不存在影响基金正常运作、损害或者可能损害基金份额持有人合法权益、可能引发系统性风险的情形。

（9）中国证监会规定的其他条件。

我国基金管理人进行基金的募集必须向中国证监会提交申请材料，主要包括以下文件：①基金募集申请报告；②基金合同草案；③基金托管协议草案；④招募说明书草案；⑤律师事务所出具的法律意见书；⑥中国证监会规定提交的其他文件等。

对于管理复杂产品或者创新产品，中国证监会需要根据基金的特征和风险，要求基金管理人补充提交证券交易所和证券登记结算机构的授权函、投资者适当性安排、技术准备情况和主要业务环节的制度安排等文件。

申请报告包括但不限于：①基金有关注册条件的说明；②基金与本公司已获批产品及行业同类产品差异以及对基金投资运作和投资者的影响评估；③其他需要监管机构特别关注事项。

申请材料受理后，相关内容不得随意更改。申请期间申请材料涉及的事项发生重大变化的，基金管理人应当自变化发生之日起5个工作日内向中国证监会提交更新材料。

2.基金募集申请的注册

中国证监会应当自受理基金募集申请之日起6个月内做出注册或者不予注册的决定，并通知申请人；不予注册的，应当说明理由。中国证监会在基金注册审查过程中，可以委托基金业协会进行初步审查并就基金信息披露文件的合规性提出意见，或者组织专家评审会对创新基金募集的申请进行评审，也可向证券交易所、证券登记结算机构等征求关于特定基金的投资管理、销售安排、交易结算、登记托管及技术系统准备情况等的意见，供注册审查时参考。

基金募集申请经中国证监会注册后方可发售基金份额。

中国证监会将注册程序分为简易程序和普通程序。其中，适用于简易程序的产品包括常规股票基金、债券基金、混合基金、指数基金、货币基金、发起式基金、合格境内机构投资者（QDII）基金、理财基金和交易型指数基金（含单市场、跨市场/跨境ETF）及其联接基金。分级基金、基金中基金（FOF）及中国证监会认定的其他特殊产品暂不实行简易程序。对常规基金产品，按照简易程序注册，注册审查时间原则上不超过20个工作日；对其他产品，按照普通程序注册，注册审查时间不超过6个月。

3.基金份额的发售

基金管理人应当自收到核准文件之日起6个月内进行基金份额的发售。超过6个月开始募集，原注册的事项未发生实质性变化的，应当报国务院证券监督管理机构备案；发生实质性变化的，应当向国务院证券监督管理机构重新提交注册申请。基金的募集不得超过中国证监会核准的基金募集期限。基金的募集期限自基金份额发售之日起计算，募集期限一般不得超过3个月。

基金份额的发售，由基金管理人负责办理。基金管理人应当在基金份额发售的3日前公布招募说明书、基金合同及其他有关文件。

在基金募集期间募集的资金应当存入专门账户，在基金募集行为结束前，任何人不得动用。

中公锦囊

基金募集与发售的相关期限如表6-1所示：

表6-1　基金募集与发售的相关期限

基金份额发售日	自收到核准文件之日起6个月内
基金募集期限	自基金份额发售之日起，一般不得超过3个月
公布招募说明书、基金合同及其他有关文件	在基金份额发售之日的3日前

4.基金合同生效

（1）基金募集成功。

基金募集期限届满，封闭式基金募集的基金份额总额需达到核准规模的80%以上，并且基金份额持有人人数达到200人以上；开放式基金募集的基金份额总额需不少于2亿份，基金募集金额不少于2亿元人民币，基金份额持有人人数不少于200人。基金管理人应当自募集期限届满之日起10日内聘请法定验资机构验资。自收到验资报告之日起10日内,向中国证监会提交备案申请和验资报告,办理基金备案手续。

中国证监会自收到基金管理人验资报告和基金备案材料之日起3个工作日内予以书面确认;自中国证监会书面确认之日起,基金备案手续办理完毕,基金合同生效。基金管理人应当在收到中国证监会确认文件的次日予以公告。

发起式基金的基金合同生效不受上述条件的限制。发起式基金是指基金管理人在募集基金时,使用公司股东资金、公司固有资金、公司高级管理人员或者基金经理等人员资金认购基金的金额不少于1 000万元人民币,且持有期限不少于3年。发起式基金的基金合同生效3年后,若基金资产净值低于2亿元的,基金合同自动终止。发起资金的持有期限自该基金公开发售之日或者合同生效之日孰晚日起计算。

(2)基金募集失败。

基金募集期限届满,基金不满足基金募集要求的,基金募集失败。基金管理人应当承担下列责任:①以固有财产承担因募集行为而产生的债务和费用;②在基金募集期限届满后30日内返还投资者已缴纳的款项,并加计银行同期存款利息。

中公锦囊

基金募集程序的四个步骤及相关内容如表6-2所示:

表6-2　基金募集程序的四个步骤及相关内容

程序	募集人	受理机构	工作内容	工作期限
申请	基金管理人	中国证监会	提交申请材料,包括: (1)基金募集申请报告 (2)基金合同草案 (3)基金托管协议草案 (4)招募说明书草案 (5)律师事务所出具的法律意见书	—
注册	—	中国证监会	申请注册	(1)常规基金产品按照简易程序申请注册,注册审查时间原则上不超过20个工作日 (2)其他产品按普通程序注册,注册审查时间6个月
发售	基金管理人	—	(1)发售基金 (2)公布基金招募说明书、基金合同及其他相关文件 (3)将资金存入专门账户	(1)自收到核准文件之日起6个月内进行基金份额的发售 (2)募集期限不超过3个月

表6-2（续）

程序	募集人	受理机构	工作内容	工作期限
基金合同生效	基金管理人	中国证监会	（1）机构验资 （2）提交备案申请和验资报告 （3）办理基金备案手续 （4）发布基金合同生效公告	（1）基金管理人应当自募集期限届满之日起10日内聘请法定验资机构验资 （2）中国证监会自收到基金管理人验资报告和基金备案材料之日起3个工作日内予以书面确认 （3）自中国证监会书面确认之日起，基金备案手续办理完毕，基金合同生效 （4）基金管理人应当在收到中国证监会确认文件的次日发布基金合同生效公告

真题链接

【2015年】基金募集申请过程中，（　　）不是基金管理人向中国证监会提交的设立基金的申请注册文本。

A.基金募集申请报告　　　　　　　　B.基金合同草案

C.基金托管协议草案　　　　　　　　D.招募说明书草案

【答案】A。解析：申请募集基金应提交的主要文件包括基金募集申请报告、基金合同草案、基金托管协议草案、招募说明书草案、律师事务所出具的法律意见书、中国证监会规定提交的其他文件等。其中，基金合同草案、基金托管协议草案、招募说明书草案等文件是基金管理人向中国证监会提交设立基金的申请注册文本，还未正式生效，因此被称为草案。

中公锦囊

封闭式基金和开放式基金关于基金份额总额及持有人人数的区别如表6-3所示：

表6-3 封闭式基金和开放式基金关于基金份额总额及持有人人数的区别

项目	基金份额总额	基金份额持有人人数
封闭式基金	核准规模的80%	200人
开放式基金	2亿份	200人

中公锦囊

简易程序和普通程序的区别如表6-4所示：

表6-4 简易程序和普通程序的区别

项目	对象	审查时间
简易程序	常规基金产品,例如,常规股票基金、混合基金、债券基金、指数基金、货币基金、发起式基金、合格境内机构投资者（QDII）基金、理财基金和交易型指数基金(含单市场、跨市场/跨境ETF)及其联接基金	原则上不超过20个工作日

表6-4（续）

项目	对象	审查时间
普通程序	其他基金产品，例如，分级基金、基金中基金（FOF）、中国证监会认定的其他特殊产品	不超过6个月

二、各类基金的认购方式和程序（★★）

基金认购是指投资者在基金募集期内购买基金份额的行为。

（一）开放式基金的认购

投资者认购开放式基金，一般通过以下机构办理：基金管理人或基金管理人委托的商业银行、证券公司、期货公司、保险机构、证券投资咨询机构、独立基金销售机构以及经国务院证券监督管理机构认定的其他机构。

投资者进行认购时，如果没有在注册登记机构开立基金账户，需要提前在注册登记机构开立基金账户。基金账户是指基金登记人为基金投资者开立的、用于记录其持有的基金份额余额和变动情况的账户。

1. 开放式基金的认购程序

（1）认购。投资人在办理基金认购申请时，须填写认购申请表，并需按销售机构规定的方式全额缴款。投资者在募集期内可以多次认购基金份额。一般情况下，已经正式受理的认购申请不得撤销。

（2）确认。投资人基金认购的申请成功与否应以注册登记机构的确认结果为准，因此销售机构对认购申请的受理不代表申请一定成功，而仅代表销售机构确实接受了认购申请。投资者T日提交认购申请后，一般可于T+2日后到办理认购的网点查询认购申请的受理情况。若认购申请被确认无效，则认购资金将退回投资人资金账户。认购的最终结果要待基金募集期结束后才能确认。

2. 开放式基金的认购方式

开放式基金的认购采用金额认购的方式。金额认购是指投资者在办理认购申请时，不是直接以认购数量提出申请，而是以金额申请。基金注册登记机构在基金认购结束后，再按基金份额的认购价格，并考虑认购费用后将申请认购基金的金额换算为投资者应得的基金份额。

3. 开放式基金的认购费率和收费模式

（1）认购费率。

设置认购费率的依据有开放式基金的类型、认购金额的多少等，基金管理人在具体实践中按照不同标准设定认购费率，不同类型开放式基金的认购费率如表6-5所示：

表6-5 股票型基金、债券型基金和货币型基金的认购费率

基金类型	认购费率
股票型基金	≤ 1.5%
债券型基金	<1%
货币型基金	0

（2）收费模式。

基金份额认购的收费模式有两种：前端收费模式和后端收费模式。前端收费模式是指在认购基金份额时支付认购费用的付费模式；后端收费模式是指在认购基金份额时不收费，在赎回基金份额时才支付认购费用的收费模式。因为后端收费模式的认购费率一般会随着持有期限的延长而递减，甚至不再收取认购费用，所以后端收费模式能鼓励投资者长期持有基金。

中公锦囊

前端、后端收费模式的区别如表6-6所示：

表6-6 前端、后端收费模式的区别

收费模式	认购基金份额时	赎回基金份额时
前端收费模式	收费	不收费
后端收费模式	不收费	收费

4.开放式基金认购费用与认购份额的计算

基金认购费用按照净认购金额为基础收取，相应的基金认购费用与认购份额的计算公式为：

$$净认购金额 = \frac{认购金额}{1+认购费率}$$

$$认购费用 = 认购金额 - 净认购金额$$

对于适用固定金额认购费的开放式基金，认购费用为：

$$认购费用 = 固定认购费金额$$

$$认购份额 = \frac{净认购金额 + 认购利息}{基金份额面值}$$

（二）封闭式基金的认购

基金管理人负责办理封闭式基金份额的发售。基金管理人一般会通过所选择的证券公司组成承销团代理基金份额的发售。基金管理人应当在基金份额发售的3日前公布招募说明书、基金合同及其他有关文件。

目前，募集的封闭式基金通常为创新封闭式基金。投资人认购封闭式基金，如果认购已经受理，就不能撤单，其认购特点如表6-7所示：

表6-7 封闭式基金认购的特点

发售方式	网上发售:指通过与证券交易所的交易系统联网的全国各地的证券营业部,向公众发售基金份额的发行方式
	网下发售:指通过基金管理人指定的营业网点和承销商的指定账户,向机构或者个人投资者发售基金份额的方式
认购程序	(1)开立沪、深证券账户或沪、深基金账户及资金账户 (2)在资金账户存入足够资金 (3)以份额为单位提交认购申请
认购价格	按1.00元募集,外加券商自行按认购费率收取的认购费

（三）ETF份额的认购

根据投资者认购ETF份额所支付的对价种类,ETF份额的认购可以分为现金认购和证券认购,其中现金认购又可分为场内现金认购和场外现金认购。

现金认购是指用现金换购ETF份额的行为。场内现金认购是指投资者通过基金管理人指定的基金发售代理机构(证券公司),以现金方式参与证券交易所网上定价发售的行为。场外现金认购是指投资者通过基金管理人及其指定的发售代理机构,以现金方式认购的行为。证券认购是指投资者通过基金管理人及其指定的发售代理机构对指定的证券进行认购的行为,即用指定证券换购ETF份额的行为。

投资者进行ETF份额的认购需要受到账户限制。投资者进行现金认购时,需要具有沪、深A股证券账户或证券投资基金账户;进行证券认购时,需要具有沪、深A股证券账户ETF。份额认购特点如表6-8所示:

表6-8 ETF份额认购的特点

认购方式	现金认购	场内现金认购
		场外现金认购
	证券认购	
认购开户	场内现金认购:具有沪、深A股证券账户或证券投资基金账户	
	场外现金认购:具有沪、深A股证券账户或证券投资基金账户	
	证券认购:具有沪、深A股证券账户	

（四）LOF份额的认购

上市开放式基金(LOF)是既可以在场外市场进行基金份额申购、赎回,又可以在交易所(场内市场)进行基金份额交易、申购或赎回的开放式基金。目前,我国开办LOF业务的只有深圳证券交易所。

LOF份额的认购有两种方式:场外认购和场内认购。LOF份额认购的特点如表6-9所示:

表6-9　LOF份额认购的特点

认购方式	场外认购:基金份额注册登记在中国证券登记结算有限责任公司的开放式基金注册登记系统
	场内认购:基金份额注册登记在中国证券登记结算有限责任公司的证券登记结算系统
认购渠道	场外认购:基金管理人及其代销机构的营业网点
	场内认购:具有基金代销业务资格的证券经营机构营业部
认购开户	场外认购:中国证券登记结算有限责任公司深圳证券交易所开放式基金账户
	场内认购:深圳证券交易所人民币普通证券账户或证券投资基金账户

（五）QDII基金份额的认购

QDII基金份额的认购程序主要包括开户、认购、确认三个步骤。

QDII基金份额的认购渠道:在募集期间内,投资者应当在基金管理人、代销机构办理基金发售业务的营业场所或按基金管理人、代销机构提供的其他方式办理基金的认购。

QDII基金份额认购具有以下特点:①发售QDII基金的基金管理人必须具备合格境内机构投资者资格和经营外汇业务资格;②基金管理人可以根据产品特点确定QDII基金份额面值的大小;③QDII基金份额可以用人民币、美元或其他外汇货币为计价货币认购。

（六）分级基金份额的认购

分级基金的认购方式分为两种:合并募集和公开募集。

合并募集是投资者以母基金代码进行认购。募集完成后,场外募集基础份额不进行拆分,场内募集基础份额在募集结束后自动分拆成子份额。分开募集,是分别以子代码进行认购,通过比例配售实现子份额的配比。目前我国分开募集的分级基金只有债券型分级基金。

场外认购的基金份额注册登记在中国证券登记结算有限责任公司的开放式基金注册登记系统。场内认购的基金份额注册登记在中国证券登记结算有限责任公司的证券登记结算系统。目前,我国只有深圳证券交易所开办场内认购分级基金份额。

分级基金份额的认购渠道有以下两种:①通过具有基金销售业务资格的证券经营机构营业部场内认购;②通过基金管理人及其销售机构的营业网点场外认购。

真题链接

【2016年】相比于其他开放式基金,QDII基金在募集认购的具体规定上的独特之处不包括（　　）。

A.发售QDII基金的基金管理人必须具备合格境内机构投资者资格和经营外汇业务资格

B.基金管理人可以根据产品特点确定QDII基金份额面值的大小

C.QDII基金份额可以用人民币、美元或其他外汇货币为计价货币认购

D.QDII基金份额的认购程序与一般开放式基金不同

【答案】D。解析:QDII基金份额的认购程序与一般开放式基金基本相同,主要包括开户、认购、确认三个步骤。

考点2 基金的交易、申购和赎回

一、开放式基金申购与赎回的概念（★★★）

（一）开放式基金申购和赎回的含义

开放式基金的申购是指投资者在开放式基金合同生效后，申请购买基金份额的行为。

开放式基金的赎回是指基金份额持有人要求基金管理人购回所持有的开放式基金份额的行为。

开放式基金的基金合同生效后，可有一段短暂的封闭期。根据《公开募集证券投资基金运作管理办法》的规定，开放式基金合同生效后，可以在基金合同和招募说明书规定的期限内不办理赎回，但该期限最长不超过3个月。封闭期结束后，开放式基金将进入日常申购、赎回期。

中公锦囊

基金认购与申购的区别如表6-10所示：

表6-10 基金认购与申购的区别

项目	认购	申购
含义	在基金募集期内购买基金份额的行为	在开放式基金合同生效后，申请购买基金份额的行为
费用	认购费较低，有费率优惠	申购费较高
价格	通常为1元/份	未知价
确认	基金份额在基金合同生效时确认，有封闭期	基金份额在T+2日之内确认
赎回	封闭期后才能赎回	确认后的下一工作日就可赎回

（二）开放式基金的申购和赎回原则

1.股票基金、债券基金的申购和赎回原则

（1）未知价交易原则。

与股票、封闭式基金等大多数金融产品按已知价原则进行买卖不同，投资者在申购和赎回股票基金、债券基金时，不能即时获知买卖的成交价格。申购、赎回价格只能以申购、赎回日交易时间结束后基金管理人公布的基金份额净值为基准进行计算。

（2）金额申购、份额赎回原则。

股票基金、债券基金以金额申购，以份额赎回，其目的在于适应未知价格的情况。在这种交易方式下，确切的购买数量和赎回金额在买卖当时无法确定，只有在交易次日或更晚一些时间才能获知。过去，开放式基金招募说明书中一般规定申购申报单位为1元人民币，申购金额应当为1元的整数倍，且不低于1 000元;赎回申报单位为1份基金份额，赎回应当为整数份额。不过基金管理人可根据市场情况，在法律法规允许的情况下，调整上述对申购的金额和

赎回的份额的数量限制,基金管理人必须在调整生效前依照《证券投资基金信息披露管理办法》的有关规定至少在一家指定媒体公告,并报中国证监会备案。

2.货币市场基金的申购和赎回原则

货币市场基金申购和赎回的原则如下:

(1)确定价原则。货币市场基金申购和赎回基金份额价格以1元人民币为基准进行计算,采用确定价原则。

(2)金额申购、份额赎回原则。货币市场基金申购以金额申请,赎回以份额申请。

(三)开放式基金申购和赎回的场所及时间

1.开放式基金申购和赎回的场所

与认购渠道一样,开放式基金的申购和赎回可以通过基金管理人的直销中心与基金销售代理网点进行,也可以通过基金管理人或者其指定的基金销售代理人以电话、传真或互联网等形式进行申购和赎回。

2.开放式基金申购和赎回的时间

基金管理人应至少选择一种媒体(由中国证监会指定),在申购和赎回开放日前3个工作日刊登公告。申购和赎回的工作日为证券交易所交易日,具体业务办理时间与上海证券交易所、深圳证券交易所的交易时间一致,即9:30—11:30和13:00—15:00。

(四)开放式基金申购和赎回的登记及款项的支付

投资人按规定提交申购申请并全额交付款项的,申购申请即为成立;基金份额登记机构确认基金份额时,申购生效。基金份额持有人递交赎回申请,赎回成立;基金份额登记机构确认赎回时,赎回生效。

投资人申购基金份额时,除中国证监会另有规定的基金外,必须全额交付申购款项,即申购采用全额缴款方式。若资金在规定时间内未全额到账,则申购不成功。申购不成功或者无效,款项将退回投资者账户。一般而言,投资者申购基金成功后,登记机构会在T+1日为投资者办理增加权益的登记手续,投资者自T+2日起有权赎回该部分基金份额。

投资者赎回申请成交后,基金管理人应通过销售机构按规定向投资者支付赎回款项。对一般基金而言,基金管理人应当自受理基金投资者有效赎回申请之日起7个工作日内支付赎回款项,具体时间受基金品种和托管银行的处理速度的影响。投资者赎回基金份额成功后,登记机构一般在T+1日为投资者办理扣除权益的登记手续。

基金管理人应当在每个工作日办理基金份额的申购、赎回业务;基金合同另有约定的,按照其约定。基金管理人可以在法律法规允许的范围内,对登记办理时间进行调整,并应至少选择一种信息披露媒体(由中国证监会指定),最迟于开始实施前3个工作日内在该媒体上进行公告。

中公锦囊

开放式基金的交易特点如表6-11所示：

表6-11 开放式基金的交易特点

交易原则	股票基金、债券基金	（1）未知价交易原则
		（2）金额申购、份额赎回原则
	货币市场基金	（1）确定价原则
		（2）金额申购、份额赎回原则
交易场所		通过基金管理人的直销中心与基金销售代理网点进行
交易时间		周一至周五9:30—11:30和13:00—15:00（法定节假日除外）
申购、赎回登记		T+1日办理登记
申购、赎回款项支付		申购全额支付，赎回7日之内支付

真题链接

【2018年】关于开放式基金的申购和赎回，以下表述正确的是（　　）。

A.投资人递交申购申请，申购成立

B.基金份额登记机构收到申购款项，申购生效

C.投资人交付申购款项，申购成立

D.投资人交付申购款项，申购生效

【答案】C。解析：投资人申购基金份额时，必须在规定时间内全额交付申购款项（中国证监会另有规定的基金除外），投资人交付款项，申购成立；基金份额登记机构确认基金份额时，申购生效。投资人递交赎回申请，赎回成立；基金份额登记机构确认赎回时，赎回生效。

二、开放式基金申购与赎回的费用结构（★★★）

（一）申购的费用结构

投资者在申购开放式基金时，一般需要缴纳申购费，可以采取前端收费方式和后端收费方式。在前端收费方式下，投资者需要在基金份额申购时付费，基金管理人可以根据投资者申购金额分段设置申购费率；在后端收费方式下，投资者需要在基金份额赎回时付费，基金管理人可以根据投资者持有期限分段设置申购费，对于持有期低于3年的投资者，基金管理人不得免收其后端申购费。

基金销售机构可以对基金销售费用实行一定的优惠。

（二）赎回的费用结构

基金管理人办理开放式基金份额的赎回，应当收取赎回费。场外赎回可按份额在场外的持有时间分段设置赎回费率，场内赎回为固定赎回费率。赎回费在扣除手续费后，余额不得

低于赎回费总额的25%,并应当归入基金财产。

目前,对于不收取销售服务费的(一般为A类份额)一般的股票型基金和混合型基金的赎回费归入基金财产的比例规定如下:

(1)对持续持有期少于7日的投资人收取不低于1.5%的赎回费,对持续持有期少于30日的投资人收取不低于0.75%的赎回费,并将上述赎回费全额计入基金财产。

(2)对持续持有期少于3个月的投资人收取不低于0.5%的赎回费,并将不低于赎回费总额的75%计入基金财产。

(3)对持续持有期长于3个月但少于6个月的投资人收取不低于0.5%的赎回费,并将不低于赎回费总额的50%计入基金财产。

(4)对持续持有期长于6个月的投资人,应当将不低于赎回费总额的25%计入基金财产。

对于收取销售服务费的(一般为C类份额)一般股票型和混合型基金赎回费归属基金财产比例的规定:持续持有期少于30日的投资人收取不低于0.5%的赎回费,并将上述赎回费全额计入基金财产。

对于ETF、LOF、分级基金、指数基金、短期理财产品基金等股票基金、混合基金以及其他类别基金,基金管理人可以参照上述标准在基金合同、招募说明书中约定赎回费的收取标准和计入基金财产的比例,但不做强制要求。

(三)销售服务费

基金管理人可以从开放式基金财产中计提一定比例的销售服务费,用于基金的持续销售和给基金份额持有人提供服务。

(四)货币市场基金的手续费

货币市场基金手续费较低,通常申购和赎回费率为0。一般来说,货币市场基金从基金财产中计提不高于0.25%的销售服务费,用于基金的持续销售和给基金份额持有人提供服务。

中公锦囊

开放式基金交易费用的种类如表6-12所示:

表6-12　开放式基金交易费用的种类

交易费用	申购费用	采取前端收费方式(全额缴款)和后端收费方式(有一定优惠)
	赎回费用	赎回费在扣除手续费后,余额不得低于赎回费总额的25%,并应当归入基金财产
	销售费用	从基金财产中按一定比例计提

真题链接

【2018年】关于开放式基金的申购和赎回费用及销售服务费,下列说法错误的是(　　)。

A.销售服务费由申购人承担,不从基金财产计提

B.申购费用由申购人承担，不列入基金财产

C.基金管理人可以根据情况调整申购费率

D.赎回费用由基金赎回人承担，不低于赎回费总额的25%计入基金资产

【答案】A。解析：销售服务费可以从开放式基金财产中计提。基金管理人应当在基金半年度报告和基金年度报告中披露从基金财产中计提的管理费、托管费、基金销售服务费的金额，并说明管理费中支付给基金销售机构的客户维护费总额。

三、开放式基金份额的转换、非交易过户、转托管和冻结（★★）

（一）开放式基金份额的转换

开放式基金份额的转换是指投资者不需要先赎回已持有的基金份额，就可以将其持有的基金份额转换为同一基金管理人管理的另一基金份额的一种业务模式。基金份额的转换一般采取未知价法，以转换申请日的基金份额净值为基础计算转换基金份额数量。

需要注意的是，由于基金的申购和赎回费率不同，当转入基金的申购费率高于转出基金的申购费率时，就存在费用差额。这种情况下，一般应在转换时补齐。另外，基金份额的转换常常还会收取一定的转换费用。但总体来说，由于基金份额的转换不需要先赎回已持有的基金再购买另一基金，因此综合费用较低。

（二）开放式基金的非交易过户

开放式基金的非交易过户是指不采用申购、赎回等基金交易方式，将一定数量的基金份额按照一定规则从某一投资者基金账户转移到另一投资者基金账户的行为。开放式基金非交易过户的方式有继承、司法强制执行等。接受划转的主体必须是合格的个人投资者或者机构投资者。

（三）基金份额的转托管

基金持有人可以办理其基金份额在不同销售机构的转托管手续。转托管在转出方进行申报，基金份额转托管一次完成。一般情况下，投资者于T日转托管基金份额成功后，转托管份额于T+1日到达转入方网点，投资者可于T+2日起赎回该部分基金份额。

（四）基金份额的冻结

基金注册登记机构只受理国家有权机关依法要求的基金账户或基金份额的冻结与解冻。基金账户或基金份额被冻结的，被冻结部分产生的权益（包括现金分红和红利再投资）一并冻结。

四、开放式基金申购份额和赎回金额的计算（★★）

（一）申购费用及申购份额的计算

申购费用与申购份额的计算公式如下：

$$净申购金额 = \frac{申购金额}{1+申购费率}$$

$$申购费用 = 申购金额 - 净申购金额$$

$$申购份额 = \frac{净申购金额}{申购当日基金份额净值}$$

当申购费用为固定金额时,申购份额的计算方法如下:

$$净申购金额 = 申购金额 - 申购费用(固定金额)$$

$$申购份额 = \frac{净申购金额}{T日基金份额净值}$$

关于小数点的问题,一般规定基金份额份数以四舍五入的方法保留小数点后两位以上,由此产生误差的损失由基金资产承担,产生的收益归基金资产所有,但不同的基金招募说明书中规定不同,有些也采用基金份额小数点两位以后部分舍去的方式。

(二)赎回金额的计算

赎回金额的计算公式如下:

$$赎回金额 = 赎回总额 - 赎回费用$$

$$赎回总额 = 赎回数量 \times 赎回日基金份额净值$$

$$赎回费用 = 赎回总额 \times 赎回费率$$

赎回费率一般按持有时间的长短分级设置。持有时间越长,适用的赎回费率越低。

实行后端收费模式的基金,还应扣除后端认购/申购费,才是投资最终得到的赎回金额,即:

$$赎回金额 = 赎回总额 - 赎回费用 - 后端收费金额$$

五、开放式基金巨额赎回的认定和处理(★★)

1.巨额赎回的认定

巨额赎回是指单个开放日基金净赎回申请超过基金总份额的10%。单个开放日的净赎回申请是指该基金的赎回申请加上基金转换中该基金的转出申请之和,扣除当日发生的该基金申购申请及基金转换中该基金的转入申请之和后得到的余额。即:

$$单个开放日的净赎回申请 = (某基金的赎回申请 + 基金转换中该基金的转出申请) -$$
$$(基金申购申请 + 基金转换中该基金的转入申请)$$

2.巨额赎回的处理

当出现巨额赎回时,基金管理人可以根据基金当时的资产组合状况决定采用接受全额赎回或者部分延期赎回两种方式中的一种。

(1)接受全部赎回。

当基金管理人认为有能力兑付投资者的全部赎回申请时,按正常的赎回程序执行。

（2）部分延期赎回。

当基金管理人认为兑付投资者的赎回申请有困难，或者认为兑付投资者的赎回申请进行的资产变现可能导致基金份额净值发生较大波动时，基金管理人可以在当日以不低于上一日基金总份额10%的比例接受赎回，对其余赎回申请延期办理。在处理单个基金份额持有人的赎回申请时，基金管理人应当按照其申请赎回份额占申请赎回总份额的比例确定其当日办理的赎回份额。除投资者在提交赎回申请时选择将当日未受理部分予以撤销外，未受理部分延迟至下一开放日办理。转入下一开放日的赎回申请不享有赎回优先权，并将以下一个开放日的基金份额净值为基础计算赎回金额。以此类推，直到全部赎回为止。

当发生巨额赎回及部分延期赎回时，基金管理人应立即向中国证监会备案，并应在3个工作日内至少选择一种信息披露媒体（由中国证监会指定）进行公告，并说明有关处理方法。

基金连续2个开放日以上发生巨额赎回，如果基金管理人认为有必要，可暂停接受赎回申请；已经接受的赎回申请可以延缓支付赎回款项，但不得超过正常支付时间20个工作日，并应当至少选择一种信息披露媒体（由中国证监会指定）进行公告。

六、不同产品的交易方式与流程（★★）

（一）封闭式基金的交易方式与流程

封闭式基金的交易方式与流程如表6-13所示：

表6-13　封闭式基金的交易方式与流程

上市交易条件		（1）基金的募集符合《证券投资基金法》的规定
		（2）基金合同期限为5年以上
		（3）基金募集金额不低于2亿元人民币
		（4）基金份额持有人不少于1 000人
		（5）基金份额上市交易规则规定的其他条件
交易规则	账户开立	必须开立沪、深证券账户或沪、深基金账户及资金账户（基金账户只能用于基金、国债及其他债券的认购与交易）
	交易时间	每周一至周五9:30—11:30和13:00—15:00（法定节假日除外）
	交易原则	价格优先原则：较高价格买进申报优先于较低价格买进申报；较低价格卖出申报优先于较高价格卖出申报
		时间优先原则：买卖方向、价格相同的，先申报者优先于后申报者；先后顺序按交易主机接受申报的时间确定
	报价单位	基金的申报价格最小变动单位为0.001元人民币
		买入与卖出封闭式基金份额，申报数量应当为100份或其整数倍；基金单笔最大数量应当低于100万份

表6-13（续）

交易规则	交割	二级市场交易份额和股份的交割：T+0日
		二级市场资金的交割：T+1日
	涨跌幅	实行涨跌幅限制，比例为10%（基金上市首日除外）
交易费用		佣金不得高于成交金额的0.3%，起点5元
		交易不收取印花税
折（溢）价率		$$折（溢）价率 = \frac{二级市场价格 - 基金份额净值}{基金份额净值} \times 100\%$$ $$= \left(\frac{二级市场价格}{基金份额净值} - 1\right) \times 100\%$$

（二）LOF的交易方式与流程

LOF的交易方式与流程如表6-14所示：

表6-14　LOF的交易方式与流程

上市交易规则		（1）买入LOF申报数量应当为100份或其整数倍，申报价格最小变动单位是0.001元人民币
		（2）深圳证券交易所对LOF交易实行价格涨跌幅限制，涨跌幅比例为10%，自上市首日起执行
		（3）投资者T日卖出基金份额后的资金T+1日即可到账（T日也可做回转交易），而赎回资金至少T+2日到账
申购和赎回	渠道	注册登记在中国证券登记结算有限责任公司的开放式基金登记结算系统（TA系统）内的基金份额：通过基金管理人及其代销机构在场外办理LOF的申购和赎回
		登记在中国证券登记结算有限责任公司的证券登记系统内的基金份额：通过具有基金代销业务资格且符合风险控制要求的深圳证券交易所会员单位在场内办理申购和赎回
	交易原则	"金额申购、份额赎回"原则：场内申购申报单位为1元人民币，赎回申报单位为1份基金份额；场外申购和赎回申报单位由基金管理人在基金招募说明书中载明
	交易期限	T日在深圳证券交易所所申购的基金份额，自T+1日开始可在深圳证券交易所卖出或赎回；T日买入的基金份额，T+1日可在深圳证券交易所卖出或赎回
转托管		系统内转托管：场内到场内或场外到场外
		跨系统转托管：场外到场内或场内到场外。处于下列情形之一的LOF份额不得办理跨系统转托管：①处于质押、冻结状态的LOF份额；②分红派息前R-2日至R日（R日为权益登记日）的LOF份额

（三）ETF的上市交易特点

ETF的上市交易特点如表6-15所示：

表6-15　ETF的上市交易特点

ETF份额折算	时间	建仓期不超过3个月；建仓后，基金管理人选定一个日期作为基金份额折算日，以标的指数1‰（或1%）作为份额净值，对原来的基金份额进行折算，基金登记结算机构进行份额变更登记
	登记	由基金管理人办理
	原则	持有人持有的基金份额占基金份额总额的比例不发生变化，基金份额折算对基金份额持有人的收益无实质性影响
	折算方法	假如某ETF基金管理人确定了基金份额折算日（T日），T日收市后，基金管理人计算当日的基金资产净值X和基金份额总额Y T日标的指数收盘值为I，若以标的指数的1‰作为基金份额净值进行基金份额的折算，则T日的目标基金份额净值为I/1 000，基金份额折算比例的计算公式： 折算比例=（X/Y）/（I/1 000） （以四舍五入的方法保留小数点后8位） 折算后的份额＝原持有份额×折算比例
上市交易原则		（1）基金上市首日的开盘参考价为前一工作日基金份额净值 （2）基金实行价格涨跌幅限制，涨跌幅比例为10%，自上市首日起实行 （3）基金买入申报数量为100份或其整数倍，不足100份的部分可以卖出 （4）基金申报价格最小变动单位为0.001元
申购和赎回	场所	在参与券商办理基金申购、赎回业务的营业场所或参与券商提供的其他方式
	时间	开始时间：自基金合同生效日后不超过3个月的时间起开始办理赎回 交易时间：周一至周五的9:30—11:30和13:00—15:00（除此时间之外不办理基金份额的申购和赎回）
	数额限制	最小申购、赎回单位一般为50万份或100万份
	原则	（1）采取份额申购、份额赎回方式 （2）申购和赎回的对价包括组合证券、现金替代、现金差额及其他对价 （3）申请提交后不得撤销
	程序	（1）提出 （2）确认与通知 （3）清算交收与登记：登记结算机构在T日收市后为投资者办理基金份额与组合证券的清算交收以及现金替代等的清算；在T+1日办理现金替代等的交收以及现金差额的清算；在T+2日办理现金差额的交收
	对价及费用	场内申购和赎回：应交付的组合证券、现金替代、现金差额及其他对价 场外申购和赎回：应交付现金对价 参与券商赎回按0.5%收取佣金

表6-15（续）

申购清单和赎回清单	清单内容	T日申购清单和赎回清单公告内容包括最小申购和赎回单位所对应的组合证券内各成分证券数据、现金替代、T日预估现金部分、T-1日现金差额、基金份额净值及其他相关内容
	组合证券相关内容	申购清单和赎回清单将公告最小申购和赎回单位所对应的各成分证券名称、证券代码及数量
	现金替代相关内容	（1）禁止现金替代 （2）可以现金替代：替代金额=替代证券数量×该证券最新价格×(1+现金替代溢价比例) （3）必须现金替代：固定替代金额=申购清单和赎回清单中该证券的数量×该证券经除权调整的T-1日收盘价 （4）预估现金部分相关内容。T日预估现金部分=T-1日最小申购和赎回单位的基金资产净值-(申购清单和赎回清单中必须用现金替代的固定替代金额+申购清单和赎回清单中可以用现金替代成分证券的数量与T日预计开盘价相乘之和+申购清单和赎回清单中禁止用现金替代成分证券的数量与T日预计开盘价相乘之和) （5）现金差额相关内容。T日现金差额=T日最小申购和赎回单位的基金资产净值-(申购清单和赎回清单中必须用现金替代的固定替代金额+申购清单和赎回清单中可以用现金替代成分证券的数量与T日收盘价相乘之和+申购清单和赎回清单中禁止用现金替代成分证券的数量与T日收盘价相乘之和)
暂停申购和赎回的情形		（1）不可抗力导致基金无法接受申购和赎回 （2）证券交易所决定临时停市，导致基金管理人无法计算当日基金资产净值 （3）证券交易所、申购和赎回参与券商、登记结算机构因异常情况无法办理申购和赎回 （4）法律法规规定或经中国证监会批准的其他情形

中公锦囊

LOF与ETF的区别如表6-16所示：

表6-16　LOF与ETF的区别

项目	LOF	ETF
申购和赎回的标的不同	基金份额与现金的对价	基金份额与一篮子股票
申购和赎回的场所不同	代销网点或交易所	交易所
对申购和赎回的限制不同	无特别要求	资金在一定规模以上的投资者（基金份额通常在50万份以上）
二级市场的净值报价	每1天只提供1次或几次基金净值报价	每15秒提供一个基金参考净值报价
基金投资策略不同	指数型基金/主动管理型基金	指数基金，采用完全被动式管理方法

（四）QDII基金的交易方式与流程

QDII基金的交易方式与流程如表6-17所示：

表6-17　QDII基金的交易方式与流程

申购和赎回	渠道	通过基金管理人的直销中心及代销机构的网站
	开放时间	周一至周五的9:30—11:30和13:00—15:00
	原则	与一般开放式基金相同
	程序	与一般开放式基金相同
	币种	人民币或其他币种（接受其他币种的申购和赎回需合法并提前公告）
	登记	基金管理人在T+2日内确认申请的有效性 投资人在T日提交有效申请，T+3日应到销售网点柜台或以销售机构规定的其他方式查询申请的确认情况 赎回申请成功后，基金管理人在T+10日（包括该日）内支付赎回款项 发生巨额赎回时，款项的支付办法按基金合同有关规定处理

QDII基金主要投资于海外市场，拒绝或暂停申购的情形与一般开放式基金不同，如基金规模不可超出中国证监会、国家外汇管理局核准的境外证券投资额度等。

（五）分级基金的交易方式与流程

分级基金的交易方式与流程如表6-18所示：

表6-18　分级基金的交易方式与流程

上市交易		分开募集的分级基金：分别以子代码进行募集，基金成立后，向深圳证券交易所提交上市申请，仅以子代码上市交易，母基金既不上市也不申购、赎回
		合并募集的分级基金：子份额上市交易，基础份额仅进行申购和赎回，不上市交易
申购和赎回	开放式分级基金	场内和场外两种方式
	单笔认购/申购下限	合并募集的分级基金，单笔认购/申购金额不得低于5万元； 分开募集的分级基金，B类份额单笔认购/申购金额不得低于5万元
跨系统转托管		登记在基金注册登记系统的基金份额，只能申请赎回，不能直接在证券交易所卖出 登记在证券登记结算系统中的基金份额，可以在证券交易所卖出

考点3　基金的登记

一、开放式基金份额登记的概念（★★）

开放式基金份额的登记，是指基金注册登记机构以设立和维护基金份额持有人名册的方式,确认基金份额持有人持有基金份额的事实的行为。由于基金份额登记具有确定和变更基金份额持有人及其权利的法律效力,因此基金份额登记是保障基金份额持有人合法权益的重要环节。

二、我国开放式基金注册登记体系的模式(★)

开放式基金的登记业务可以由基金管理人办理,也可以委托中国证监会认定的其他机构办理。我国开放式基金注册登记体系的模式有以下几类:

(1)基金管理人自建注册登记系统的"内置"模式。

(2)委托中国证券登记结算有限责任公司作为注册登记机构的"外置"模式。

(3)以上两种情况兼有的"混合"模式。

三、登记机构职责(★★★)

根据《证券投资基金法》的规定,基金注册登记机构的主要职责有以下几项:

(1)建立并管理投资者基金份额账户。

(2)负责基金份额登记,确认基金交易。

(3)发放红利。

(4)建立并保管基金投资者名册。

(5)基金合同或者登记代理协议规定的其他职责。

四、登记业务流程(★★★)

(一)基金份额登记流程

实际上,基金份额登记的过程就是基金注册登记机构通过基金注册登记系统对基金投资者所投资基金份额及其变动的确认、记账的过程。与基金的申购和赎回过程相同,基金份额登记流程具体如下:

T日,投资者的申购和赎回,申请信息通过代销机构网点传送至代销机构总部,由代销机构总部将本代销机构的申购和赎回申请信息汇总后统一传送至注册登记机构。

T+1日,注册登记机构根据T日各代销机构的申购和赎回申请数据及T日的基金份额净值统一进行确认处理,并将确认的基金份额登记至投资者的账户,然后将确认后的申购和赎回数据信息下发至各代销机构,各代销机构再下发至各所属网点。同时,注册登记机构将登记数据发送至基金托管人。至此,注册登记机构完成对基金份额持有人的基金份额登记。如果投资者提交的信息不符合注册登记的有关规定,最后的确认信息将是投资者申购和赎回失败。

不同的基金品种份额登记时间可能不同。一般基金是T+1日登记,而QDII基金通常是T+2日登记。

基金份额登记流程如图6-1所示:

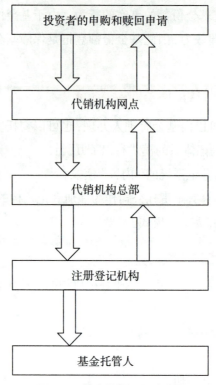

图6-1 基金份额登记流程图

（二）申购和赎回的资金结算

申购和赎回的资金结算分为两个环节:清算和交收。清算是指基金当事各方按照确定的规则计算出各方应收应付资金数额的活动。交收是指基金当事各方根据确定的清算结果进行资金的收付,继而完成整个交易过程。

注册登记机构根据确认的投资者申购和赎回数据信息进行基金份额申购和赎回的资金清算。根据清算结果,投资者的申购资金将会从投资者的资金账户转移至基金在托管银行开立的银行存款账户;投资者的赎回资金将会从基金的银行存款账户转移至投资者的资金账户。

资金交收流程如图6-2所示:

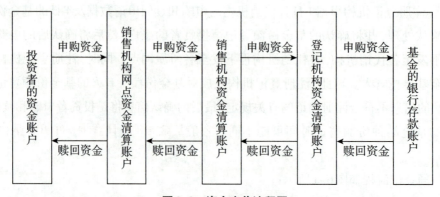

图6-2 资金交收流程图

　　根据有关法规的规定,基金管理人应当自收到投资者的申购(认购)、赎回申请之日起3个工作日内,对该申购(认购)、赎回申请的有效性进行确认。因为基金申购和赎回的资金清算依据注册登记机构的确认数据进行,对基金管理人的这种规定是为了保护基金投资人的利益。

　　目前,我国境内基金申购款一般能在T+2日内到达基金的银行存款账户,赎回款一般于T+3日内从基金的银行存款账户划出。货币市场基金的赎回资金划付比一般基金更快,一般T+1日即可从基金的银行存款账户划出,最快可在划出当天到达投资者资金账户。

本章同步自测

1.基金募集的程序不包括(　　)。

A.申请　　　　　　　　　　　　B.注册

C.认购　　　　　　　　　　　　D.发售

2.对于管理复杂产品或者创新产品的基金管理人,中国证监会要求基金管理人补充提交的文件不包括(　　)。

A.会计师事务所出具的审计报告

B.证券交易所和证券登记结算机构的授权函

C.投资者适当性安排

D.主要业务环节的制度安排

3.基金的募集期限自基金份额发售之日起计算,募集期限一般不得超过(　　)个月。

A.2　　　　　　　　　　　　　　B.3

C.4　　　　　　　　　　　　　　D.5

4.下列说法错误的是(　　)。

A.开放式基金的申购是指投资者在开放式基金合同生效后,申请购买基金份额的行为

B.开放式基金的赎回是指基金份额持有人要求基金管理人购回所持有的开放式基金份额的行为

C.开放式基金合同生效后,可以在基金合同和招募说明书规定的期限内不办理赎回,但该期限最长不超过2个月

D.封闭期结束后,开放式基金将进入日常申购、赎回期

5.开放式基金的申购和赎回原则不包括(　　)。

A.未知价交易原则　　　　　　　　B.金额申购、份额赎回原则

C.确定价原则　　　　　　　　　　D.价格优先原则

6.下列说法错误的是（　　）。

A.开放式基金份额的登记是指基金注册登记机构以设立和维护基金份额持有人名册的方式,确认基金份额持有人持有基金份额的事实的行为

B.基金份额登记不具有确定和变更基金份额持有人及其权利的法律效力

C.基金份额登记是保障基金份额持有人合法权益的重要环节

D.开放式基金的登记业务可以由基金管理人办理,也可以委托中国证监会认定的其他机构办理

7.基金注册登记机构的主要职责不包括（　　）。

A.办理基金备案手续

B.发放红利

C.负责基金份额登记,确认基金交易

D.建立并管理投资者基金份额账户

参考答案及解析 >>>>>

1.【答案】C。解析:本题旨在考查基金募集的程序。基金募集的程序包括申请、注册、发售、基金合同生效四个程序,不包括认购。

2.【答案】A。解析:本题旨在考查基金募集的申请。对于管理复杂产品或者创新产品的基金管理人,中国证监会需要根据基金的特征和风险,要求基金管理人补充提交证券交易所和证券登记结算机构的授权函、投资者适当性安排、技术准备情况和主要业务环节的制度安排等文件。

3.【答案】B。解析:本题旨在考查基金份额的发售。基金的募集期限自基金份额发售之日起计算,募集期限一般不得超过3个月。

4.【答案】C。解析:本题旨在考查开放式基金的含义。开放式基金的基金合同生效后,可有一段短暂的封闭期。根据《公开募集证券投资基金运作管理办法》的规定,开放式基金合同生效后,可以在基金合同和招募说明书规定的期限内不办理赎回,但该期限最长不超过3个月,C项表述错误。故本题选C。

5.【答案】D。解析:本题旨在考查开放式基金的申购和赎回原则。股票基金、债券基金的申购与赎回原则有未知价交易原则和金额申购、份额赎回原则;货币市场基金的申购和赎回原则包括确定价原则和金额申购、份额赎回原则。

6.【答案】B。解析:本题旨在考查开放式基金份额的登记。开放式基金份额的登记,是指基金注册登记机构以设立和维护基金份额持有人名册的方式,确认基金份额持有人持有基金份额的事实的行为,A项表述正确。由于基金份额登记具有确定和变更基金份额持有人及其权利的法律效力,因此基金份额登记是保障基金份额持有人合法权益的重要环节,B项表述错误,C项表述正确。根据《证券投资基金法》的规定,开放式基金的登记业务可以由基金

管理人办理,也可以委托中国证监会认定的其他机构办理,D项表述正确。故本题选B。

7.【答案】A。解析:本题旨在考查基金注册登记机构的主要职责。根据《证券投资基金法》的规定,基金注册登记机构的主要职责有以下几项:①建立并管理投资者基金份额账户,D项表述正确;②负责基金份额登记,确认基金交易,C项表述正确;③发放红利,B项表述正确;④建立并保管基金投资者名册;⑤基金合同或者登记代理协议规定的其他职责。办理基金备案手续是公开募集基金的基金管理人应当履行的职责。

第七章　基金的信息披露

第七章	考点	考查角度
基金的信息披露	基金信息披露概述	基金信息披露的含义、作用、原则和制度体系
		基金信息披露的内容、禁止行为
		XBRL在基金信息披露中的应用
	基金主要当事人的信息披露义务	基金管理人、基金托管人以及基金份额持有人的信息披露义务
	基金募集信息披露	基金合同、基金招募说明书、基金托管协议
	基金运作信息披露	基金净值公告、基金定期公告、基金上市交易公告书、基金临时信息披露
	特殊基金品种的信息披露	QDII基金的信息披露、ETF的信息披露

考点精讲

考点1　基金信息披露概述

一、基金信息披露的作用与原则（★★★）

（一）基金信息披露的含义与作用

1.基金信息披露的含义

基金信息披露是指依照法律法规的规定,基金市场上的有关当事人在基金募集、上市交易、投资运作等一系列环节中向社会公众进行信息披露的行为。

2.基金信息披露的作用

基金信息披露具有强制性,有利于保障基金市场参与者的知情权及其合法利益,提升基金市场主体参与基金市场运作的积极性,促进基金市场的完善与发展。其作用包括以下几项:

（1）有利于投资者的价值判断。

在基金份额的募集过程中,募集信息披露文件应向公众投资者说明基金产品的风险收益特征及有关募集安排,以便投资者根据自己的风险偏好和收益预期选择基金产品。在基金运作的过程中,基金投资组合、历史业绩和风险状况等信息的充分披露,可以使现有持有人评价基金经理的管理水平,了解基金投资与基金合同的承诺是否相符,继而做出与其资产状况、风险收益特征相匹配的投资决策。与此同时,潜在投资者也可以根据自己的风险偏好和收益预期对基金价值进行理性分析,进而进行投资选择。

（2）有利于防止利益冲突与利益输送。

资本市场的基础是信息披露,而对证券市场监管的主要内容之一就是对基金信息披露行为的监督管理。投资者规模庞大,但是其能获得的信息通常会受限。强制性基金信息披露能改变投资者的信息弱势地位,充分发挥社会公众对基金市场的监管,增加资本市场的透明度,增加对基金运作的公众监督,防止利益冲突与利益输送。

（3）有利于提高证券市场的效率。

证券市场信息的不对称致使投资者无法对基金进行有效甄别,也无法有效克服基金管理人的道德风险,导致高效率的基金无法吸引足够的资金,阻碍基金资产的合理配置。强制性信息披露能使信息及时、充分地公开,从而解决投资者逆向选择和基金管理人的道德风险等问题带来的低效无序状况,提高证券市场的效率。

（4）能有效防止信息滥用。

如果基金市场上的信息是不真实甚至会损害投资者利益的,那么市场将会陷入混乱。对基金信息披露进行规范,阻断不充分、不及时、虚假信息的传播,有效防止信息滥用,投资者便不会被市场上的各种猜测影响,从而保证投资者做出正确的投资决策。

（二）基金信息披露的原则

1.披露内容方面应遵循的基本原则

（1）真实性原则。

真实性原则要求披露的信息应当以客观事实为基础,反映基金的真实情况。真实性原则是基金信息披露最根本、最重要的原则。

（2）准确性原则。

准确性原则要求披露的信息应当表达清晰、内容准确,不得采用使投资者误解的语句,不得使用模棱两可的语言。

（3）完整性原则。

完整性原则要求披露的信息应当充分完整,不得隐瞒理应公开的信息。披露的信息不仅要包括对信息披露义务人有利的信息,更要包括对信息披露义务人不利的各种风险因素。另外,并非所有信息都必须公开,如内幕信息等,否则会导致基金市场的混乱、瘫痪。

（4）及时性原则。

及时性原则要求披露的信息应当在处于最新状态的时间点,以最快的速度公开,体现为基金管理人应在法定期限内披露基金招募说明书、定期报告等文件,在重大事件发生之日起

2日内披露临时报告。同时,基金管理人应当定期更新招募说明书。

（5）公平性原则。

公平性原则要求披露的信息要面向市场的所有投资者,能为所有投资者所用,而非仅仅面向特定的机构和个人。

2.披露形式方面应遵循的基本原则

（1）规范性原则。

规范性原则要求基金信息必须按照法定的内容和格式进行披露,以保证披露的各基金信息之间的可比性。

（2）易解性原则。

易解性原则要求披露的信息表述简明扼要、通俗易懂,避免使用冗长的技术性用语。

（3）易得性原则。

易得性原则要求披露的信息需方便为公众投资者所获得。例如,我国目前基金信息披露采取多种方式,包括通过中国证监会指定报刊、基金管理人网站披露信息,将信息披露文件置于特定场所供投资者查阅或复制,直接邮寄给基金份额持有人等。

（三）我国的基金信息披露制度体系

我国的基金信息披露制度体系可分为国家法律、部门规章、规范性文件与自律性规则四个层次。其中,国家法律包括《证券投资基金法》;部分规章包括《证券投资基金信息披露管理办法》;规范性文件包括《证券投资基金信息披露内容与格式准则》《证券投资基金信息披露编报规则》《证券投资基金信息披露XBRL模板》;自律性规则包括证券交易所业务规则、证券交易所ETF业务实施细则、证券交易所LOF业务规则与业务指引。

真题链接

【2015年】基金管理人应当在法定期限内披露基金更新的招募说明书、定期报告等文件,在重大事件发生之日起2日内披露临时报告,这体现了基金信息披露的（　　）原则。

A.真实性　　　　　　　　　　　　B.时效性

C.准确性　　　　　　　　　　　　D.及时性

【答案】D。解析:基金信息披露的原则如下:①在披露内容上,要求遵循真实性原则、准确性原则、完整性原则、及时性原则和公平性原则;②在披露形式上,要求遵循规范性原则、易解性原则和易得性原则。其中,及时性原则要求披露的信息应当在处于最新状态的时间点,以最快的速度公开,体现为基金管理人应在法定期限内披露基金招募说明书、定期报告等文件,在重大事件发生之日起2日内披露临时报告。

二、基金信息披露的内容和禁止行为（★★★）

1.基金信息披露的内容

基金信息披露的内容包括以下方面：

（1）基金招募说明书。

（2）基金合同。

（3）基金托管协议。

（4）基金份额发售公告。

（5）基金募集情况。

（6）基金合同生效公告。

（7）基金份额上市交易公告书。

（8）基金资产净值、基金份额净值。

（9）基金份额申购、赎回价格。

（10）基金定期报告，包括基金年度报告、基金半年度报告和基金季度报告。

（11）临时报告。

（12）基金份额持有人大会决议。

（13）基金管理人、基金托管人的基金托管部门的重大人事变动。

（14）涉及基金管理人、基金财产、基金托管业务的诉讼。

（15）澄清公告。

（16）中国证监会规定的其他信息。

2.基金信息披露的禁止行为

法律法规对于借公开披露基金信息为名编制、传播虚假基金信息，恶意进行信息误导，诋毁同行或竞争对手等行为做出了禁止性规定。其主要有以下情形：

（1）虚假记载、误导性陈述或者重大遗漏。虚假记载是指信息披露义务人将不存在的事实在基金信息披露文件中予以记载的行为；误导性陈述是指使投资者对基金投资行为发生错误判断并产生重大影响的陈述；重大遗漏是指披露中存在应披露而未披露的信息，以至于影响投资者做出正确决策。以上三类行为会扰乱市场正常秩序，侵害投资者合法权益，属于严重的违法行为。

（2）对证券投资业绩进行预测。

（3）违规承诺收益或者承担损失。管理人可以受托管理基金资产，托管人可以受托保管基金资产，但没有人可以替代投资者承担基金投资的盈亏。对于基金信息披露义务人而言，他没有承诺收益的能力，也不存在承担损失的可能。

（4）诋毁其他基金管理人、基金托管人或者基金销售机构。

（5）登载任何自然人、法人或者其他组织的祝贺性、恭维性或推荐性的文字。

（6）中国证监会禁止的其他行为。

三、XBRL在基金信息披露中的应用（★）

1.XBRL简介

XBRL（extensible business reporting language，可扩展商业报告语言）是国际上将会计准则与计算机语言相结合，用于非结构化数据，尤其是财务信息交换的最新公认标准和技术，具有一次录入、多次使用的特点。

2.信息披露中应用XBRL的概况

XBRL自1998年诞生以来，已获得迅速发展。XBRL增加了公司财务报告披露的透明度，同时极大地提高了财务报告信息处理的效率和能力。以金融行业为例，目前国际上各证券监管机构、交易所、会计师事务所和金融服务与信息供应商等机构已采用或准备采用该项标准和技术。

3.基金信息披露应用XBRL的意义

XBRL的作用很广泛，企业的各种信息，特别是财务信息，都可以通过XBRL在计算机互联网上有效地进行处理。将XBRL应用于基金信息披露的意义表现在以下几个方面：

（1）在信息披露文件的编制阶段，XBRL降低了信息供给成本，能帮助基金管理人及进行财务信息复核的托管人梳理内部信息系统和相关业务流程，实现流程再造，促进业务效率和内部控制水平的全面提高。

（2）在基金分析评价过程中，XBRL有益于基金评价机构以更低的成本和更便捷的方式获得高质量的公开信息。

（3）在投资决策阶段，XBRL增加了财务信息的可比性，有利于投资者利用得到的高质量的有用的信息深入全面地分析所要投资的基金，帮助其做出合理的投资决策。

（4）在基金监管方面，XBRL能为基金监管部门提供大量透明的信息，可以增加数据分析的深度和广度，提高监管的效率和水平。

考点2　基金主要当事人的信息披露义务

一、基金管理人信息披露义务（★★）

基金管理人主要负责办理与基金财产管理业务活动有关的信息披露事项，具体涉及基金募集、上市交易、投资运作、净值披露等各环节。基金管理人信息披露义务的主要内容体现在以下几个方面。

（一）基金募集信息披露

（1）基金管理人募集基金的，应向中国证监会提交基金合同草案、托管协议草案、招募说明书草案等募集申请材料。在基金份额发售的3日前，将招募说明书、基金合同摘要登载在中国证监会指定的全国性报刊（以下简称指定报刊）和管理人网站上；同时，将基金合同、托管协议登载在管理人网站上，并就基金份额发售的具体事宜编制基金份额发售公告，并在披露招募说明书的当日登载于指定报刊和管理人网站上。

（2）在基金合同生效的次日，基金管理人应当在指定报刊和管理人网站上登载基金合同生效公告。

（3）开放式基金合同生效后每6个月结束之日起45日内，基金管理人应将更新的招募说明书登载在管理人网站上，且将更新的招募说明书摘要登载在指定报刊上；在公告的15日前，应向中国证监会报送更新的招募说明书，并就更新内容提供书面说明。

（二）基金运作信息披露

（1）基金拟在证券交易所上市的，基金管理人应向交易所提交上市交易公告书等上市申请材料。基金获准上市的，应在上市日前3个工作日，将基金份额上市交易公告书登载在指定报刊和管理人网站上。ETF上市交易后，其管理人应在每日开市前向证券交易所和证券登记结算公司提供申购、赎回清单，并在指定的信息发布渠道上公告。

（2）对于封闭式基金，基金管理人应当至少每周公告一次封闭式基金的资产净值和份额净值。而对于开放式基金，基金合同生效后，在开始办理基金份额申购或者赎回前，基金管理人应当至少每周公告一次基金资产净值和基金份额净值；开放申购赎回后，基金管理人应当在开放式基金每个开放日的次日，通过网站、基金份额发售网点以及其他媒介，披露开放日的基金份额净值和基金份额累计净值。如果恰逢半年末或年末，还应披露半年度和年度最后一个市场交易日的基金资产净值、份额净值和份额累计净值。

（3）基金管理人应当在每年结束之日起90日内，编制完成基金年度报告，并将年度报告正文登载于管理网站上，且将年度报告摘要登载在指定报刊上。在上半年结束之日起60内，编制完成基金半年度报告，并将半年度报告全文登载在管理人网站上，且将半年度报告摘要登载在指定报刊上。在每个季度结束之日起15个工作日内，编制完成基金季度报告，并将季度报告登载在指定报刊和管理网站上。上述基金定期报告应当在公开披露的第2个工作日，分别报中国证监会及地方证监局基金上市的证券交易所备案。而基金合同生效不足2个月的，基金管理人可以不编制当期季度报告、半年度报告或者年度报告。

（三）基金临时信息披露

（1）基金发生重大事件，基金管理人应当在2日内编制临时报告书，予以公告，并在公开披露日分别报中国证监会及地方证监局备案。其中，重大事件是指可能对基金份额持有人权益或者基金份额的价格产生重大影响的事件，如基金份额持有人大会的召开、提前终止基金合同、基金扩募、延长基金合同期限、转换基金的运作方式等。封闭式基金还应在披露临时报告前，报基金上市的证券交易所审核。

（2）基金管理人召开基金份额持有人大会的，召集人应当至少提前30日公告基金份额持有人大会的召开时间、会议形式、审议事项、议事程序和表决方式等事项。会议召开后,应将持有人大会决定的事项报中国证监会核准或备案,并予以公告。基金份额持有人依法自行召集持有人大会,基金管理人对基金份额持有人大会决定的事项不依法履行信息披露义务的,召集人应当履行相关信息披露义务。

（3）在基金合同期限内,任何公共媒体中出现的或者在市场上流传的消息可能对基金价格产生误导性影响或者引起较大波动的,相关信息披露义务人知悉后应当立即对该消息进行公开澄清,并将有关情况立即报告中国证监会及基金上市交易的证券交易所。

（4）基金管理人职责终止时,应聘请会计师事务所对基金财产进行审计,并将审计结果予以公告,同时报中国证监会备案。

另外,基金管理人运用固有资金进行基金投资时也需要履行相关披露义务,包括以下两项:①认购基金份额的,在基金合同生效公告中载明所认购的基金份额、认购日期、适用费率等情况;②申购、赎回或者买卖基金份额的,在基金季度报告中载明申购、赎回或者买卖基金的日期、金额、适用费率等情况。

在披露信息时,基金管理人应当使信息符合中国证监会相关基金信息披露内容与格式准则的规定;特定基金信息披露事项和特殊基金品种的信息披露,应当符合中国证监会相关编报规则的规定。基金管理人应当建立健全信息披露管理制度,明确信息披露的目的、原则、方式、内容、程序等事项,并指定专人负责管理基金信息披露事务。

真题链接

【2018年】基金信息披露义务人应当在重大事件发生之日起（   ）日内编制并披露临时报告书。

A.2   B.3

C.5   D.7

【答案】A。解析:根据《证券投资基金信息披露管理办法》第二十三条的规定,基金发生重大事件,有关信息披露义务人应当在2日内编制临时报告书,予以公告,并在公开披露日分别报中国证监会和基金管理人主要办公场所所在地中国证监会派出机构备案。

二、基金托管人信息披露义务（★★）

基金托管人主要负责办理与基金托管业务活动有关的信息披露事项,具体涉及基金资产保管、代理清算交割、会计核算、净值复核、投资运作监督等环节。基金托管人信息披露义务的主要内容体现在以下几个方面。

（一）基金募集信息披露

基金募集申请经中国证监会核准后,在基金份额发售的3日前,基金托管人应当将基金合同、托管协议登载在托管人网站上。

（二）基金运作信息披露

（1）基金托管人应当按照相关法律、行政法规、中国证监会的规定和基金合同的约定，对基金管理人编制的基金资产净值、基金份额净值、基金份额申购赎回价格、基金定期报告和定期更新的招募说明书等公开披露的相关基金信息进行复核、审查，并向基金管理人出具书面文件或者盖章确认。

（2）基金托管人应当在基金半年度报告及年度报告中出具托管人报告，对报告期内托管人是否尽职尽责履行义务以及管理人是否遵规守约等情况做出声明。

（三）基金临时信息披露

（1）当基金发生涉及托管人及托管业务的重大事件时，托管人应当在事件发生之日起2日内编制并披露临时公告书，并报中国证监会及地方证监局备案。上述重大事件包括基金托管人的专门基金托管部门的负责人发生变动，基金托管部门的主要业务人员在1年内变动超过30%，托管人召集基金份额持有人大会，托管人的法定名称或住所发生变更，发生涉及托管业务的诉讼，托管人受到监管部门的调查或托管人及其托管部门的负责人受到严重行政处罚等。

（2）基金托管人召集基金份额持有人大会的，应至少提前30日公告大会的召开时间、会议形式、审议事项、议事程序和表决方式等事项。会议召开后，应将持有人大会决定的事项报中国证监会核准或备案，并予公告。基金份额持有人依法自行召集持有人大会，基金托管人对基金份额持有人大会决定的事项不依法履行信息披露义务的，召集人应当履行相关信息披露义务。

（3）基金托管人职责终止时，应聘请会计师事务所对基金财产进行审计，并将审计结果予以公告，同时报中国证监会备案。

基金托管人应当建立健全信息披露管理制度，指定专人负责管理基金信息披露事务。

三、基金份额持有人的信息披露义务

基金份额持有人的信息披露义务主要是与基金份额持有人大会相关的披露义务。

当代表基金份额10%以上的基金份额持有人就同一事项要求召开持有人大会，而基金份额持有人大会的日常机构、基金管理人和托管人都不召集的时候，代表基金份额10%以上的持有人有权自行召集，并报中国证监会备案。该类持有人应至少提前30日公告持有人大会的召开时间、会议形式、审议事项、议事程序和表决方式等事项。会议召开后，如果基金管理人和托管人对持有人大会决定的事项不履行信息披露义务的，召集基金持有人大会的基金份额持有人应当履行相关的信息披露义务。

另外，有时公开披露的基金信息需要由中介机构出具意见书，并且该类中介机构应保证所出具文件内容的真实性、准确性和完整性。

真题链接

【2017年】关于基金管理人和基金托管人的披露内容和职责，下列描述错误的是（　　）。

A.各自负责召集基金份额持有人大会的，均应当至少提前30日公告召开时间、会议形式、审议事项、议事程序和表决方式等事项

B.均须在基金合同生效的次日，在指定报刊和公司网站上登载基金合同生效公告

C.均须建立健全各项信息披露管理制度，制定专人负责管理信息披露事务

D.职责终止时，均需要委托会计师事务所进行审计并对审计结果予以公告，报中国证监会备案

【答案】B。解析：对基金管理人来说，在基金合同生效的次日，需要在指定报刊和管理人网站上登载基金合同生效公告。基金托管人在基金份额发售的3日前，将基金合同、托管协议登载在托管网站上。

考点3　基金募集信息披露

一、基金合同、托管协议的重要内容（★★）

（一）基金合同

基金合同是具有平等地位的基金当事人在基金活动中，为规范各自的权利义务，依意思表示一致而形成的契约或协议。投资者交纳基金份额认购款项时，基金合同成立。

1.基金合同的主要披露事项

基金合同的主要披露事项如下：

（1）募集基金的目的和基金名称。

（2）基金管理人、基金托管人的名称和住所。

（3）基金运作方式，基金管理人运用基金财产进行证券投资，采用资产组合方式的，其资产组合的具体方式和投资比例也要在基金合同中约定。

（4）封闭式基金的基金份额总额和基金合同期限，或者开放式基金的最低募集份额总额。

（5）确定基金份额发售日期、价格和费用的原则。

（6）基金份额持有人、基金管理人和基金托管人的权利与义务。

（7）基金份额持有人大会召集、议事及表决的程序和规则。

（8）基金份额发售、交易、申购、赎回的程序、时间、地点、费用计算方式及给付赎回款项的时间和方式。

（9）基金收益分配原则、执行方式。

（10）作为基金管理人、基金托管人报酬的管理费、托管费的提取、支付方式与比例。

（11）与基金财产管理、运用有关的其他费用的提取、支付方式。

（12）基金财产的投资方向和投资限制。

（13）基金资产净值的计算方法和公告方式。

（14）基金募集未达到法定要求的处理方式。

（15）基金合同解除和终止的事由、程序以及基金财产清算方式。

（16）争议解决方式。

2.基金合同所包含的重要信息

（1）基金投资运作安排和基金份额发售安排方面的信息。

此类信息一般也会在基金招募说明书中出现，例如：基金运作方式，运作费用，基金发售、交易、申购、赎回的相关安排，基金投资基本要素，基金估值和净值公告等事项。

（2）基金合同特别约定的事项。

其一：基金当事人的权利义务，尤其是基金份额持有人的权利。例如：基金份额持有人享有分享基金财产收益、参与分配清算后的剩余基金财产、依法转让或者申请赎回其持有的基金份额、按照规定要求召开基金份额持有人大会行使表决权或者召集基金份额持有人大会等基金合同约定的权利。

其二：基金持有人大会的召集、议事及表决的程序和规则。基金份额持有人大会由全体基金份额持有人组成，基金份额持有人有权按照规定要求召开基金份额持有人大会或者召集基金份额持有人大会，基金份额持有人大会日常机构有权召集基金份额持有人大会。基金扩募或者延长基金合同期限、修改基金合同的重要内容或者提前终止基金合同、更换基金管理人或基金托管人、调整基金管理人或基金托管人的报酬标准等事项均须通过基金份额持有人大会审议通过。基金份额持有人大会的召集、议事及表决等相关事项需要在基金合同中列明。

其三：基金合同终止的事由、程序及基金财产的清算方式。基金合同终止后，基金财产进入清算程序。基金投资者应当事先了解基金合同终止的相关事由，预测持有基金的存续期限，参与分配清算后的剩余基金财产，防止自身利益被侵害。

（二）基金托管协议

1.基金托管协议的概念

基金托管协议是基金管理人和基金托管人为了明确双方在基金财产保管、投资运作、净值计算、收益分配、信息披露及相互监督等事宜中的权利、义务及职责，确保基金财产安全，保护基金份额持有人的合法权益而签订的协议。

2.基金托管协议包含的重要信息

（1）基金管理人和基金托管人之间的相互监督和核查。

此类信息主要涉及基金管理人应对基金托管人履行账户开设、净值复核、清算交收等托管职责情况等进行核查；基金托管人应依据法律法规及基金合同的约定，对基金投资对象、投资范围、投融资比例、投资禁止行为、基金参与银行间市场的信用风险控制等进行监督。

（2）协议当事人权责约定中事关持有人权益的重要事项。

此类信息主要涉及当事人在净值计算和复核中重要环节的权责，包括基金管理人与基金托管人依法自行商定估值方法的情形和程序、管理人或托管人发现估值未能维护持有人权益时的处理、估值错误时的处理及责任认定等。

真题链接

【2018年】基金合同包含的重要信息不包括（　　）。

A.基金投资运作安排和基金份额发售安排方面的信息

B.基金管理人与基金托管人依法自行商定估值方法的情形和程序

C.基金当事人的权利义务

D.基金持有人大会的召集、议事及表决的程序和规则

【答案】B。解析：本题旨在考查基金合同所包含的重要信息。基金管理人与基金托管人依法自行商定估值方法的情形和程序是基金托管协议的重要信息。故本题选B。

二、招募说明书的重要内容（★★）

基金招募说明书是基金管理人按照国家有关法律法规制作，并向社会公众公开发售基金时，为基金投资者提供的、对基金情况进行说明的一种规范性文件。基金招募说明书是基金投资者了解基金的最基本的文件之一，旨在充分披露可能对基金投资者做出投资判断产生重大影响的一切信息。

（一）招募说明书的主要披露事项

招募说明书的主要披露事项如下：

（1）招募说明书摘要。

（2）基金募集申请的核准文件名称和核准日期。

（3）基金管理人和基金托管人的基本情况。

（4）基金份额的发售日期、价格、费用和期限。

（5）基金份额的发售方式、发售机构及登记机构名称。

（6）基金份额申购和赎回的场所、时间、程序、数额与价格，拒绝或暂停接受申购、暂停赎回或延缓支付、巨额赎回的安排等。

（7）基金的投资目标、投资方向、投资策略、业绩比较基准、投资限制。

（8）基金资产的估值。

（9）基金管理人和基金托管人的报酬及其他基金运作费用的费率水平、收取方式。

（10）基金认购费、申购费、赎回费、转换费的费率水平、计算公式、收取方式。

（11）出具法律意见书的律师事务所和审计基金财产的会计师事务所的名称和住所。

（12）风险警示内容。

（13）基金合同和基金托管协议的内容摘要。

（二）招募说明书包含的重要信息

1.基金运作方式

基金运作方式是指基金在运行和操作过程中所应具有的工作方式,可以采取封闭式和开放式。基金的运作方式不同,运作特点具有差异性,基金产品的流动性不同,其交易场所和方式不同,风险收益特征也不同。例如,开放式基金主要是通过基金管理人的直销中心与基金销售代理网点进行申购赎回,其在运作中要保留一定的现金以应付赎回;封闭式基金主要是通过交易所进行交易,其组合运作的流动性要求低于开放式基金。此外,个别开放式基金,如ETF既可以在场外市场进行基金份额申购、赎回,又可以在交易所进行基金份额交易和基金份额申购或赎回。

2.从基金资产中列支的费用的种类、计提标准和方式

同一类别的基金,计提管理费的方式可能存在差异;不同基金类别的管理费和托管费的水平存在差异。例如,一些特殊的基金品种,如货币市场基金,不仅要计提管理费和托管费,还计提销售服务费用。招募说明书中的这些条款不仅是基金管理人计提基金运作费用的依据,还是基金投资者预期基金风险收益水平的重要标准。

3.基金份额的发售、交易、申购、赎回的约定,尤其是买卖基金费用的相关条款

同一开放式基金品种,其申购、赎回费率可能不同;不同开放式基金的申购、赎回费率也可能不同。例如,开放式基金份额认购的收费模式包括前端收费模式和后端收费模式。货币市场基金手续费较低,通常申购和赎回费率为0。

4.基金投资目标、投资范围、投资策略、业绩比较基准、风险收益特征、投资限制等

此类信息体现了基金产品的风险收益水平,是招募说明书中最为重要的信息。基金投资者不仅能够通过此类信息选择与自己的风险收益预期相适应的基金产品,还能比较基金管理人的投资运作活动是否遵守基金合同的规定,以决定是否继续信任该管理人。

5.基金资产净值的计算方法和公告方式

基金资产净值与基金投资成本紧密相关。基金投资者应当了解基金的估值原则和方法,以便判断基金的价值。另外,基金资产净值的公告方式也尤为重要。如果不了解基金资产净值的公告方式,基金投资者就不能及时获取基金信息,无法对基金进行估值评价。

6.基金风险提示

基金招募说明书应当包括风险警示内容。在招募说明书封面,基金管理人一般会附上"基金过往业绩不预示未来表现;不保证基金一定盈利,也不保证最低收益"等风险提示;在招募说明书的正文,基金管理人还会就基金产品的各项风险因素进行分析,并列明与特定基金品种、特定投资方法或特定投资对象相关的特定风险。

7.招募说明书摘要

招募说明书每6个月需要更新一次,而招募说明书摘要属于更新的招募说明书的内容。摘要主要包括基金投资基本要素、投资组合报告、基金业绩和费用概览、招募说明书更新说明等内容,以便让基金投资者能了解基金产品的基本特征、过往投资业绩、费用情况及近6个月来与基金募集相关的最新信息。

真题链接

【2015年】基金招募说明书披露的主要事项不包括( )。

A.基金份额的发售方式

B.基金销售机构的法律责任

C.基金资产的估值方法

D.基金运作方式

【答案】B。解析:基金招募说明书披露的主要事项如下:

(1)招募说明书摘要。

(2)基金募集申请的核准文件名称和核准日期。

(3)基金管理人和基金托管人的基本情况。

(4)基金份额的发售日期、价格、费用和期限。

(5)基金份额的发售方式、发售机构及登记机构名称。

(6)基金份额申购和赎回的场所、时间、程序、数额与价格,拒绝或暂停接受申购、暂停赎回或延缓支付、巨额赎回的安排等。

(7)基金的投资目标、投资方向、投资策略、业绩比较基准、投资限制。

(8)基金资产的估值。

(9)基金管理人和基金托管人的报酬及其他基金运作费用的费率水平、收取方式。

(10)基金认购费、申购费、赎回费、转换费的费率水平、计算公式、收取方式。

(11)出具法律意见书的律师事务所和审计基金财产的会计师事务所的名称和住所。

(12)风险警示内容。

(13)基金合同和基金托管协议的内容摘要。

考点4 基金运作信息披露

一、基金净值公告的种类及披露时效性要求(★★★)

(一)基金净值公告的种类

基金净值公告的种类如表7-1所示:

表7-1　基金净值公告的种类

基金净值公告	普通基金净值公告（主要包括基金资产净值、份额净值和份额累计净值等信息）
	货币市场基金收益公告和偏离度公告

（二）披露时效性要求

封闭式基金和开放式基金的净值公告的披露频率如表7-2所示：

表7-2　封闭式基金和开放式基金在披露净值公告的频率方面的不同

基金类型	净值公告披露频率
封闭式基金	一般至少每周披露一次资产净值和份额净值
开放式基金	放开申购、赎回前：一般至少每周披露一次资产净值和份额净值
	放开申购、赎回后：每个开放日披露份额净值和份额累计净值

二、货币市场基金信息披露的特殊规定（★★）

（一）货币市场基金收益公告

1.货币市场基金收益公告的概念

货币市场基金收益公告需要披露每万份基金收益和最近7日年化收益率。与其他类型基金不同，由于货币市场基金每日分配收益，份额净值保持1元不变，因此不须定期披露份额净值，只须披露收益公告。

2.货币市场基金收益公告的分类

按照披露时间的不同，货币市场基金收益公告分为封闭期的收益公告、开放日的收益公告和节假日的收益公告。

（1）封闭期的收益公告。

货币市场基金的基金合同生效后，基金管理人于开始办理基金份额申购或赎回当日，在中国证监会指定的报刊和基金管理人网站上披露截至前一日的基金资产净值，基金合同生效至前一日期间的每万份基金净收益，前一日的7日年化收益率。

（2）开放日的收益公告。

货币市场基金于每个开放日的次日，在中国证监会指定的报刊和基金管理人网站上披露开放日每万份基金净收益和7日年化收益率。

（3）节假日的收益公告。

货币市场基金开放申购和赎回后，在遇到法定节假日时，于节假日结束后第二个自然日披露节假日期间的每万份基金净收益，节假日最后一日的7日年化收益率，及节假日后首个开放日的每万份基金净收益和7日年化收益率。

中公锦囊

不同的货币市场基金收益公告的区别如表7-3所示：

表7-3 不同的货币市场基金收益公告的区别

项目	封闭期的收益公告	开放日的收益公告	节假日的收益公告
公告时间	基金合同生效后，开始办理基金份额申购、赎回的当日	每个开放日的次日	开放申购、赎回后，在遇到法定节假日时，节假日结束后的第二个自然日
公告渠道	中国证监会指定的报刊和基金管理人网站	中国证监会指定的报刊和基金管理人网站	中国证监会指定的报刊和基金管理人网站
公告内容	（1）截至开始办理基金份额申购、赎回的前一日的基金资产净值 （2）基金合同生效至开始办理基金份额申购、赎回的前一日期间的每万份基金净收益 （3）开始办理基金份额申购、赎回的前一日的7日年化收益率	开放日每万份基金净收益和7日年化收益率	（1）节假日期间的每万份基金净收益 （2）节假日最后一日的7日年化收益率 （3）节假日后首个开放日的每万份基金净收益和7日年化收益率

（二）偏离度公告

1.偏离成因

基金管理人会采用影子定价的方法对基金资产进行估值，其目的在于避免采用摊余成本法计算的基金资产净值与按市场利率和交易市价计算的基金资产净值发生重大偏离，对基金持有人的利益产生稀释和不公平的结果。影子定价是指基金管理人于每一估值日，采用市场利率和交易价格，对基金资产进行重新估值。当影子定价所确定的基金资产净值超过摊余成本法计算的基金资产净值，即产生正偏离时，说明基金组合中存在浮盈；反之，当存在负偏离时，说明基金组合中存在浮亏。正、负偏离的产生与结果如表7-4所示：

表7-4 正、负偏离的产生与结果

关系	结果
影子定价而得的基金资产净值超过摊余成本法计算的基金资产净值（正偏离）	浮盈
影子定价而得的基金资产净值小于摊余成本法计算的基金资产净值（负偏离）	浮亏

在这种情况下，如果基金投资组合的平均剩余期限和融资比例仍较高，则该基金隐含的风险较大。

2.偏离度信息分类

目前,按照我国基金信息披露法规的规定,当偏离达到一定程度时,货币市场基金应刊登偏离度信息。偏离度信息的分类包括如下三类:

(1)在临时报告中披露偏离度信息。

如果影子定价而得的基金资产净值与摊余成本法确定的基金资产净值负偏离度的绝对值超过0.25%,基金管理人将在事件发生之日起2个交易日内向中国证监会报告。

若正偏离度绝对值达到0.5%,基金管理人应当暂停接受申购并在5个交易日内将正偏离度绝值调整到0.5%以内。

若负偏高度绝对值达到0.5%,基金管理人应当使用风险准备金或者固有资金弥补潜在资产损失,将负偏离度绝对值控制在0.5%以内。

若负偏离度绝对值连续2个交易日超过0.5%,基金管理人应当采用公允价值估值方法对持有投资组合的账面价值进行调整,或者采取暂停接受赎回申请并终止基金合同进行财产清算等措施。

(2)在半年度报告和年度报告中披露偏离度信息。

基金管理人在半年度报告和年度报告中披露报告期内偏离度的绝对值达到或超过0.5%的信息。

(3)在投资组合报告中披露偏离度信息。

在作为季度报告的一部分的投资组合报告中,货币市场基金将披露报告期内偏离度绝对值在0.25%~0.5%的次数,偏离度的最高值和最低值,偏离度绝对值的简单平均值等信息。

真题链接

【2017年】下列不属于货币市场基金季度报告中有关偏离度的信息披露内容的是(　　)。

A.报告期内偏离度绝对值在0.25%~0.5%的次数

B.报告期内偏离度的最高值

C.报告期内偏离度的简单平均值

D.报告期内偏离度的最低值

【答案】C。解析:在季度报告中的投资组合报告中,货币市场基金将披露报告期内偏离度绝对值在0.25%~0.5%的次数、偏离度的最高值和最低值、偏离度绝对值的简单平均值。

三、基金定期公告的相关规定(★★)

(一)基金季度报告

基金管理人应当在每个季度结束之日起15个工作日内,编制完成基金季度报告,并将季度报告登载在指定报刊和网站上。基金合同生效不足2个月的,基金管理人可以不编制当期季度报告、半年度报告或者年度报告。

基金季度报告主要内容有基金概况、主要财务指标和净值表现、管理人报告、投资组合报告、开放式基金份额变动等内容。在季度报告的投资组合报告中，需要披露基金资产组合，按行业分类的股票投资组合，前10名股票投资明细，按债券品种分类的债券投资组合，前5名债券投资明细，投资贵金属、股指期货、国债期货等情况，以及投资组合报告附注等内容。

（二）基金半年度报告

基金管理人应当在上半年结束之日起60日内，编制完成基金半年度报告，并将半年度报告正文登载在网站上，将半年度报告摘要登载在指定报刊上。基金半年度报告与年度报告的区别如表7-5所示：

表7-5　半年度报告与年度报告的区别

项目	半年度报告	年度报告
审计要求	不要求进行审计	要求经过审计
会计数据和财务指标	只需披露当期的主要会计数据和财务指标	应披露最近3个会计年度的主要会计数据和财务指标
净值增长率列表的时间段	须披露过去1个月的净值增长率，但无须披露过去5年的净值增长率	应披露过去5年的净值增长率
基金收益分配情况	无须披露近3年每年的基金收益分配情况	应当披露近3年每年的基金收益分配情况
内部监察报告	管理人报告无须披露内部监察报告	管理人报告应当披露内部监察报告
财务报表附注	重点披露比上年度财务会计报告更新的信息，只需说明当期的报表项目，遵循重要性原则	应说明2个年度的报表项目
重大事件揭示	只报告期内改聘会计师事务所的情况，无须披露支付给聘任会计师事务所的报酬及事务所已提供审计服务的年限等	应当披露支付给聘任会计师事务所的报酬及事务所已提供审计服务的年限等
摘要的财务报表附注	无须对重要的报表项目进行说明	对报表项目的说明因审计意见的不同有所差别

（三）基金年度报告

基金管理人应当在每年结束之日起90日内，编制完成基金年度报告，并将年度报告正文登载于网站上，将年度报告摘要登载在指定报刊上。基金年度报告是基金存续期信息披露中信息量最大的文件，其主要内容如下：

1.基金管理人和托管人在年度报告披露中的责任

基金管理人是基金年度报告的编制者和披露义务人，基金管理人及其董事应保证年度报告的真实、准确和完整，承诺其中不存在虚假记载、误导性陈述或重大遗漏，并就其保证承担个别及连带责任。基金年度报告应经2/3以上独立董事签字同意，并由董事长签发；个别董事对年度报告内容的真实、准确、完整无法保证或存在异议，应当单独陈述理由和发表意见；未参会董事应当单独列示其姓名。

在年度报告披露中，基金托管人的披露责任主要与托管职责相关，包括复核年报、半年报中的财务会计资料等内容，并出具托管人报告等。

2.正文与摘要的披露

基金年报采用在基金管理人网站上披露正文、在指定报刊上披露摘要两种方式。基金管理人披露的正文应充分详尽，摘要应突出重点，简化基金简介、报表附注、投资组合报告等由正文详述的部分，以便满足不同投资者的需求，利于基金投资者获取基金信息并凭借信息进行投资决策。

3.关于年度报告中的重要提示

目前法规规定，应在年度报告的扉页就以下方面做出提示：

（1）基金管理人和托管人的披露责任。

（2）基金管理人管理和运用基金资产的原则。

（3）投资风险提示。

（4）年度报告中注册会计师出具非标准无保留意见的提示。

4.基金财务指标的披露

基金年度报告中应披露以下财务指标：本期利润、本期利润扣减本期公允价值变动损益后的净额、加权平均份额本期利润、期末可供分配利润、期末可供分配份额利润、期末资产净值、期末基金份额净值、加权平均净值利润率、本期份额净值增长率和份额累计净值增长率等。投资者可以根据净值增长指标与同期基金业绩进行比较，判断基金的实际投资风格及运作与基金合同是否符合等。

5.基金净值表现的披露

基金资产净值信息是基金资产运作成果的集中体现。对投资者来说，较长时间段内的基金资产净值增长率的波动可以显示该基金的风险收益状况，是投资者投资决策的依据。对基金咨询与评价机构来说，经其处理基金资产净值信息不仅可以帮助投资者进行投资决策，还能规范基金管理人的投资运作活动。目前法规规定，在基金年度报告、半年度报告、季度报告中以图表形式披露基金的净值表现。

6.基金管理人报告的披露

基金管理人报告是基金管理人就报告期内管理职责履行情况等事项向投资者进行的汇报。基金管理人报告具体内容有以下几点：基金管理人及基金经理情况简介，报告期内基金运作遵规守信情况说明，报告期内公平交易情况说明，报告期内基金的投资策略和业绩表现说明,基金管理人对宏观经济、证券市场及行业走势的展望,基金管理人内部监察稽核工作情况,报告期内基金估值程序等事项说明,报告期内基金利润分配情况说明及对会计师事务所出具非标准审计报告所涉及事项的说明等。

7. 基金财务会计报告的编制与披露

（1）基金财务报表的编制与披露。

基金财务报表的内容包括报告期末及其前一个年度末的比较式资产负债表,该两年度的比较式利润表,该两年度的比较式所有者权益变动表（基金净值变动表）。

（2）财务报表附注的披露。

基金财务报表附注是对报表内未提供的或披露不详尽的内容进行的解释说明。其主要内容包括以下几点:基金基本情况,会计报表的编制基础,遵循会计准则及其他有关规定的声明,主要会计政策和会计估计,会计政策和会计估计变更以及差错更正的说明,税项,或有和承诺事项,资产负债表日后非调整事项的说明,关联方关系及其交易,重要报表项目的说明,利润分配情况,期末基金持有的流通受限证券,金融工具风险及管理等。

8. 基金投资组合报告的披露

基金年度报告的投资组合报告应披露以下信息:期末基金资产组合,期末按行业分类的股票投资组合,期末按市值占基金资产净值比例大小排序的所有股票明细,报告期内股票投资组合的重大变动,期末按券种分类的债券投资组合,期末按市值占基金资产净值比例大小排序的前5名债券明细,投资贵金属、股指期货、国债期货等情况,投资组合报告附注等。

另外,基金投资者报告需要对报告期内股票投资组合的重大变动进行披露。披露内容包括以下几点:报告期内累计买入、累计卖出价值超出期初基金资产净值2%的股票明细;对累计买入、累计卖出价值前20名的股票价值低于2%的,应披露至少前20名的股票明细;整个报告期内买入股票的成本总额及卖出股票的收入总额。

9. 基金持有人信息的披露

基金年度报告披露的持有人信息主要包括以下几点:

（1）上市基金前10名持有人的名称、持有份额及占总份额的比例。

（2）持有人结构,包括机构投资者、个人投资者持有的基金份额及占总份额的比例。

（3）持有人户数及户均持有基金份额。

基金年度报告披露以上信息的目的有以下两点:①披露上市基金前10名持有人的名称、持有份额及占总份额的比例是为了防范上市基金的价格操纵和市场欺诈等行为的发生;②披露持有人结构和户数是为了稳定基金规模,改善基金的投资运作。

另外,如果期末基金管理人的基金从业人员持有开放式基金,年度报告还应披露基金管理人所有基金从业人员投资基金的总量及占基金总份额的比例。针对基金管理人的基金经理、高级管理人员、基金投资和研究部门负责人持有基金的情况,须按持有基金份额总量的数量区间列示。

10.开放式基金份额变动的披露

法规要求,在基金年度报告中,开放式基金份额变动披露的主要内容包括开放式基金合同生效日的基金份额总额及报告期内基金份额的变动情况。其中,报告期内基金份额的变动情况又包括期初基金份额总额、期末基金份额总额、期间基金总申购份额、期间基金总赎回份额、期间基金拆分变动份额。报告期内基金合同生效的基金应披露自基金合同生效以来基金份额的变动情况。

> **真题链接**

【2017年】关于基金的年度报告,下列表述错误的是(　　)。

A.基金托管人负责复核基金年报并出具托管人报告

B.个别董事对基金年度报告内容的真实、准确和完整无法保证或存在异议的,应当单独陈述理由和发表意见

C.基金管理人是基金年度报告的编制者和披露义务人

D.基金年报应经1/2以上独立董事签字同意,并由董事长签发

【答案】D。解析:基金管理人是基金年度报告的编制者和披露义务人,基金管理人及其董事应保证年度报告的真实、准确和完整,承诺其中不存在虚假记载、误导性陈述或重大遗漏,并就其保证承担个别及连带责任。基金年度报告应经2/3以上独立董事签字同意,并由董事长签发;如个别董事对年度报告内容的真实、准确、完整无法保证或存在异议,应当单独陈述理由和发表意见;未参会董事应当单独列示其姓名。排除B、C。基金托管人在年度报告披露中的责任主要是一些与托管职责相关的披露责任,包括负责复核年报、半年报中的财务会计资料等内容,并出具托管人报告等,排除A。故本题选D。

四、基金上市交易公告书和临时信息披露的相关规定(★★)

(一)基金上市交易公告书

凡是根据法律法规发售基金份额并申请在证券交易所上市交易的基金,基金管理人均应编制并披露基金上市交易公告书。目前,封闭式基金、上市开放式基金(LOF)、交易型开放式指数基金(ETF)及分级基金子份额均需要披露上市交易公告书。

基金上市交易公告书需要披露以下主要事项:基金概况、基金募集情况与上市交易安排、持有人户数、持有人结构及前10名持有人、主要当事人介绍、基金合同摘要、基金财务状况、基金投资组合报告、重大事件揭示等。

(二)基金临时信息披露

1.关于基金信息披露的重大性标准

(1)影响投资者决策标准。

如果可以合理地预期某条基金信息将对理性投资者的投资决策产生重大影响,则该条信

息就是应该及时披露的重大信息。

（2）影响证券市场价格标准。

如果某条基金信息对证券价值或市场价格产生重大影响，则该条信息就是应该及时披露的重大信息。

2.基金临时报告

我国对重大信息的界定采用的是"影响投资者决策标准"或"影响证券市场价格标准"，定义与重大信息相关的事件为重大事件，信息披露义务人应当在<u>重大事件发生之日起2日内</u>编制并披露临时报告书。

基金的重大事件包括以下几项：基金份额持有人大会的召开，提前终止基金合同，延长基金合同期限，转换基金运作方式，更换基金管理人或托管人，基金管理人的董事长、总经理及其他高级管理人员、基金经理和基金托管人的基金托管部门负责人发生变动，涉及基金管理人、基金财产、基金托管业务的诉讼，基金份额净值计价错误金额达到基金份额净值的0.5%，开放式基金发生巨额赎回并延期支付等。

3.基金澄清报告

在基金合同期限内，任何公共媒体中出现的或者在市场上流传的消息可能对基金份额价格或者基金投资者的申购和赎回行为产生误导性影响的，相关信息披露义务人知悉后应当立即对该消息进行公开澄清。

真题链接

【2016年】基金上市交易公告书的编制主体是（　　）。

A.基金管理人

B.基金托管人

C.基金托管人与基金管理人

D.基金份额持有人

【答案】A。解析：凡是根据有关法律法规发售基金份额并申请在证券交易所上市交易的基金，基金管理人均应编制并披露基金上市交易公告书。

考点5　特殊基金品种的信息披露

一、QDII基金信息披露的特殊规定及要求（★★）

（一）信息披露所使用的语言及币种选择

语言及币种选择的规定如下：

QDII基金信息披露可以同时采用中文和英文，并以中文为准。可以<u>单独或同时以人民币、美元等主要外汇币种计算</u>并披露净值信息。涉及币种转换的，应披露汇率数据来源，并保持一致性。

（二）基金合同、基金招募说明书中的特殊披露要求

1.境外投资顾问和境外托管人信息

基金管理公司如果委托境外投资顾问、境外托管人管理QDII基金，应在招募说明书中披露境外投资顾问和境外托管人的相关信息，包括境外投资顾问和境外托管人的名称、注册地址、办公地址、法定代表人、成立时间，境外投资顾问最近一个会计年度资产管理规模，主要负责人教育背景、从业经历、取得的从业资格和专业职称介绍，境外托管人最近一个会计年度实收资本、托管资产规模、信用等级等。

2.投资交易信息

如QDII基金投资金融衍生品，应在基金合同、招募说明书中详细说明拟投资的衍生品种及其基本特性，拟采取的组合避险、有效管理策略及采取的方式、频率。如QDII基金投资境外基金，应披露基金与境外基金之间的费率安排。

3.投资境外市场可能产生的风险信息

投资境外市场可能产生的风险信息包括境外市场风险、政府管制风险、政治风险、流动性风险、信用风险等的定义、特征及可能发生的后果。

（三）净值信息的披露频率要求

QDII基金放开申购、赎回前，一般至少每周披露一次资产净值和份额净值；在放开申购、赎回后，每个开放日均须披露份额净值和份额累计净值。QDII基金的净值在估值日后1~2个工作日内披露。

（四）定期报告中的特殊披露要求

1.境外投资顾问和境外资产托管人信息

在基金定期报告的产品概况部分中披露境外投资顾问和境外资产托管人的基本情况，在基金定期报告的管理人报告部分中披露境外投资顾问为基金提供投资建议的主要成员的情况。

2.境外证券投资信息

在基金投资组合报告中，QDII基金根据证券所在的证券交易所的不同，列表说明期末在各个国家或地区证券市场的权益投资分布情况，包括股票投资明细、债券投资明细、基金投资明细及金融衍生品组合情况。

3.外币交易及外币折算相关的信息

此类信息包括在财务报表附注中披露外币交易及外币折算采用的会计政策等。

（五）临时公告中的特殊披露要求

QDII基金变更境外托管人、变更投资顾问、投资顾问主要负责人变动、涉及境外诉讼等重

大事件的,应在事件发生后及时披露临时公告,并在更新的招募说明书中予以说明。

二、ETF信息披露的特殊规定及要求(★★)

ETF信息披露的特殊规定及要求如下:

(1)在ETF基金合同和招募说明书中,需明确基金份额的各种认购、申购、赎回方式,以及投资者认购、申购、赎回基金份额涉及的对价种类等。

(2)ETF基金上市交易之后,须按交易所的要求,在**每日开市前**披露当日的申购清单和赎回清单,并在交易时间内及时揭示**基金份额参考净值(IOPV)**。

①在每日开市前,**基金管理人须向证券交易所、证券登记结算机构提供ETF的申购清单和赎回清单,**并通过基金公司官方网站和证券交易所指定的信息发布渠道予以公告。对于当日发布的申购清单和赎回清单,当日不得修改。申购清单和赎回清单主要包括最小申购、赎回单位对应的各组合证券名称、证券代码及数量、现金替代标志等内容。

②交易日的ETF基金份额净值除了按规定于次日(跨境ETF可以为次2个工作日)在指定报刊和管理人网站披露外,也将通过证券交易所的行情发布系统于次一交易日(跨境ETF可以为次2个工作日)揭示。

③在交易时间内,证券交易所根据基金管理人提供的基金份额参考净值计算方式、申购和赎回清单中的组合证券等信息,实时计算并公布基金份额参考净值。基金管理人确定ETF基金份额参考净值的计算方式及修改ETF基金份额参考净值计算方式,一般须经证券交易所认可后公告。

(3)ETF的定期报告,按照法规对上市交易指数基金的一般要求进行披露,无特别的披露事项。

本章同步自测

1.在内容方面,基金信息披露的原则不包括( )。

A.真实性原则　　　　　　　　　　B.易解性原则

C.准确性原则　　　　　　　　　　D.完整性原则

2.在形式方面,基金信息披露的原则包括( )。

A.规范性原则　　　　　　　　　　B.公平性原则

C.及时性原则　　　　　　　　　　D.完整性原则

3.下列关于基金管理人的信息披露义务的说法,错误的是( )。

A.基金管理人募集基金的,应向中国证监会提交基金合同、托管协议、招募说明书等募集申请材料

B.在基金份额发售的3日前,基金管理人应将招募说明书、基金合同摘要登载在中国证监会指定的全国性报刊和管理人网站上

C.基金管理人应将基金合同、托管协议登载在管理人网站上

D.基金管理人应就基金份额发售的具体事宜编制基金份额发售公告,并在披露招募说明书的当日登载于指定报刊和网站上

4.下列关于基金托管人的信息披露义务的说法,错误的是(　　)。

A.当基金托管人的专门基金托管部门的负责人发生变动时,托管人应当在事件发生之日起2日内编制并披露临时公告书,并报中国证监会及地方监管局备案

B.基金托管人召集基金份额持有人大会的,应至少提前30日公告大会的召开时间、会议形式、审议事项、议事程序和表决方式等事项

C.在基金份额持有人大会召开后,基金托管人应将持有人大会决定的事项报中国证监会核准或备案,并予公告

D.基金份额持有人依法自行召集持有人大会,基金托管人对基金份额持有人大会决定的事项必须依法履行信息披露义务

5.下列不属于基金合同的主要内容的是(　　)。

A.募集基金的目的和基金名称

B.基金管理人、基金托管人的名称和住所

C.基金份额持有人大会召集、议事及表决的程序和规则

D.基金资产的估值

6.下列不是基金招募说明书的主要披露事项的是(　　)。

A.基金份额的发售日期、价格、费用和期限

B.招募说明书摘要

C.基金资产净值的计算方法和公告方式

D.基金管理人和基金托管人的基本情况

7.下列不属于基金净值公告的是(　　)。

A.普通基金净值公告　　　　　　　　B.货币市场基金收益公告

C.偏离度公告　　　　　　　　　　　D.基金季度报告

8.下列说错误的是(　　)。

A.基金合同生效不足2个月的,基金管理人须编制当期季度报告、半年度报告或者年度报告

B.主要财务指标和净值表现是基金季度报告的主要内容之一

C.半年度报告不要求进行审计

D.半年度报告只需披露当期的主要会计数据和财务指标

9.不属于QDII的基金合同和招募说明书中的特殊披露要求的是( )。

A.境外投资顾问和境外托管人信息

B.币种信息

C.投资交易信息

D.投资境外市场可能产生的风险信息

10.下列说法错误的是( )。

A.在ETF的基金合同和招募说明书中,需明确基金份额的各种认购、申购、赎回方式

B.基金上市交易之后,须按交易所的要求,在每日开市前披露当日的申购清单和赎回清单

C.在每日开市前,基金管理人只须向证券交易所提供ETF的申购清单和赎回清单

D.在交易时间内,证券交易所实时计算并公布基金份额参考净值

参考答案及解析 >>>>>

1.【答案】B。解析:本题旨在考查基金信息披露内容方面应遵循的基本原则。基金信息披露内容方面应遵循的基本原则包括真实性原则、准确性原则、完整性原则、及时性原则及公平性原则,易解性原则是基金信息披露形式方面应遵循的基本原则。故本题选B。

2.【答案】A。解析:本题旨在考查基金信息披露形式方面应遵循的基本原则。基金信息披露形式方面应遵循的基本原则包括规范性原则、易解性原则和易得性原则。

3.【答案】A。解析:本题旨在考查基金管理人的基金募集信息披露义务。基金管理人募集基金的,应向中国证监会提交基金合同草案、托管协议草案、招募说明书草案等募集申请材料,A项表述错误。故本题选A。

4.【答案】D。解析:本题旨在考查基金托管人的信息披露义务。基金份额持有人依法自行召集持有人大会,基金托管人对基金份额持有人大会决定的事项不依法履行信息披露义务的,召集人应当履行相关信息披露义务,D项表述错误。

5.【答案】D。解析:本题旨在考查基金合同的主要内容。基金资产的估值是基金招募说明书的主要披露事项。故本题选D。

6.【答案】C。解析:本题旨在考查基金招募说明书的主要披露事项。基金资产净值的计算方法和公告方式是基金合同的主要内容。

7.【答案】D。解析:本题旨在考查基金净值公告的内容。基金净值公告包括普通基金净值公告及货币市场基金收益公告和偏离度公告,不包括基金季度报告。故本题选D。

8.【答案】A。解析:本题旨在考查基金季度报告和半年度报告的内容。基金合同生效不足2个月的,基金管理人可以不用编制当期季度报告、半年度报告或者年度报告,A项表述错误。

9.【答案】B。解析:本题旨在考查QDII的基金合同和招募说明书中的特殊披露要求。

QDII的基金合同和招募说明书中的特殊披露要求包括境外投资顾问和境外托管人信息、投资交易信息及投资境外市场可能产生的风险信息，不包括币种信息。故本题选B。

　　10.【答案】C。解析：本题旨在考查ETF的信息披露。在每日开市前，基金管理人需向证券交易所、证券登记结算机构提供ETF的申购清单和赎回清单，并通过基金公司官方网站和证券交易所指定的信息发布渠道予以公告，C项表述错误。

第八章　基金客户和销售机构

第八章	考点	考查角度
基金客户和销售机构	基金客户	基金客户的释义及投资人类型、基金持有人构成现状及发展趋势、产品目标客户选择策略
	基金销售机构	基金销售机构的主要类型、现状及发展趋势 基金销售机构的准入条件、职责规范
	基金销售机构的销售方式、理论与策略	销售方式、销售理论、销售策略

考点精讲

考点1　基金客户的分类

基金客户即基金份额的持有人、基金产品的投资人，是基金资产的所有者和基金投资回报的受益人，是开展基金一切活动的中心。在《证券投资基金法》中，"基金客户、基金投资人和基金持有人"三个称谓均有出现，其概念所指均为基金公司的客户。

在销售阶段，基金公司更多采用基金客户这个称谓。当销售行为完成，基金公司与客户确定了产品购买关系，公司更多用到"基金投资人、基金持有人"这两个称谓。

一、基金投资人类型（★）

按照投资基金的个体，基金投资者可以分为个人投资者和机构投资者。基金个人投资者是指，以自然人身份进行基金买卖的证券投资者。基金机构投资者，是指符合法律法规规定，在中华人民共和国境内合法注册登记并存续或经有关政府部门批准设立并存续的可以从事证券投资基金投资业务的企业法人、事业法人、社会团体或其他组织。

与基金个人投资者相比，机构投资者的特点表现在：

（1）投资管理专业化。

基金机构投资者一般具有较为雄厚的资金实力，在投资决策与资本运作、信息搜集分析、投资工具研究、资金运用方式、大类资产配置等方面都配备有专门部门，由证券投资专家进行管理。

（2）投资结构组合化。

机构投资者庞大的资金、专业化的管理和多方位的市场研究等有利于建立有效的投资组合，以分散风险。

（3）投资行为规范化。

机构投资者的投资行为受到有法定监管权的政府机构、基金行业自律组织、基金机构内部监督部门和社会力量的监管以及机构自律管理，其行为相对来说比较规范。

基金投资人的范围限制如下：

（1）境内投资者指居住在境内或虽居住在境外但未获得境外所在国家或地区永久居留签证的中国公民、注册在境内的法人。

（2）境外投资者是指外国的法人、自然人以及中国香港、澳门特别行政区和台湾地区的法人、自然人。

（3）基金投资者在办理认购、申购业务前，必须先开立基金账户。境内个人基金投资者开立基金账户时需要出示有效身份证件原件，提供复印件（身份证件包括中华人民共和国居民身份证、中华人民共和国护照、军官证、士兵证、文职证及警官证）。除上述明确列举的有效身份证件以外，投资者提交其他证件的，由注册登记机构最后认定其是否有效。

（5）办理基金开户要求的个人投资者年龄为18~70周岁且具有完全民事行为能力的人，而16周岁以上不满18周岁的公民要求提交相关的收入证明才能进行开户。

（6）境内机构基金投资者开立基金账户时，企业须出示企业营业执照正本或副本原件及加盖公章的复印件。

（7）事业法人、社会团体或其他组织提供民政部门或主管部门颁发的注册登记证书原件及加盖单位公章的复印件。

（8）企业还需要提供法定代表人授权委托书，业务经办人有效身份证件，指定银行交收账户的开户证明原件等。

（9）取得中国永久居留权的外国人，可持外国人永久居留证申请开立基金账户。

中公锦囊

基金个人投资者和基金机构投资者的区别如表8-1所示：

表8-1　基金个人投资者和基金机构投资者的区别

项目	基金个人投资者	基金机构投资者
性质	自然人	具有独立法人地位的经济实体
投资来源	个人资金	筹集公众的资金进行组合投资
投资目标	自身利益最大化	客户利益最大化
投资方向	投资于少数基金产品	组合投资于基金市场

真题链接

【2016年】下列关于基金机构投资者的说法,错误的是(   )。

A.一般具有较为雄厚的资金实力

B.由证券投资专家进行管理

C.是一个有独立法人地位的经济实体

D.主要投资于单个基金

【答案】D。解析:机构投资者一般具有较为雄厚的资金实力,在投资决策与资本运作、信息搜集分析、投资工具研究、资金运用方式、大类资产配置等方面都配备有专门部门,由证券投资专家进行管理。机构投资者在投资过程中会构建合理投资组合,机构投资者庞大的资金、专业化的管理和多方位的市场研究等也为建立有效的投资组合提供了可能。机构投资者作为一个有独立法人地位的经济实体,投资行为受到多方面的监管。

二、基金持有人构成现状及发展趋势(★)

基金客户由基金个人投资者和基金机构投资者组成。在有效账户总数中,个人有效账户数占据了极大部分,远远高于机构有效账户数(近几年基本维持在5万户以上);且个人有效账户数上升,机构有效账户数下降。

从基金投资者结构特征上看,基金业的发展呈现出结构个人化和机构多元化两个趋势。结构个人化是指我国个人投资者的规模不断扩大的趋势。机构多元化是指我国长期机构投资者如境内外养老金、住房公积金、保险资金、主权财富基金和政府投资基金等投资中国资本市场的意愿不断增加的趋势。

三、产品目标客户选择策略(★)

基金产品目标客户选择的策略包括明确目标客户市场和客户寻找。

(一)明确目标客户市场

对基金销售市场进行市场细分和选择相应的目标市场是明确目标客户市场策略最重要的部分。市场细分是指依据客户不同的需求特征,如投资规模、风险偏好、行为特征以及影响购买决策的因素等,将整体市场划分成若干个不同群体的过程。市场细分后,客户需求在一个或若干个方面具有相同或相近特征的客户被划分为一个群体,从而销售机构将采用相应的营销策略满足不同群体的客户的需求。

销售机构在进行市场细分时应遵循以下原则:

1.易入原则

易入原则是指完成市场细分后,销售机构能够向某一细分市场提供该市场所需的基金产品和服务,即该细分市场是易于开发、便于进入的。

2.可测原则

可测原则是指细分市场的客户数量、销售规模、购买潜力等量化指标,能够通过市场调查、专业咨询等途径提供的细分市场的特征要素测算出来。

3.成长原则

成长原则是指在今后一段时间内,细分市场的规模会不断扩大,市场容量会稳步增长,能创造出更多的营销机会。

4.识别原则

识别原则是指每个细分市场之间要有明显的区分标准,以便销售机构能清楚地辨别不同细分市场的客户差异,有针对性地为不同客户提供个性化的产品和服务。

5.利润原则

利润原则是指在市场细分后,销售机构必须保有足够的业务量,保证其在扣除经营成本和营销费用后能在现在或者未来获得一定的利润。

(二)客户寻找

客户寻找是指在目标客户中寻找有需求、有购买能力、未来有望成为现实客户的将来购买者。基金销售的客户寻找是指基金销售机构在目标客户中寻找有基金投资需求、有基金投资能力、有一定风险承受能力、有可能购买或者再次购买基金的客户。

就潜在客户与营销人员关系而言,有直接关系型、间接关系型和陌生关系型三种不同客户群类型,常用的寻找客户的方法有缘故法、介绍法和陌生拜访法。

1.缘故法

缘故法针对直接关系型客户群。直接关系型客户群主要包括营销人员的亲戚、朋友、街坊邻居、师生、同事等,而缘故法正是利用营销人员的个人生活和工作经历所建立的人际关系网进行客户开发,其优点是客户比较容易接近与交流方便。

2.介绍法

介绍法针对间接关系型客户群。间接关系型客户群是指在开发客户的过程中,由与营销人员建立良好关系的客户派生出的新的客户群体。介绍法就是通过现有客户介绍新客户的方法。

3.陌生拜访法

陌生拜访法针对陌生关系型客户群。陌生关系型客户群是指在开发客户的过程中,营销人员不熟悉的客户群。陌生拜访法是指营销人员通过主动自我介绍与陌生人建立关系,利用专业知识把陌生人发展成为潜在客户的方法,是开发客户中运用最多的方法。

考点2 基金销售机构

一、基金销售机构的主要类型（★★★）

基金销售机构是指依法办理开放式基金份额的认购、申购、赎回等活动的基金管理人以及取得基金代销业务资格的其他机构。

我国的基金销售机构可以分为直销机构和代销机构两种类型。

直销机构是指直接销售基金的基金公司，目前主要有两种直销形式：①专门的销售人员直接开发和维护机构客户和高净值个人客户；②自行开发建立电子商务平台。

代销机构是指与基金公司签订基金产品代销协议，为基金公司代销基金产品以赚取销售佣金的商业机构，主要包括商业银行、证券公司、期货公司、保险机构、证券投资咨询机构、独立基金销售机构以及中国证监会认定的其他从事基金销售业务的机构。

二、基金销售机构的现状和发展趋势（★）

（一）基金销售机构的现状

过去，银行以其覆盖全国的营业网点和成熟的资金清算体系在基金销售格局中具有绝对优势。近年来，其他基金销售机构的发展步伐加快。近年开放式基金销售保有量中基金公司直销首次超过银行渠道，成为销售保有量最高的渠道。其次是银行渠道和券商渠道，第三方独立销售机构和证券投资咨询机构销售保有量也在高速增长。

（二）基金销售机构的发展趋势

随着基金销售市场状况和外部环境的改变，各类基金销售机构在未来发展方向上呈现以下趋势。

1.深度挖掘互联网销售的效能

随着互联网的发展，基金销售机构提供通过网络买卖基金的服务。网上交易一般享有优惠的申购手续费，基金份额净值查询、研究报告查询等优势。

2.提升服务的专业化和层次化

基金销售机构通过专业到位的服务策略，为不同投资者提供适合投资者投资的资产配置以及产品优选等专业性的服务，有利于基金销售机构维护和发展客户。

三、基金销售机构准入条件（★★★）

基金管理人可以办理其募集的基金产品的销售业务。商业银行（含在华外资法人银行，下同）、证券公司、期货公司、保险机构、证券投资咨询机构、独立基金销售机构以及中国证监会认定的其他机构从事基金销售业务的，应向工商注册登记所在地的中国证监会派出机构进行注册并取得相应资格，同时应具备以下条件：

（1）具有健全的治理结构、完善的内部控制和风险管理制度，并得到有效执行。

（2）财务状况良好，运作规范稳定。

（3）有与基金销售业务相适应的营业场所、安全防范设施和其他设施。

（4）有安全、高效的办理基金发售、申购和赎回等业务的技术设施，且符合中国证监会对基金销售业务信息管理平台的有关要求，基金销售业务的技术系统已与基金管理人、中国证券登记结算公司相应的技术系统进行了联网测试，测试结果符合国家规定的标准。

（5）制定了完善的资金清算流程，资金管理符合中国证监会对基金销售结算资金管理的有关要求。

（6）有评价基金投资人风险承受能力和基金产品风险等级的方法体系。

（7）制定了完善的业务流程、销售人员执业操守、应急处理措施等基金销售业务管理制度，符合中国证监会对基金销售机构内部控制的有关要求。

（8）有符合法律法规要求的反洗钱内部控制制度。

（9）中国证监会规定的其他条件。

四、基金销售机构职责规范（★★★）

基金销售机构职责的规范主要包括以下六个方面。

（一）签订销售协议，明确权利与义务

基金销售机构办理基金的销售业务，应当由基金销售机构与基金管理人签订书面销售协议，明确双方的权利与义务，并至少包括以下内容：销售费用分配的比例和方式，基金持有人联系方式等客户资料的保存方式，对基金持有人的持续服务责任，反洗钱义务履行及责任划分，基金销售信息交换及资金交收权利与义务。

未经签订书面销售协议，基金销售机构不得办理基金的销售。同时，基金销售机构不得委托其他机构代为办理基金的销售业务。

（二）基金管理人应制定业务规则并监督实施

在销售基金时，基金管理人应制定合理的业务规则，对基金认购、申购、赎回、转换、非交易过户等行为进行规定。基金管理人、基金销售机构应按规定进行业务操作，规范其资金归集、信息传输、销售服务等活动，以保护投资人的合法权益。

（三）建立相关制度

基金管理人、基金销售机构应当建立健全并有效执行基金销售业务制度和销售人员的持续培训制度，加强对基金业务合规运作和销售人员行为规范的检查和监督；应当建立完善的基金份额持有人账户和资金账户管理制度，基金份额持有人资金的存取程序和授权审批制度；应当建立健全档案管理制度，妥善管理基金份额持有人的开户资料和与销售业务有关的其他资料。客户身份资料自业务关系结束当年起至少保存15年，与销售业务有关的其他资料自业务

发生当年起至少保存15年。

（四）禁止提前发行

基金募集申请获得中国证监会核准前，基金管理人、基金销售机构不得办理基金的销售业务，不得向公众分发、公布基金宣传推介材料或发售基金份额。

（五）严格账户管理

基金销售结算专用账户是指基金销售机构、基金销售支付结算机构或基金注册登记机构用于归集、暂存、划转基金销售结算资金的专用账户。

基金销售结算资金是指由基金销售机构、基金销售支付结算机构或基金注册登记机构归集的，在基金投资人结算账户与基金托管账户之间划转的基金申购（认购）、赎回、现金分红等资金。

基金销售结算资金作为基金投资人的交易结算资金，涉及基金销售结算专用账户开立、使用、监督的机构不得将基金销售结算资金归入其自有财产。禁止任何单位或个人以任何方式挪用基金销售结算资金。

相关机构破产或清算时，基金销售结算资金不属于其破产或清算财产。基金销售机构、基金销售支付结算机构、基金注册登记机构可在具备基金销售业务资格的商业银行或从事客户交易结算资金存管的指定商业银行开立基金销售结算专用账户。基金销售机构、基金销售支付结算机构、基金注册登记机构在开立基金销售结算专用账户时，应当就其账户性质、功能、使用的具体内容、监督方式、账户异常处理等事项，以监督协议的形式与基金销售结算资金监督机构做出约定。

（六）基金销售机构反洗钱

反洗钱是指为了预防通过各种方式掩饰、隐瞒毒品犯罪、黑社会性质的组织犯罪、恐怖活动犯罪、走私犯罪、贪污贿赂犯罪、破坏金融管理秩序犯罪、金融诈骗犯罪等犯罪所得及其收益的来源和性质的洗钱活动，依法采取相关措施的行为。常见的洗钱途径广泛涉及银行、保险、证券、房地产等各种领域。

目前，我国关于反洗钱的法规及规范性文件有《基金管理公司反洗钱客户风险等级划分标准指引（试行）》及《金融机构大额交易和可疑交易报告管理办法》。

相关法律法规对基金销售机构的反洗钱有如下规定：

（1）基金销售机构为客户开立基金账户时，应当按照反洗钱相关法律法规的规定进行客户身份识别，并在此基础上对客户的洗钱风险进行等级划分。

（2）基金销售机构应与其他基金销售机构在销售协议中，明确投资人身份资料的提供内容及客户风险等级划分职责。

（3）对现有客户的身份重新识别以及风险等级划分，应按照中国人民银行规定的期限完成。

（4）基金销售机构在进行客户风险等级划分时，应综合考虑客户身份、地域、行业或职业、交易特征等因素。

（5）客户风险等级至少应当分为高、中、低三个等级。

（6）基金销售机构应监测客户现金收支或款项划转情况，对符合大额交易标准的，在该大额交易发生后5个工作日内，向中国反洗钱监测分析中心报告。在发现有可疑交易或行为时，在其发生后10个工作日内，向中国反洗钱监测分析中心报告。

真题链接

【2018年】基金销售机构应妥善管理基金份额持有人的开户资料，客户身份资料自业务关系结束当年起至少保持（　　）。

A.5年　　　　　　B.10年　　　　　　C.20年　　　　　　D.15年

【答案】D。解析：基金管理人、基金销售机构应当建立健全档案管理制度，妥善管理基金份额持有人的开户资料和与销售业务有关的其他资料。客户身份资料自业务关系结束当年起至少保存15年，与销售业务有关的其他资料自业务发生当年起至少保存15年。

考点3　基金销售机构的销售方式、理论与策略

一、基金管理人及代销机构的销售方式（★）

随着基金行业的发展和互联网行业的介入，基金投资者规模不断增大，我国的基金销售方式也在持续创新。目前，我国基金销售除了采用传统销售方式外，又出现了新型的独立基金销售机构线上代销方式、基金公司与互联网企业合作进行线上销售的方式等。我国基金销售方式的特点的对比如表8-2所示：

表8-2　我国基金销售方式的特点的对比

销售方式	特点
基金公司直销	①重视直销业务，投入加大；②熟悉自身产品，重视资讯；③在购买费率上通常低于传统代销渠道；④受限于政策和运营，目前只能销售自己的产品，客户如果通过直销渠道购买多家公司产品，需要开立多个账户，不方便进行管理；⑤产品相对单一，较难给予客户全面的配置建议
银行代销	①对于客户，银行最有安全感和信赖感；②有相对全面的基金产品和其他金融产品供客户选择；③网点众多，便于传统客户实地交易和咨询；④客户经理制度日益完善，较多考虑客户利益；⑤基金业务只是银行中间业务的一部分，银行客户经理难以专注于基金销售业务
证券公司代销	①证券公司经纪业务营业部是传统股票投资者转为基金投资时的首选；②网点较多，便于传统客户交易买卖；③客户经理专业水平和服务质量相对较高；④主营业务是股票经纪，缺乏推动股票经纪客户向基金投资者转化的动力

表8-2（续）

销售方式	特点
独立第三方销售公司	①兴起较晚，与国外成熟体系有差距，各类第三方销售机构之间存在差距；②打造基金超市，定位于线下高净值客户和线上大众网民；③业务领域不断发展；④发起人或主要管理人来源多样，对行业的理解和把握能力差别大；⑤为客户提供相对客观的信息和投资建议及优质服务
新兴的互联网金融渠道	①借网络平台为基金公司创造丰富的客户资源，在短时间内形成规模效应；②投资便利度高、产品投资门槛低、附加功能丰富；③发展时间短，存在政策、技术等多重风险；④品种多为货币基金，较为单一；⑤销售专业度低于传统机构

中公锦囊

直销方式和代销方式的区别如表8-3所示：

表8-3 直销方式和代销方式的区别

项目	直销方式	代销方式
基金产品方面	通过基金公司或基金公司网站进行基金买卖，仅销售一家基金公司的产品	拥有代销资格的银行或证券公司等金融机构接受基金管理人委托，通过营业网点柜台、电话、网络等渠道为投资人办理基金份额认购、申购和赎回以及相应资金收付的业务，往往同时销售多家基金公司的产品
销售人员方面	通过基金公司直属的销售队伍进行基金销售，专业性强	通过代销机构的销售队伍进行基金销售，对基金的专业知识、产品特性等方面的掌握程度比直销团队低
销售网络方面	往往通过基金公司的分支机构网点铺开，数量有限，推广效果有限	营业网点众多，受众范围广
客户关系方面	往往对客户的财务状况比较了解，对客户控制力较强，更容易发现产品和服务的不足，易于建立双向持久的联系，提高客户忠诚度	有广泛的客户基础，和客户有全面的业务联系，可以提供多样化的客户服务
营销成本方面	基金公司承担固定成本，针对特定目标客户可以大幅降低营销成本	以业绩定佣金，代销成本因基金公司在销售渠道上的竞争而提高

二、基金销售理论及销售策略（★★）

（一）基金销售理论

基金销售机构销售基金产品一般以4Ps营销理论为指导。传统的4Ps理论涉及产品

（Product）、价格（Price）、渠道（Place）、促销（Promotion）四个影响市场需求的要素。

（二）基金销售策略

根据传统的4Ps营销理论以及我国证券投资基金市场销售实际情况，基金销售机构的销售策略包括产品策略、价格策略、渠道策略及促销策略。

1.产品策略

产品策略要求重视开发功能，要求产品有独特的卖点，把产品的特色摆在首位。在产品策略方面，中国基金销售机构开始根据客户需求，呈现出创新和销售多样化产品的特点。当然，各类基金销售机构存在产品设计同质化、市场细分不到位、产品定位不明确等问题，以至于投资者无法根据自身需求选择最优的基金产品。

2.价格策略

价格策略要求基金产品的价格及相关费用要市场化，充分发挥价格优势。中国基金销售机构已逐步呈现市场化、多样化趋势。其根据公司品牌影响力、产品竞争力、发行档期的市场环境等因素，针对不同的投资者设计不同的费率结构，通过对费率结构的异质化设定施行树立品牌的营销策略。价格调节的手段有首次认购（申购）客户的费用折扣、后端收费模式、对同一基金设计不同的收费结构和结算模式、设计费用优惠政策等。

3.渠道策略

渠道策略要求基金产品的销售渠道应当多样化，提高公众对基金产品的认知。中国基金销售的渠道比较单一，以银行和券商代销为主。对银行和券商较高的渠道依赖度使得我国基金的营销成本较高。基金销售机构不仅要巩固现有渠道、增强银行和券商渠道代销积极性，更要引进多样化的营销渠道，拓宽销售渠道的广度和深度，并对各种渠道进行有效管理，组成一个功能互补、效益最大化的渠道网络，服务各个不同的细分市场。

4.促销策略

促销策略认为基金公司可以改变销售行为来激励购买，以短期的行为吸引客户。我国基金销售机构采取多种促销手段，如报刊广告、网络宣传、电台广告、平面广告、派发各种宣传资料、基金产品推介会、费率打折、产品组合营销、基金拆分、大比例分红等，与投资者进行交流沟通。各基金销售机构在促销策略方面存在的不足表现为：①基金销售机构往往重首发而轻持续营销；②中国基金销售机构普遍缺乏整体促销战略，而且促销手段比较简单，大都停留在以媒体推广为主的阶段，促销的策略性、系统性、目标性尚待提高。

（三）基金市场营销的特殊性

1.规范性

规范性要求基金销售机构在制定产品策略和促销策略时，需要严格遵守监管部门对其在基金销售费用、基金销售宣传推介等方面做的规定，以维护投资者利益。

2.服务性

服务性要求基金销售机构在注重产品、分销和促销的同时,还必须重视高质量的服务、品牌的形象宣传等,以增强可靠的信誉,扩大客户基础。

3.专业性

专业性要求营销人员广泛了解和掌握基金的相关知识和投资工具,具有较高的专业水平和服务水平。

4.持续性

持续性要求基金销售机构重视销售服务的持续性,从而不断扩大客户群体,扩大基金规模。

5.适用性

适用性要求基金销售机构应当坚持基金投资者利益优先的原则,根据投资者的风险承受能力销售不同风险等级的产品。

真题链接

【2015年】基金市场营销的特殊性不包括( )。

A.专业性   B.针对性

C.持续性   D.服务性

【答案】B。解析:本题旨在考查基金市场营销的特殊性。基金市场营销的特殊性包括规范性、服务性、专业性、持续性和适用性,不包括针对性。故本题选B。

本章同步自测

1.下列说法错误的是( )。

A.基金投资人是基金资产的所有者和基金投资回报的受益人

B.按照投资基金的个体不同划分,基金投资者可以分为个人投资者和机构投资者

C.基金个人投资者是指以自然人身份进行基金投资的证券投资者

D.基金机构投资有投资管理专业化、投资目标模糊化及投资行为规范化的特点

2.销售机构在进行市场细分时应遵循的原则不包括( )。

A.易入原则   B.可测原则

C.易解原则   D.识别原则

3.下列说法错误的是( )。

A.基金销售机构与基金管理人应当签订书面销售协议,明确双方的权利与义务

B.未经签订书面销售协议,基金销售机构在特殊情况下可以办理基金的销售

C.基金销售机构不得委托其他机构代为办理基金的销售业务

D.基金销售机构与基金管理人签订的书面协议应当包括销售费用分配的比例和方式

4.与销售业务有关的其他资料自业务发生当年起至少保存（　　）年。

A.10　　　　　　　　B.15　　　　　　　　C.20　　　　　　　　D.25

5.我国基金销售方式不包括（　　）。

A.基金公司直销　　　　　　　　　　　B.银行代销

C.基金公司代销　　　　　　　　　　　D.证券公司代销

6.传统的4Ps营销理论的四个要素不包括（　　）。

A.产品　　　　　　　　　　　　　　　B.渠道

C.促销　　　　　　　　　　　　　　　D.人员

参考答案及解析 >>>>>>

1.【答案】D。解析：本题旨在考查基金投资人的类型及其特点。机构投资者的特点有投资管理专业化、投资结构组合化和投资行为规范化。故本题选D。

2.【答案】C。解析：本题旨在考查销售机构进行市场细分应遵循的原则。销售机构进行市场细分应遵循的原则包括易入原则、可测原则、成长原则、识别原则及利润原则，不包括易解原则。故本题选C。

3.【答案】B。解析：本题旨在考查基金销售机构职责的规范。未经签订书面销售协议，基金销售机构不得办理基金的销售，B项表述错误。故本题选B。

4.【答案】B。解析：本题旨在考查基金销售机构建立的相关制度。与销售业务有关的其他资料自业务发生当年起至少保存15年。

5.【答案】C。解析：本题旨在考查我国基金销售方式。我国基金销售方式包括基金公司直销、银行代销、证券公司代销、独立第三方销售公司、新型的互联网金融渠道等方式，不包括基金公司代销方式。

6.【答案】D。解析：本题旨在考查传统的4Ps营销理论的四个要素。传统的4Ps营销理论的四个要素是产品、价格、渠道、促销，不包括人员。

第九章　基金销售行为规范及信息管理

本章学习框架

第九章	考点	考查角度
基金销售行为规范及信息管理	基金销售机构人员行为规范	基金销售机构人员的资格管理、管理与培训、行为规范
	基金宣传推介材料规范	宣传推介材料的范围、审批报备流程、原则性要求、禁止性规定、业绩登载规范、其他规范，货币市场基金宣传推介的规定，宣传推介材料违规情形和监管处罚、风险提示函的必备内容
	基金销售费用规范	基金销售费用原则性规范、具体规范
	基金销售适用性与投资者适当性	基金销售适用性的指导性原则和管理制度、基金销售渠道审慎调查、基金产品或服务风险评价、基金投资人风险承受能力调查和评价、普通投资者和专业投资者、投资者与基金产品或服务的风险匹配、基金销售适用性与投资者适当性的实施保障
	基金销售信息管理	基金销售业务信息管理、基金客户信息管理的内容与保管要求
	私募投资基金销售行为规范	一般规定、特定对象规定、投资者适当性匹配、宣传推介、合格投资者、签署合同

考点精讲

考点1　基金销售机构人员行为规范

一、基金销售人员的资格管理、人员管理和培训（★★）

基金销售人员，是指基金管理公司、基金管理公司委托的基金代销机构中从事宣传推介基金、发售基金份额、办理基金份额申购和赎回等相关活动的人员。

（一）基金销售人员的资格管理

基金销售人员应当自觉遵守法律法规和所在机构的业务制度，忠于职守，规范服务，自觉维护所在机构及行业的声誉，保护投资者的合法利益，应当具备从事基金销售活动所必需的法律、金融、财务等专业知识和技能，并根据有关规定取得中国证券投资基金业协会认可的基金从业资格，并熟悉所推介基金的基金合同、招募说明书、发行公告、产品特征以及基金销售业务流程。

负责基金销售业务的管理人员应取得基金从业资格。

证券公司总部及营业网点，商业银行总行、各级分行及营业网点，专业基金销售机构和证券投资咨询机构总部及营业网点从事基金宣传推介、基金理财业务咨询等活动的人员应取得基金销售业务资格。

上述从业人员需由所在机构进行执业注册登记，未经基金管理人或者基金销售机构聘任，任何人员不得从事基金销售活动。

（二）基金销售机构人员管理和培训

基金销售机构应当根据有关法律法规的要求，建立科学的聘用、培训、考评、晋升、淘汰等人力资源管理制度，确保基金销售人员具备与岗位要求相适应的职业操守和专业胜任能力。基金销售机构应当做到以下几方面：

（1）基金销售机构应当完善销售人员招聘程序，明确资格条件，审慎考察应聘人员。

（2）基金销售机构应当建立员工培训制度，通过培训、考试等方式，确保员工理解和掌握相关法律法规和规章制度。员工培训应当符合基金行业自律机构的相关要求，培训情况应当记录并存档。

（3）基金销售机构应当加强对销售人员的日常管理，建立管理档案，对销售人员的行为、诚信、奖惩等情况进行记录。

（4）基金销售机构应当建立科学合理的销售绩效评价体系，健全激励、约束机制。

（5）基金销售机构对于通过中国基金业协会资质考核并获得基金销售资格的基金销售人员，统一办理执业注册、后续培训和执业年检。

（6）基金销售机构对于所属已获得基金销售资格的从业人员，应参照中国基金业协会发布的《基金从业人员后续职业培训大纲》的要求，组织与基金销售相关的职业培训。

（7）基金销售机构对基金销售人员的销售行为、流动情况、获取从业资质和业务培训等进行日常管理，建立健全基金销售人员管理档案，登记基金销售人员的基本资料和培训情况等。

（8）基金销售机构应当通过网络或其他方式向社会公示本机构所属的取得基金销售从业资质的人员信息，公示的内容包括但不限于姓名、从业资质证明及编号、所在营业网点等信息。

真题链接

【2018年】基金销售人员需由所在机构进行职业注册登记，未经（　　）聘任，任何人员不得从事基金销售活动。

A.中国证券投资基金业协会或基金公司

B.基金管理人或基金销售机构

C.中国证监会

D.中国证券投资基金业协会或销售机构

【答案】B。解析:基金销售人员需由所在机构进行执业注册登记,未经基金管理人或者基金销售机构聘任,任何人员不得从事基金销售活动。

二、基金销售人员行为规范(★★★)

(一)基金销售人员基本行为规范

基金销售人员基本行为规范包括以下几项:

(1)基金销售人员在与投资者交往中应热情诚恳,稳重大方,语言和行为举止文明礼貌。

(2)基金销售人员在向投资者推介基金时应首先自我介绍并出示基金销售人员身份证明及从业资格证明。

(3)基金销售人员在向投资者推介基金时应征得投资者的同意,如投资者不愿或不便接受推介,基金销售人员应尊重投资者的意愿。

(4)基金销售人员在向投资者进行基金宣传推介和销售服务时,应公平对待投资者。

(5)基金销售人员对其所在机构和基金产品进行宣传应符合中国证监会和其他部门的相关规定。

(6)基金销售人员分发或公布的基金宣传推介材料应为基金管理公司或基金代销机构统一制作的材料。

(7)基金销售人员在为投资者办理基金开户手续时,应严格遵守《证券投资基金销售机构内部控制指导意见》的有关规定,并注意如下事项:①有效识别投资者身份;②向投资者提供"投资人权益须知";③向投资者介绍基金销售业务流程、收费标准及方式、投诉渠道等;④了解投资者的投资目标、风险承受能力、投资期限和流动性要求。

(8)基金销售人员应根据投资者的目标和风险承受能力推荐基金品种,并客观介绍基金的风险收益特征,明确提示投资者注意投资基金的风险。

(9)基金销售人员应当积极为投资者提供售后服务,回访投资者,解答投资者的疑问。

(10)基金销售人员应当耐心倾听投资者的意见、建议和要求,并根据投资者的合理意见改进工作,如有需要应立即向所在机构报告。

(11)基金销售人员应当自觉避免其个人及其所在机构的利益与投资者的利益冲突,当无法避免时,应当确保投资者的利益优先。

(二)基金销售人员禁止性规范

基金销售人员禁止性规范包括以下几项:

(1)基金销售人员对基金产品的陈述、介绍和宣传,应当与基金合同、招募说明书等相符,不得进行虚假或误导性陈述,或者出现重大遗漏。

(2)基金销售人员在陈述所推介基金或同一基金管理人管理的其他基金的过往业绩时,应当客观、全面、准确,并提供业绩信息的原始出处,不得片面夸大过往业绩,也不得预测所推介基金的未来业绩。

（3）基金销售人员应向投资者表明，所推介基金的过往业绩并不预示其未来表现，同一基金管理人管理的其他基金的业绩并不构成所推介基金业绩表现的保证。

（4）基金销售人员应当引导投资者到基金管理公司、基金代销机构的销售网点、网上交易系统或其他经监管部门核准的合法渠道办理开户，基金认购、申购、赎回等业务手续，不得接受投资者的现金，不得以个人名义接受投资者的款项。

（5）基金销售人员应当按照基金合同、招募说明书以及基金销售业务规则的规定为投资者办理基金认购、申购、赎回等业务，不得擅自更改投资者的交易指令，无正当理由不得拒绝投资者的交易要求。

（6）基金销售人员获得投资者提供的开户资料和基金交易等相关资料后，应及时交所在机构建档保管，并依法为投资者保守秘密，不得泄露投资者买卖、持有基金份额的信息及其他相关信息。

（7）基金销售人员在向投资者办理基金销售业务时，应当按照基金合同、招募说明书和发行公告等销售法律文件的规定代扣或收取相关费用，不得收取其他额外费用，也不得对不同投资者违规收取不同费率的费用。

（8）基金销售人员从事基金销售活动的其他禁止性情形：①在销售活动中为自己或他人牟取不正当利益；②违规向他人提供基金未公开的信息；③诋毁其他基金、销售机构或销售人员；④散布虚假信息，扰乱市场秩序；⑤同意或默许他人以其本人或所在机构的名义从事基金销售业务；⑥违规接收投资者全权委托，直接代理客户进行基金认购、申购、赎回等交易；⑦违规对投资者做出盈亏承诺，或与投资者以口头或书面形式约定利益分成或亏损分担；⑧承诺利用基金资产进行利益输送；⑨以账外暗中给予他人财物或利益，或接受他人给予的财物或利益等形式进行商业贿赂；⑩挪用投资者的交易资金或基金份额；⑪从事其他任何可能有损其所在机构和基金业声誉的行为。

真题链接

【2015年】基金从业人员在宣传、推介和销售基金产品时，应当客观、全面、准确地向投资者推介基金产品，下列符合基金销售人员行为规范的是（　　）。

A.提供基金未公开的信息

B.揭示投资风险

C.承诺或约定利益分成或亏损分担

D.预测所推介基金的未来业绩

【答案】B。解析：基金从业人员在宣传、推介和销售基金产品时，应当客观、全面、准确地向投资人推介基金产品、揭示投资风险。B项正确，故本题选B。

考点2　基金宣传推介材料规范

一、宣传推介材料的范围和报备流程（★★）

（一）宣传推介材料的范围

基金宣传推介材料，是指为推介基金向公众分发或者公布，使公众可以普遍获得的书面、电子或者其他介质的信息，包括如下信息：

（1）公开出版资料。

（2）宣传单、手册、信函、传真、非指定信息披露媒体上刊发的与基金销售相关的公告等面向公众的宣传资料。

（3）海报、户外广告。

（4）电视、电影、广播、互联网资料、公共网站链接广告、短信及其他音像、通信资料。

（5）通过报眼及报花广告、公共网站链接广告、传真、短信、非指定信息披露媒体上刊发的与基金分红、销售相关的公告等可以使公众普遍获得的、带有广告性质的基金销售信息。

（6）中国证监会规定的其他材料。

（二）宣传推介材料审批报备流程

基金管理人的基金宣传推介材料，应当事先经基金管理人负责基金销售业务的高级管理人员和督察长检查，出具合规意见书，并自向公众分发或者发布之日起5个工作日内报主要经营活动所在地中国证监会派出机构备案。

其他基金销售机构的基金宣传推介材料，应当事先经基金销售机构负责基金销售业务和合规的高级管理人员检查，出具合规意见书，并自向公众分发或者发布之日起5个工作日内报工商注册登记所在地中国证监会派出机构备案。

基金管理公司和基金代销机构制作、分发或公布基金宣传推介材料，应当按照表9-1规定的要求报送报告材料。

表9-1　报送报告材料的要求

项目	要求
报送内容	（1）包括基金宣传推介材料的形式和用途说明、基金宣传推介材料、基金管理公司督察长出具的合规意见书、基金托管银行出具的基金业绩复核函或基金定期报告中相关内容的复印件，以及有关获奖证明的复印件 （2）基金管理公司或基金代销机构负责基金营销业务的高级管理人员应当对基金宣传推介材料的合规性进行复核并出具复核意见
报送形式	（1）书面报告报送基金管理公司或基金代销机构主要办公场所所在地证监局 （2）报证监局时应随附电子文档
报送流程	基金管理公司或基金代销机构应当在分发或公布基金宣传推介材料之日起5个工作日内递交报告材料

二、宣传推介材料的原则性要求和禁止性规定（★★★）

（一）宣传推介材料的原则性要求

制作基金宣传推介材料的基金销售机构应当对其内容负责，保证其内容的合规性，并确保向公众分发、公布的材料与备案的材料一致。

基金管理公司和基金代销机构应当在基金宣传推介材料中加强对投资人的教育和引导，积极培养投资人的长期投资理念，注重对行业公信力及公司品牌、形象的宣传，避免利用通过大比例分红等降低基金单位净值的措施来吸引基金投资人购买基金的营销手段，或对有悖基金合同约定的暂停、打开申购等营销手段进行宣传。

（二）宣传推介材料的禁止性规定

基金宣传推介材料必须真实、准确，与基金合同、基金招募说明书相符，不得有下列情形：

（1）虚假记载、误导性陈述或者重大遗漏。

（2）预测基金的证券投资业绩。

（3）违规承诺收益或者承担损失。

（4）诋毁其他基金管理人、基金托管人或者基金销售机构，或者其他基金管理人募集或者管理的基金。

（5）夸大或者片面宣传基金，违规使用安全、保证、承诺、保险、避险、有保障、高收益、无风险等可能使投资人认为没有风险的或者片面强调集中营销时间限制的表述。

（6）登载单位或者个人的推荐性文字。

（7）基金宣传推介材料所使用的语言表述应当准确清晰，应当特别注意：

①在缺乏足够证据支持的情况下，不得使用"业绩稳健""业绩优良""名列前茅""位居前列""首只""最大""最好""最强""唯一"等表述。

②不得使用"坐享财富增长""安心享受成长""尽享牛市"等容易使基金投资人忽视风险的表述。

③不得使用"欲购从速""申购良机"等片面强调集中营销时间限制的表述。

④不得使用"净值归一"等误导基金投资人的表述。

（8）中国证监会规定的其他情形。

> 真题链接

【2016年】A公司进行基金销售时，推出名为"胜百八"的年终客户大回馈活动。该活动宣传资料指出："凡参加活动并将活动信息分享给好友，即可获得相应数量货币基金份额，投资者参加活动的投资收益率最高档可达到8.8%。"对此案例的评析，下列说法错误的是（　　）。

A.最高可享8.8%年化收益为宣传资料中的不当用语

B.根据《证券投资基金销售管理办法》的相关规定,该公司需改正其宣传资料

C.基金宣传推介材料不得违规承诺收益或承担损失

D.A公司违反了宣传推介材料关于过往业绩刊登的规范

【答案】D。解析:《证券投资基金销售管理办法》第三十五条规定,基金宣传推介材料不得违规承诺收益或承担损失,夸大或片面宣传基金,违规使用安全、保证、承诺、保险、避险、有保障、高收益、无风险等可能使投资人认为没有风险的或者片面强调集中营销时间限制的表述。

三、宣传推介材料业绩登载规范和其他规范(★★)

(一)宣传推介材料业绩登载规范

基金宣传推介材料可以登载该基金、基金管理人管理的其他基金的过往业绩,但基金合同生效不足6个月的除外。

基金宣传推介材料登载过往业绩的,应当符合以下要求:

(1)基金合同生效6个月以上但不满1年的,应当登载从合同生效之日起计算的业绩。

(2)基金合同生效1年以上但不满10年的,应当登载自合同生效当年开始所有完整会计年度的业绩,宣传推介材料公布日在下半年的,还应当登载当年上半年度的业绩。

(3)基金合同生效10年以上的,应当登载最近10个完整会计年度的业绩。

(4)业绩登载期间,基金合同中投资目标、投资范围和投资策略发生改变的,应当予以特别说明。

基金宣传推介材料登载该基金、基金管理人管理的其他基金的过往业绩的,应当遵守下列规定:

(1)按照有关法律法规的规定或者行业公认的准则计算基金的业绩表现数据。

(2)引用的统计数据和资料应当真实、准确,并注明出处,不得引用未经核实、尚未发生或者模拟的数据。对于推介定期定额投资业务等需要模拟历史业绩的,应当采用我国证券市场或者境外成熟证券市场具有代表性的指数,对其过往足够长时间的实际收益率进行模拟,同时注明相应的复合年平均收益率;此外,还应当说明模拟数据的来源、模拟方法及主要计算公式,并进行相应的风险提示。

(3)真实、准确、合理地表述基金业绩和基金管理人的管理水平。基金业绩表现的数据应当经基金托管人复核或者摘取自基金定期报告。基金宣传推介材料登载基金过往业绩的,应当特别声明,基金的过往业绩并不预示其未来表现,基金管理人管理的其他基金的业绩并不构成基金业绩表现的保证。基金宣传推介材料对不同基金的业绩进行比较的,应当使用可比的数据来源、统计方法和比较期间,并且有关数据来源、统计方法应当公平、准确,具有关联性。

（二）宣传推介材料的其他规范

宣传推介材料的其他规范如下：

（1）基金宣传推介材料附有统计图表的，应当清晰、准确。

（2）基金宣传推介材料提及基金评价机构评价结果的，应当符合中国证监会关于基金评价结果引用的相关规范，并应当列明基金评价机构的名称及评价日期。

（3）基金宣传推介材料登载基金管理人股东背景时，应当特别声明基金管理人与股东之间实行业务隔离制度，股东并不直接参与基金财产的投资运作。

（4）基金宣传推介材料中推介货币市场基金的，应当提示基金投资人，购买货币市场基金并不等于将资金作为存款存放在银行或者存款类金融机构，基金管理人不保证基金一定盈利，也不保证最低收益。

（5）避险策略基金应充分揭示基金的风险，同时说明引入保障机制并不必然确保投资者投资本金的安全，持有人在极端情况下仍存在本金损失，清晰易懂地说明保障机制的具体安排，并举例说明可能存在本金损失的极端情形。避险策略基金应在宣传推介材料中明确投资者在避险策略期间赎回、转换转出是否可获得差额补足保障，对可能发生的损失进行特别风险提示。

（6）基金宣传推介材料应当含有明确、醒目的风险提示和警示性文字，以提醒投资人注意投资风险，仔细阅读基金合同和基金招募说明书，了解基金的具体情况。有足够平面空间的基金宣传推介材料应当在材料中加入具有符合规定的必备内容的风险提示函。电视、电影、互联网资料、公共网站链接形式的宣传推介材料应当包括为时至少5秒钟的影像显示，提示投资人注意风险并参考该基金的销售文件。电台广播应当以旁白形式表达上述内容。

（7）基金宣传推介材料含有基金获中国证监会核准内容的，应当特别声明中国证监会的核准并不代表中国证监会对该基金的风险和收益做出实质性判断、推荐或者保证。

四、货币市场基金宣传推介的规定（★★）

货币市场基金宣传推介的规定如表9-2所示：

表9-2　《货币市场基金监督管理办法》的相关规定

条款	内容
第十八条	基金管理人应当在货币市场基金的招募说明书及宣传推介材料的显著位置列明，投资者购买货币市场基金并不等于将资金作为存款存放在银行或者存款类金融机构，基金管理人不保证基金一定盈利，也不保证最低收益

表9-2（续）

条款	内容
第十九条	基金管理人、基金销售机构在从事货币市场基金销售活动过程中，应当按照有关法律法规规定制作宣传推介材料，严格规范宣传推介行为，充分揭示投资风险，不得承诺收益，不得使用与货币市场基金风险收益特征不相匹配的表述，不得夸大或者片面宣传货币市场基金的投资收益或者过往业绩 除基金管理人、基金销售机构外，其他机构或者个人不得擅自制作或者发放与货币市场基金相关的宣传推介材料；登载货币市场基金宣传推介材料的，不得片面引用或者修改其内容
第二十条	基金销售支付结算机构等相关机构开展与货币市场基金相关的业务推广活动，应当事先征得合作基金管理人或者基金销售机构的同意，严格遵守相关法律法规的规定，不得混同、比较货币市场基金与银行存款及其他产品的投资收益，不得以宣传理财账户或者服务平台等名义变相从事货币市场基金的宣传推介活动
第二十一条	基金管理人、基金销售机构独立或者与互联网机构等其他机构合作开展货币市场基金互联网销售业务时，应当采取显著方式向投资人揭示提供基金销售服务的主体、投资风险以及销售的货币市场基金名称，不得以理财账户或者服务平台的名义代替基金名称，并对合作业务范围、法律关系界定、信息安全保障、客户信息保密、合规经营义务、应急处置机制、防范非法证券活动、合作终止时的业务处理方案、违约责任承担和投资人权益保护等进行明确约定
第二十二条	基金管理人、基金销售机构、基金销售支付结算机构与互联网机构等其他机构合作开展货币市场基金销售业务，不得有以下情形： （1）未经中国证监会注册取得基金销售业务资格，擅自从事基金宣传推介、份额发售与申购赎回等相关业务 （2）侵占或者挪用基金销售结算资金 （3）欺诈误导投资人 （4）未向投资人充分揭示投资风险 （5）泄露投资人客户资料、交易信息等非公开信息 （6）从事违法违规经营活动 （7）法律法规及中国证监会规定的其他情形
第二十三条	基金管理人、基金销售机构、基金销售支付结算机构以及互联网机构在从事或者参与货币市场基金销售过程中，向投资人提供快速赎回等增值服务的，应当充分揭示增值服务的业务规则，并采取有效方式披露增值服务的内容、范围、权利义务、费用及限制条件等信息，不得片面强调增值服务便利性，不得使用夸大或者虚假用语宣传增值服务 从事基金销售支付结算业务的非银行支付机构应当严格按照《支付机构客户备付金存管办法》有关要求存放、使用、划转客户备付金，不得将客户备付金用于基金赎回垫支

五、宣传推介材料违规情形和监管处罚

基金管理公司或基金代销机构使用基金宣传推介材料的违规情形主要包括以下三种：

（1）未履行报送手续。

（2）基金宣传推介材料和上报的材料不一致。

（3）基金宣传推介材料违反《证券投资基金销售管理办法》及其他情形。

出现上述情形的，将视违规程度由中国证监会或地方证监会依法采取以下行政监管或行政处罚措施：

（1）提示基金管理公司或基金代销机构进行改正。

（2）对基金管理公司或基金代销机构出具监管警示函。

（3）对在6个月内连续两次被出具监管警示函仍未改正的基金管理公司或基金代销机构，该公司或机构在分发或公布基金宣传推介材料前，应当事先将材料报送中国证监会。基金宣传推介材料自报送中国证监会之日起10日后，方可使用；在上述期限内，中国证监会发现基金宣传推介材料不符合有关规定的，可及时告知该公司或机构进行修改，材料未经修改的，该公司或机构不得使用。

（4）责令基金管理公司或基金代销机构进行整改，暂停办理相关业务，并对其立案调查。

（5）对直接负责的基金管理公司或基金代销机构高级管理人员和其他直接责任人员，采取监管谈话、出具警示函、记入诚信档案、暂停履行职务、认定为不适宜担任相关职务者等行政监管措施，或建议公司或机构免除有关高管人员的职务。

六、风险提示函的必备内容

证券投资基金是一种长期投资工具，其主要功能是分散投资，降低投资单一证券所带来的个别风险。基金不同于银行储蓄和债券等能够提供固定收益预期的金融工具，投资人购买基金，既可能按其持有份额分享基金投资所产生的收益，也可能承担基金投资所带来的损失。

基金在投资运作过程中可能面临各种风险，既包括市场风险，也包括基金自身的管理风险、技术风险和合规风险等。巨额赎回风险是开放式基金所特有的一种风险，即当单个交易日基金的净赎回申请超过基金总份额的10%时，投资人将可能无法及时赎回持有的全部基金份额。

基金分为股票基金、混合基金、债券基金、货币市场基金等不同类型，投资人投资不同类型的基金将获得不同的收益预期，也将承担不同程度的风险。一般来说，基金的收益预期越高，投资人承担的风险也越大。

投资人应当认真阅读基金合同、招募说明书等基金法律文件，了解基金的风险收益特征，并根据自身的投资目的、投资期限、投资经验、资产状况等判断基金是否和投资人的风险承受能力相适应。

投资人应当充分了解基金定期定额投资和零存整取等储蓄方式的区别。定期定额投资是

引导投资人进行长期投资、平均投资成本的一种简单易行的投资方式。但定期定额投资并不能规避基金投资所固有的风险，不能保证投资人获得收益，也不是替代储蓄的等效理财方式。

考点3 基金销售费用规范

一、基金销售费用原则性规范（★★★）

基金管理人应当设定科学合理、简单清晰的基金销售费用结构和费率水平，不断完善基金销售信息披露，防止不正当竞争。基金管理人应当在基金合同、招募说明书或者公告中载明收取销售费用的项目、条件和方式，在招募说明书或者公告中载明费率标准及费用计算方法。

基金销售机构应当建立健全对基金销售费用的监督和控制机制，持续提高对基金投资人的服务质量，保证公平、有序、规范地开展基金销售业务。

二、基金销售费用的内容（★★★）

（一）基金销售费用结构

基金销售费用的结构如表9-3所示：

表9-3 基金销售费用结构

基金销售费用	申购（认购）费	前端收费方式：在基金份额发售或者申购时收取
		后端收费方式：在基金份额赎回时从赎回金额中扣除
	赎回费	
	销售服务费	

基金管理人发售基金份额、募集基金，可以收取认购费；基金管理人办理基金份额的申购，可以收取申购费。

选择前端收费方式的投资人，基金管理人可以根据其申购（认购）金额的数量适用不同的前端申购（认购）费率标准；选择后端收费方式的投资人，基金管理人可以根据其持有期限适用不同的后端申购（认购）费率标准。但对于持有期低于3年的投资人，基金管理人不得免收其后端申购（认购）费用。

（二）基金销售费率水平

基金管理人应当在基金合同、招募说明书中约定按照以下费用标准收取赎回费：

（1）收取销售服务费的，对持续持有期少于30日的投资人收取不低于0.5%的赎回费，并将上述赎回费全额计入基金财产。

（2）不收取销售服务费的，对持续持有期少于7日的投资人收取不低于1.5%的赎回费，对持续持有期少于30日的投资人收取不低于0.75%的赎回费，并将上述赎回费全额计入基金财产；对持续持有期少于3个月的投资人收取不低于0.5%的赎回费，并将不低于赎回费总额的

75%计入基金财产;对持续持有期长于3个月但少于6个月的投资人收取不低于0.5%的赎回费,并将不低于赎回费总额的50%计入基金财产;对持续持有期长于6个月的投资人,应当将不低于赎回费总额的25%计入基金财产。不收取服务费的赎回费标准如表9-4所示:

表9-4 不收取服务费的赎回费标准

持有期	赎回费率	计入基金财产的赎回费比例
7日	1.5%	100%
30日	0.75%	100%
3个月	0.5%	75%
3个月~6个月	0.5%	50%
6个月	—	25%

(3)对于交易型开放式指数基金(ETF)、上市开放式基金(LOF)、分级基金、指数基金、短期理财产品基金等股票基金、混合基金以及其他类别基金,基金管理人可以参照上述标准在基金合同、招募说明书约定赎回费的收取标准和计入基金财产的比例。

(4)基金管理人可以从基金财产中计提一定的销售服务费,专门用于基金的销售与基金持有人的服务。

(5)基金销售机构可以对基金销售费用实行一定的优惠。

三、基金销售费用具体规范(★★★)

基金销售费用的具体规范如下:

(1)基金销售机构应当完善内部控制制度和业务执行系统,健全内部监督和反馈系统,加强后台管理系统对费率的合规控制,强化对分支机构基金销售费用的统一管理和监督。

(2)基金销售机构应当按照基金合同和招募说明书的约定,向投资人收取销售费用,未经招募说明书载明并公告,不得对不同投资人适用不同费率。

(3)基金管理人与基金销售机构应在基金销售协议及其补充协议中约定,双方在申购(认购)费、赎回费、销售服务费等销售费用的分成比例,并据此就各自实际取得的销售费用确认基金销售收入,如实核算、记账,依法纳税。

(4)基金销售机构销售基金管理人的基金产品前,应与基金管理人签订销售协议,约定支付报酬的比例和方式。基金管理人和基金销售机构可以在基金销售协议中约定依据销售机构销售基金的保有量提取一定比例的客户维护费,用以向基金销售机构支付客户服务及销售活动中产生的相关费用,客户维护费从基金管理费中列支。

(5)基金管理人和基金销售机构应当在基金销售协议中明确约定销售费用的结算方式和支付方式,除客户维护费外,不得就销售费用签订其他补充协议。

(6)基金管理人不得向销售机构支付不是以销售基金的保有量为基础的客户维护费,不得在基金销售协议之外支付或变相支付销售佣金或报酬奖励。

（7）基金销售机构在基金销售活动中，不得有下列行为：

①在签订销售协议或销售基金的活动中进行商业贿赂。

②以排挤竞争对手为目的，压低基金的收费水平。

③未经公告擅自变更向基金投资人的收费项目或收费标准，或者通过先收后返、财务处理等方式变相降低收费标准。

④采取抽奖、回扣或送实物、保险、基金份额等方式销售基金。

⑤其他违反法律、行政法规的规定，扰乱行业竞争秩序的行为。

（8）基金管理人应当在招募说明书及基金份额发售公告中载明以下有关基金销售费用的信息内容：

①基金销售费用收取的条件、方式、用途和费用标准。

②以简单明了的格式和举例方式向投资人说明基金销售费用水平。

③中国证监会规定的其他有关基金销售费用的信息事项。

（9）基金管理人应当在基金半年度报告和基金年度报告中披露从基金财产中计提的管理费、托管费、基金销售服务费的金额，并说明管理费中支付给基金销售机构的客户维护费总额。

（10）基金管理人应当在每季度的监察稽核报告中列明基金销售费用的具体支付项目和使用情况以及从管理费中支付的客户维护费总额。

真题链接

【2017年】根据基金销售费用规范，下列表述正确的是（　　）。

A.基金管理人应当在每季度的监察稽核报告中列明基金销售费用的具体支付项目和使用情况

B.在基金销售协议之外，基金管理人可以根据和销售机构的约定支付相关销售佣金

C.基金管理人应当在基金季度报告中披露从基金财产中计提的管理费、托管费和基金销售服务费的金额

D.基金管理人向销售机构支付的客户维护费应以销售基金的交易量为基础计算

【答案】A。解析：基金管理人不得向销售机构支付不是以销售基金的保有量为基础的客户维护费，不得在基金销售协议之外支付或变相支付销售佣金或报酬奖励。B项错误。基金季度报告主要内容有基金概况、主要财务指标和净值表现、管理人报告、投资组合报告、开放式基金份额变动等内容。C项错误。基金管理人和基金销售机构可以在基金销售协议中约定依据销售机构销售基金的保有量提取一定比例的客户维护费，用以向基金销售机构支付客户服务及销售活动中产生的相关费用，客户维护费从基金管理费中列支。D项错误。

考点4　基金销售适用性与投资者适当性

一、基金销售适用性的指导原则和管理制度（★★★）

基金销售适用性，是指基金销售机构在销售基金和相关产品的过程中，注重根据基金投资人的风险承受能力销售不同风险等级的产品，把合适的产品卖给合适的基金投资人，以保护基金投资者利益，促进证券投资基金市场健康发展。

基金销售机构在实施基金销售适用性的过程中应当遵循以下原则：

（1）投资人利益优先原则。投资人利益优先原则，是指当基金销售机构或基金销售人员的利益与基金投资人的利益发生冲突时，应当以基金投资人为先，优先保障基金投资人的合法权益。

（2）全面性原则。全面性原则，是指基金销售机构应当使基金销售适用性贯穿基金销售的各个业务环节，将其当作机构内控的组成部分，对基金管理人（或产品发起人，下同）、基金产品（或基金相关产品，下同）和基金投资人都要了解并做出评价。

（3）客观性原则。客观性原则，是指基金销售机构应当客观准确地调查和评价基金管理人、基金产品和基金投资人，并将此作为基金销售人员向基金投资者推介合适基金产品的重要依据。基金销售机构还应建立科学合理的方法，设置必要的标准和流程，保证基金销售适用性的实施。

（4）及时性原则。及时性原则，是指基金销售机构应当根据实际情况及时更新基金产品的风险评价和基金投资人的风险承受能力评价。

（5）有效性原则。有效性原则，是指通过建立科学的投资者适当性原则管理制度与方法，确保投资者适当性管理的有效执行。

（6）差异性原则。差异性原则，是指对普通投资者和专业投资者实施差别适当性管理，履行差别适当性义务。

基金销售机构建立的基金销售适当性管理制度应当至少包括以下内容：

（1）对基金管理人进行审慎调查的方式和方法。

（2）对基金产品或服务的风险等级进行设置，对基金产品或服务进行风险评价的方式或方法。

（3）对投资者进行分类的方法与程序，投资者转化的方法和程序。

（4）对基金投资者风险承受能力进行调查和评价的方式和方法。

（5）对基金产品或者服务和基金投资者进行匹配的方法。

（6）投资者适当性管理的保障措施和风控制度。

真题链接

【2017年】下列关于基金销售机构实施基金销售适用性的过程中应当遵循的原则,正确的是( )。

Ⅰ.投资人利益优先原则　　　　　　Ⅱ.全面性原则

Ⅲ.客观性原则　　　　　　　　　　Ⅳ.及时性原则

A.Ⅰ、Ⅲ、Ⅳ　　　　　　　　　　B.Ⅰ、Ⅱ、Ⅲ、Ⅳ

C.Ⅱ、Ⅲ、Ⅳ　　　　　　　　　　D.Ⅰ、Ⅱ、Ⅲ

【答案】B。解析:基金销售机构在实施基金销售适用性的过程中应当遵循以下原则:①投资人利益优先原则;②全面性原则;③客观性原则;④及时性原则;⑤有效性原则;⑥差异性原则。

二、基金销售渠道审慎调查(★★)

基金销售渠道审慎调查包含两方面的内容:一是基金代销机构对基金管理人的审慎调查,二是基金管理人对基金代销机构的审慎调查。基金销售的适用性要求基金管理人和基金代销机构相互进行审慎调查,具体要求如下:

(1)基金代销机构通过对基金管理人进行审慎调查,了解基金管理人的诚信状况、经营管理能力、投资管理能力、产品设计能力和内部控制情况,并可将调查结果作为是否代销该基金管理人的基金产品或者是否向基金投资人优先推介该基金管理人的重要依据。

(2)基金管理人通过对基金代销机构进行审慎调查,了解基金代销机构的内部控制情况、信息管理平台建设、账户管理制度、销售人员能力和持续营销能力,并可将调查结果作为选择基金代销机构的重要依据。

(3)基金销售机构在研究和执行对基金管理人、基金产品和基金投资人调查、评价的方法、标准和流程时,应当尽力减少主观因素和人为因素的干扰,尽量做到客观准确,并且有合理的理论依据。

(4)开展审慎调查应当优先根据被调查方公开披露的信息进行;接受被调查方提供的非公开信息使用的,必须对信息的适当性实施尽职甄别。

三、基金产品或服务风险评价(★★★)

(一)基金产品风险评价的机构

基金产品的风险评价可由基金销售机构的特定部门完成,也可由第三方的基金评级与评价机构提供。若基金产品的风险评价服务是由基金评级与评价机构提供的,基金销售机构应当要求服务方提供基金产品风险评价方法及其说明。基金产品风险评价结果应当作为基金销售机构向基金投资人推介基金产品的重要依据。

（二）基金产品风险评价的内容

1.基金产品风险评价的分类

《基金募集机构投资者适当性管理实施指引（试行）》第三十八条规定，基金产品或者服务的风险等级要按照风险由低到高顺序，至少划分为 R1、R2、R3、R4、R5 五个等级。

2.基金产品风险评价的根据

基金产品风险评价应当至少依据以下四个因素：

（1）基金招募说明书所明示的投资方向、投资范围和投资比例。

（2）基金的历史规模和持仓比例。

（3）基金的过往业绩及基金净值的历史波动程度。

（4）基金成立以来有无违规行为发生。

《基金募集机构投资者适当性管理实施指引（试行）》第四十一条规定，基金产品或者服务存在下列因素的，要审慎评估其风险等级：

（1）基金产品或者服务合同存在特殊免责条款、结构性安排、投资标的具有衍生品性质等导致普通投资者难以理解的。

（2）基金产品或者服务不存在公开交易市场，或因参与投资者少等因素导致难以在短期内以合理价格顺利变现的。

（3）基金产品或者服务的投资标的流动性差、存在非标准资产投资导致不易估值的。

（4）基金产品或者服务投资杠杆达到相关要求上限、投资单一标的集中度过高的。

（5）基金管理人、实际控制人、高管人员涉嫌重大违法违规行为或正在接受监管部门或自律管理部门调查的。

（6）影响投资者利益的其他重大事项。

（7）中国基金业协会认定的高风险基金产品或者服务。

基金销售机构所使用的基金产品风险评价方法及其说明，应当通过适当途径向基金投资人公开。基金产品风险评价的结果应当定期更新，过往的评价结果应当作为历史记录保存。

四、基金投资人风险承受能力调查和评价（★★★）

基金销售机构应当建立基金投资人调查制度，制定相应的调查方法和作业流程，对基金投资人的风险承受能力进行调查和评价。

1.投资者分类

《基金募集机构投资者适当性管理实施指引（试行）》第二十六条规定，专业投资者之外的，符合法律、法规要求，可以从事基金交易活动的投资者为普通投资者。基金募集机构要按照风险承受能力，将普通投资者由低到高至少分为 C1（含风险承受能力最低类别）、C2、C3、C4、C5 五种类型。

基金募集机构可以将 C1 中符合下列情形之一的自然人，作为风险承受能力最低类别投资者：

（1）不具有完全民事行为能力。

（2）没有风险容忍度或者不愿承受任何投资损失。

（3）法律、行政法规规定的其他情形。

2.风险承受能力调查应包含的内容

对基金投资人进行风险承受能力调查，应至少了解到基金投资人的以下情况：投资目的，投资期限，投资经验，财务状况，短期风险承受水平，长期风险承受水平。其具体包括以下几项：①自然人的姓名、职业、年龄、联系方式，法人或其他组织的名称、注册地址、办公地址，性质、资质及经营范围等；②收入来源和数额，资产、住房等财务状况；③投资相关的学习、工作经历及投资经验；④投资期限、品种、期望收益等投资目标；⑤风险偏好及可承受损失；⑥诚信记录；⑦实际控制自然人和实际受益人；⑧法规规范的投资者准入要求相关的信息；⑨其他必要信息。

应注意的是，投资者应充分了解产品或服务情况，听取基金销售机构适当性评估意见，根据自身能力审慎决策，独立承担投资风险。基金销售机构的适当性匹配意见不表明对产品或服务的风险和收益做出实质性判断或者保证。投资者信息发生重要变化，可能影响分类的，应及时告知销售机构。

五、普通投资者和专业投资者（★★★）

（一）专业投资者

《证券期货投资者适当性管理办法》第八条规定，符合下列条件之一的是专业投资者：

（1）经有关金融监管部门批准设立的金融机构，包括证券公司、期货公司、基金管理公司及其子公司、商业银行、保险公司、信托公司、财务公司等；经行业协会备案或者登记的证券公司子公司、期货公司子公司、私募基金管理人。

（2）上述机构面向投资者发行的理财产品，包括但不限于证券公司资产管理产品、基金管理公司及其子公司产品、期货公司资产管理产品、银行理财产品、保险产品、信托产品、经行业协会备案的私募基金。

（3）社会保障基金、企业年金等养老基金，慈善基金等社会公益基金，合格境外机构投资者（QFII）、人民币合格境外机构投资者（RQFII）。

（4）同时符合下列条件的法人或者其他组织：①最近1年末净资产不低于2 000万元；②最近1年末金融资产不低于1 000万元；③具有2年以上证券、基金、期货、黄金、外汇等投资经历。

（5）同时符合下列条件的自然人：①金融资产不低于500万元，或者最近3年个人年均收入不低于50万元；②具有2年以上证券、基金、期货、黄金、外汇等投资经历，或者具有2年以上金融产品设计、投资、风险管理及相关工作经历，或者属于本条第（1）项规定的专业投资者的高级管理人员、获得职业资格认证的从事金融相关业务的注册会计师和律师。

上述金融资产,是指银行存款、股票、债券、基金份额、资产管理计划、银行理财产品、信托计划、保险产品、期货及其他衍生产品等。

（二）普通投资者

专业投资者之外的投资者为普通投资者。普通投资者在信息告知、风险警示、适当性匹配等方面享有特别保护。基金销售机构对普通投资承担以下特别责任和要求:

（1）细化分类和管理义务。基金销售机构应当按照有效维护投资者合法权益的要求,综合考虑收入来源、资产状况、债务、投资知识和经验、风险偏好、诚信状况等因素,确定普通投资者的风险承受能力,对其进行细化分类和管理。

（2）特别的注意义务。特别的注意义务包括制定专门的工作程序,追加了解相关信息,告知特别的风险点,给予普通投资者更多的考虑时间,增加回访频次等。

（3）特别告知义务。特别告知义务包括以下几项:①可能直接导致本金亏损的事项;②可能直接导致超过原始本金损失的事项;③因经营机构的业务或者财产状况变化,可能导致本金或者原始本金亏损的事项;④因经营机构的业务或者财产状况变化,影响客户判断的重要事由;⑤限制销售对象权利行使期限或者可解除合同期限等全部限制内容;⑥投资者适当性匹配意见。

（4）不得主动推介超越风险承受能力或不符合投资目标的产品义务。

（5）举证责任倒置原则。基金销售机构应当妥善处理适当性相关的纠纷,与投资者协商解决争议,采取必要措施支持和配合投资者提出的调解。

（6）录音或录像要求。通过营业网点向普通投资者进行以下告知、警示时,应当全过程录音或者录像;通过互联网等非现场方式进行的,经营机构应当完善配套留痕安排,由普通投资者通过符合法律、行政法规要求的电子方式进行确认。告知、警示包括:①普通投资者申请成为专业投资者,警示其能承担的投资风险,告知申请的审查结果及其理由;②向普通投资者销售高风险产品或者提供相关服务,应当履行特别的注意义务;③根据投资者和产品或者服务的信息变化情况,主动调整投资者分类、产品或者服务分级以及适当性匹配意见,并告知投资者上述情况;④向普通投资者销售产品或者提供服务前,履行前述普通投资者特别告知义务。

（三）普通投资者与专业投资者的转化

1.专业投资者转化为普通投资者

符合以下条件的专业投资者,可以书面告知基金销售机构选择成为普通投资者,经营机构应当对其履行相应的适当性义务。

（1）同时符合下列条件的法人或者其他组织:①最近1年末净资产不低于2 000万元;②最近1年末金融资产不低于1 000万元;③具有2年以上证券、基金、期货、黄金、外汇等投资经历。

（2）同时符合下列条件的自然人:①金融资产不低于500万元,或者最近3年个人年均收入不低于50万元;②具有2年以上证券、基金、期货、黄金、外汇等投资经历,或者具有2年以上金融产品设计、投资、风险管理及相关工作经历,或者上述第(1)项规定的专业投资者的高级管理人员、获得职业资格认证的从事金融相关业务的注册会计师和律师。

2.普通投资者转化为专业投资者

符合下列条件之一的普通投资者可以申请转化成为专业投资者,但基金销售机构有权自主决定是否同意其转化。

(1)最近1年末净资产不低于1 000万元,最近1年末金融资产不低于500万元,且具有1年以上证券、基金、期货、黄金、外汇等投资经历的除专业投资者外的法人或其他组织。

(2)金融资产不低于300万元或者最近3年个人年均收人不低于30万元,且具有1年以上证券、基金、期货、黄金、外汇等投资经历或者1年以上金融产品设计、投资、风险管理及相关工作经历的自然人投资者。

普通投资者申请成为专业投资者应当以书面形式向基金销售机构提出申请并确认自主承担可能产生的风险和后果,提供相关证明材料。

六、投资者与基金产品或者服务的风险匹配(★★★)

《基金募集机构投资者适当性管理实施指引(试行)》对投资者与基金产品或者服务的风险匹配做了具体要求,如表9-5所示:

表9-5 投资者与基金产品或者服务的风险匹配要求

条款	内容
第四十四条	基金募集机构要根据普通投资者风险承受能力和基金产品或者服务的风险等级建立以下适当性匹配原则: (1)C1型(含最低风险承受能力类别)普通投资者可以购买R1级基金产品或者服务 (2)C2型普通投资者可以购买R2级及以下风险等级的基金产品或者服务 (3)C3型普通投资者可以购买R3级及以下风险等级的基金产品或者服务 (4)C4型普通投资者可以购买R4级及以下风险等级的基金产品或者服务 (5)C5型普通投资者可以购买所有风险等级的基金产品或者服务
第四十五条	基金募集机构向投资者销售基金产品或者服务时,禁止出现以下行为: (1)向不符合准入要求的投资者销售基金产品或者服务 (2)向投资者就不确定的事项提供确定性的判断,或者告知投资者有可能使其误认为具有确定性的判断 (3)向普通投资者主动推介风险等级高于其风险承受能力的基金产品或者服务 (4)向普通投资者主动推介不符合其投资目标的基金产品或者服务 (5)向风险承受能力最低类别的普通投资者销售风险等级高于其风险承受能力的基金产品或者服务 (6)其他违背适当性要求,损害投资者合法权益的行为

条款	内容
第四十六条	最低风险承受能力类别的普通投资者不得购买高于其风险承受能力的基金产品或者服务。除因遗产继承等特殊原因产生的基金份额转让之外，普通投资者主动购买高于其风险承受能力基金产品或者服务的行为，不得突破相关准入资格的限制
第四十七条	基金募集机构在向普通投资者销售R5风险等级的基金产品或者服务时，应向其完整揭示以下事项： （1）基金产品或者服务的详细信息、重点特性和风险 （2）基金产品或者服务的主要费用、费率及重要权利、信息披露内容、方式及频率 （3）普通投资者可能承担的损失 （4）普通投资者投诉方式及纠纷解决安排
第四十八条	普通投资者主动要求购买与之风险承受能力不匹配的基金产品或者服务的，基金销售要遵循以下程序： （1）普通投资者主动向基金募集机构提出申请，明确表示要求购买具体的、高于其风险承受能力的基金产品或服务，并同时声明，基金募集机构及其工作人员没有在基金销售过程中主动推介该基金产品或服务的信息 （2）基金募集机构对普通投资者资格进行审核，确认其不属于风险承受能力最低类别投资者，也没有违反投资者准入性规定 （3）基金募集机构向普通投资者以纸质或电子文档的方式进行特别警示，告知其该产品或服务风险高于投资者承受能力 （4）普通投资者对该警示进行确认，表示已充分知晓该基金产品或者服务风险高于其承受能力，并明确做出愿意自行承担相应不利结果的意思表示 （5）基金募集机构履行特别警示义务后，普通投资者仍坚持购买该产品或者服务的，基金募集机构可以向其销售相关产品或者提供相关服务
第四十九条	投资者信息发生重大变化的，基金募集机构要及时更新投资者信息，重新评估投资者风险承受能力，并将调整后的风险承受能力告知投资者
第五十条	基金募集机构销售的基金产品或者服务信息发生变化的，要及时依据基金产品或者服务风险等级划分参考标准，重新评估其风险等级。基金募集机构还要建立长效机制，对基金产品或者服务的风险定期进行评价更新
第五十一条	由于投资者风险承受能力或基金产品或者服务风险等级发生变化，投资者所持有基金产品或者服务不匹配的，基金募集机构要将不匹配情况告知投资者，并给出新的匹配意见

七、基金销售适用性与投资者适当性的实施保障

基金销售机构应当通过内部控制保障基金销售适用性在基金销售各个环节的实施。具体

体现在以下几个方面:

(1)基金销售机构要加强对销售人员的日常管理,建立管理档案,记录销售人员的行为、诚信、奖惩等方面。

(2)基金销售机构要建立健全普通投资者回访制度,定期抽取一定比例的普通投资者进行回访。

(3)基金销售机构要建立完备的投资者投诉处理体系,准确记录投资者投诉内容。

(4)基金销售机构每半年开展一次投资者适当性管理自查。

(5)基金销售机构应当制定基金产品和基金投资人匹配的方法,并在基金认购或申购申请中加入基金投资人意愿声明内容。

(6)中国基金业协会有权对基金销售机构适用性的执行情况进行自律管理。对匹配方案、警示告知材料、录音录像资料、自查报告等保存期限不得少于20年。

考点5 基金销售信息管理

一、基金销售业务信息管理(★)

基金销售业务信息的管理是通过证券投资基金销售业务信息管理平台进行的,该信息管理平台是基金销售机构使用的与基金销售业务相关的信息系统,主要包括前台业务系统、后台管理系统以及应用系统的支持系统。信息管理平台的建立和维护应当遵循安全性、实用性、系统化的原则。

1.前台业务系统

前台业务系统,是指直接面对基金投资人,与基金投资人的交易活动直接相关的应用系统,分为自助式前台系统和辅助式前台系统两种类型。

自助式前台系统,是指基金销售机构提供的,由基金投资人独自完成业务操作的应用系统。自助式前台系统包括两种实现类型:①基金销售机构网点现场自助系统;②通过互联网、电话、移动通信等非现场方式实现的自助系统。

辅助式前台系统,是指基金销售机构提供的,由具备相关资质要求的专业服务人员辅助基金投资人完成业务操作所必需的软件应用系统。

前台业务系统的功能包括以下五个方面:

(1)通过与后台管理系统的网络连接,实现各项业务功能。

(2)为基金投资人和基金销售人员提供投资咨询的功能。

(3)对基金交易账户和基金投资人信息进行管理的功能。

(4)基金认购、申购、赎回、转换、变更分红方式和中国证监会认可的其他交易功能。

(5)为基金投资人提供服务的功能。

2.自助式前台系统

自助式前台系统除了需要满足前台业务系统的要求,还应当符合以下要求:

(1)基金销售机构要为基金投资人提供核实自助式前台系统真实身份和资质的方法。

(2)通过自助式前台系统为基金投资人开立基金交易账户时,应当要求基金投资人提供证明身份的相关资料,并采取等效实名制的方式核实基金投资人身份。

(3)自助式前台系统应当对基金投资人自助服务的操作具有核实身份的功能和合法有效的抗否认措施。

(4)在基金交易账户存在余额、在途交易或在途权益时,基金投资人不得通过自助式前台系统进行基金交易账户销户或指定银行账户变更等重要操作,基金投资人必须持有效证件前往柜台办理。

(5)基金销售机构应当在自助式前台系统上设定基金交易项目限额。

(6)自助式前台系统的各项功能设计,应当界面友好、方便易用,具有防止或纠正基金投资人误操作的功能。

3.后台管理系统

后台管理系统对前台业务系统提供数据支持和集中管理,因此后台管理系统功能应当限制在基金销售机构内部使用。后台管理系统应当满足以下要求:

(1)能够记录基金销售机构、基金销售分支机构、网点和基金销售人员的相关信息,具有对基金销售分支机构、网点和基金销售人员的管理、考核、行为监控等功能。

(2)能够记录和管理基金风险评价、基金管理人与基金产品信息、投资咨询等相关信息。

(3)对基金交易开放时间以外收到的交易申请进行正确的处理,防止发生基金投资人盘后交易的行为。

(4)具备交易清算、资金处理的功能,以便完成与基金注册登记系统、银行系统的数据交换。

(5)具有对所涉及的信息流和资金流进行对账作业的功能。

二、基金客户信息的内容与保管要求(★)

1.基金客户信息的内容

基金经营机构的客户信息主要分为两类:

(1)客户账户信息。

客户账户信息包括账号、账户开立时间、开户行、账户余额、账户交易情况等。

(2)客户交易记录信息。

客户交易记录包括关于每笔交易的数据信息、业务凭证、账簿以及有关规定要求的反映交易真实情况的合同、业务凭证、单据、业务函件和其他资料。

2.基金经营机构客户信息管理保密要求

基金经营机构应当建立健全内部控制制度,完善信息安全技术防范措施,确保客户信息在收集、传输、加工、保存、使用等环节中不被泄露,明确规定各部门、岗位和人员的管理责任,加强客户信息管理的权限设置,形成相互监督、相互制约的管理机制。

基金经营机构不得篡改、违法使用客户信息,但其在使用客户信息时,应当符合收集该信息的目的,并不得进行以下行为:

(1)出售客户信息。

(2)向本基金机构以外的其他机构和个人提供客户信息,但为客户办理相关业务所必需并经客户本人书面授权或同意的,以及法律法规和相关监管机构另有规定的除外。

(3)在客户提出反对的情况下,将客户信息用于该信息源以外的金融机构的其他营销活动。

基金经营机构通过格式条款取得客户书面授权或同意的,应当在协议中明确该授权或同意所适用的向他人提供客户信息的范围和具体情形;同时,还应在协议的醒目位置使用通俗易懂的语言明确提示该授权或同意的可能后果,并在客户签署协议时提醒其注意上述提示。

3.基金经营机构客户信息保存期限

法律法规对不同类型的客户信息的保管方式和期限,做了不同的规定。

(1)根据中国人民银行反洗钱相关的法规,客户身份资料和交易记录保管期限是5年。

(2)在中国证监会发布的基金销售法规体系中,对开户资料和销售相关资料保管期限一般规定为15年。

(3)《证券投资基金法》第一百零二条规定,基金份额登记机构应当妥善保存登记数据,并将基金份额持有人名称、身份信息及基金份额明细等数据备份至中国证监会认定的机构。其保存期限自基金账户销户之日起不得少于20年。

(4)《证券期货投资者适当性管理办法》第三十二条规定,对匹配方案、告知警示资料、录音录像资料、自查报告等的保存期限不得少于20年。

(5)《关于加强证券期货经营机构客户交易终端信息等客户信息管理的规定》第十二条规定,证券期货经营机构应妥善保存客户交易终端信息和开户资料电子化信息,保存期限不得少于20年。证券期货经营机构应妥善保存交易时段客户交易区的监控录像资料,保存期限不得少于6个月。

考点6　非公开募集基金的销售行为规范

私募基金,是指以非公开方式向投资者募集资金设立的投资基金。私募基金销售行为包括推介私募基金,发售基金份额(权益),办理基金份额(权益)认/申购(认缴)、赎回(退出)等活动。

一、一般规定（★★）

1.私募基金销售主体资格

在中国基金业协会办理私募基金管理人登记的机构可以自行募集其设立的私募基金，在中国证监会注册取得基金销售业务资格并已成为中国基金业协会会员的机构可以受私募基金管理人的委托募集私募基金。其他任何机构和个人不得从事私募基金的募集活动。

私募基金管理人委托基金销售机构募集私募基金，应当以书面形式签订基金销售协议，并将协议中关于私募基金管理人与基金销售机构权利义务划分以及其他涉及投资者利益的部分作为基金合同的附件。基金销售机构负责向投资者说明相关内容。基金销售协议与作为基金合同附件的关于基金销售的内容不一致的，以基金合同附件为准。

2.私募基金销售人员资格

从事私募基金募集业务的人员应当具有基金从业资格（包含原基金销售资格），应当遵守法律、行政法规和中国基金业协会的自律规则，恪守职业道德和行为规范，参加后续执业培训。

3.原则性要求

原则性要求包括以下内容：

（1）销售机构应当恪尽职守、诚实信用、谨慎勤勉，防范利益冲突，履行说明义务、反洗钱义务等，承担特定对象确定、投资者适当性审查、私募基金推介及合格投资者确认等相关责任。

（2）销售机构及其从业人员不得从事侵占基金财产和客户资金、利用私募基金相关的未公开信息进行交易等违法活动。

（3）非公开募集基金应当向合格投资者募集，合格投资者累计不得超过200人。募集机构应当确保投资者已知悉私募基金转让的条件。任何机构和个人不得以非法拆分转让为目的购买私募基金。

（3）销售机构应妥善保存投资者适当性管理以及其他与私募基金募集业务相关的记录及其他相关资料，保存期限不少于20年，且自基金清算终止之日起不得少于10年。

（4）销售机构或相关合同约定的责任主体应当开立私募基金募集结算资金专用账户，用于统一归集私募基金募集结算资金、向投资者分配收益、给付赎回款项以及分配基金清算后的剩余基金财产等确保资金原路返还。私募基金募集结算资金，是指由募集机构归集的，在投资者资金账户与私募基金财产账户或托管资金账户之间划转的往来资金。

（5）销售机构应当与监督机构签署账户监督协议，明确对私募基金募集结算资金专用账户的控制权责任划分及保障资金划转安全的条款。监督机构应当按照法律法规和账户监督协议的约定，对募集结算资金专用账户实施有效监督，承担保障私募基金募集结算资金划转安全的连带责任。

（6）监督机构指中国证券登记结算有限责任公司、取得基金销售业务资格的商业银行、证券公司以及中国基金业协会规定的其他机构。监督机构应当成为中国基金业协会的会员。

（7）私募基金管理人应当向中国基金业协会报送私募基金募集结算资金专用账户及其监督机构信息。

（8）涉及私募基金募集结算资金专用账户开立、使用的机构不得将私募基金募集结算资金归入其自有财产。禁止任何单位或者个人以任何形式挪用私募基金募集结算资金。私募基金管理人、基金销售机构、基金销售支付机构或者基金份额登记机构破产或者清算时，私募基金募集结算资金不属于其破产财产或者清算财产。

二、特定对象确定（★★）

募集机构通过互联网媒介在线向投资者推介私募基金之前，应当设置在线特定对象确定程序，投资者应承诺其符合合格投资者标准。在线特定对象确定程序包括但不限于：

（1）投资者如实填报真实身份信息及联系方式。

（2）募集机构应通过验证码等有效方式核实用户的注册信息。

（3）投资者阅读并同意募集机构的网络服务协议。

（4）投资者阅读并主动确认其自身符合《私募投资基金监督管理暂行办法》第三章关于合格投资者的规定。

（5）投资者在线填报风险识别能力和风险承担能力的问卷调查。

（6）募集机构根据问卷调查及其评估方法在线确认投资者的风险识别能力和风险承担能力。

三、投资者适当性匹配（★★）

1.投资者风险识别与承受能力评估

募集机构应建立科学有效的投资者问卷调查评估方法，确保问卷结果与投资者的风险识别能力和风险承相能力相匹配。问卷调查主要内容应包括但不限于以下方面：

（1）投资者基本信息，其中个人投资者基本信息包括身份信息、年龄、学历、职业、联系方式等信息，机构投资者基本信息包括工商登记中的必备信息、联系方式等信息。

（2）财务状况，其中个人投资者财务状况包括金融资产状况、最近3年个人年均收入、收入中可用于金融投资的比例等信息，机构投资者财务状况包括净资产状况等信息。

（3）投资知识，包括金融法律法规、投资市场和产品情况、对私募基金风险的了解程度、参加专业培训情况等信息。

（4）投资经验，包括投资期限、实际投资产品类型、投资金融产品的数量、参与投资的金融市场情况等。

（5）风险偏好，包括投资目的、风险厌恶程度、计划投资期限、投资出现波动时的焦虑状态等。

投资者的评估结果有效期最长不得超过3年。募集机构逾期再次向投资者推介私募基金时，需重新进行投资者风险评估。同一私募基金产品的投资者持有期间超过3年的，无须再次进行投资者风险评估。

2.私募基金产品风险等级评估

募集机构应当自行或者委托第三方机构对私募基金进行风险评级，建立科学有效的私募基金风险评级标准和方法。

募集机构应当根据私募基金的风险类型和评级结果，向投资者推介与其风险识别能力和风险承担能力相匹配的私募基金。

真题链接

【2017年】对私募基金进行风险评级的主体是（　　）。

Ⅰ.私募基金管理人　　　　　　　　　Ⅱ.第三方机构

Ⅲ.投资者

A.Ⅱ、Ⅲ　　　　　　　　　　　　　B.Ⅰ、Ⅱ

C.Ⅰ、Ⅱ、Ⅲ　　　　　　　　　　　D.Ⅰ、Ⅲ

【答案】B。解析：私募基金管理人自行销售或者委托销售机构销售私募基金的，应当自行或者委托第三方机构对私募基金进行风险评级，向风险识别能力和风险承担能力相匹配的投资者推介私募基金。

四、宣传推介（★★）

1.推介私募基金不得使用的媒介渠道

募集机构不得通过下列媒介渠道推介私募基金：

（1）公开出版资料。

（2）面向社会公众的宣传单、布告、手册、信函、传真。

（3）海报、户外广告。

（4）电视、电影、电台及其他音像等公共传播媒体。

（5）公共、门户网站链接广告、博客等。

（6）未设置特定对象确定程序的募集机构官方网站、微信朋友圈等互联网媒介。

（7）未设置特定对象确定程序的讲座、报告会、分析会。

（8）未设置特定对象确定程序的电话、短信和电子邮件等通信媒介。

（9）法律、行政法规、中国证监会规定和中国基企业协会自律规则禁止的其他行为。

2.私募基金推介材料的内容

私募基金推介材料内容包括但不限于：

（1）私募基金的名称和基金类型。

（2）私募基金管理人名称、私募基金管理人登记编码、基金管理团队等基本信息。

（3）中国基金业协会私募基金管理人以及私募基金公示信息（含相关诚信信息）。

（4）私募基金托管情况（如无，应以显著字体特别标注）、其他服务提供商（如律师事务所、会计师事务所、保管机构等），是否聘用投资顾问等。

（5）私募基金的外包情况。

（6）私募基金的投资范围、投资策略和投资限制概况。

（7）私募基金收益与风险的匹配情况。

（8）私募基金的风险揭示。

（9）私募基金募集结算资金专用账户及其监督机构信息。

（10）投资者承担的主要费用及费率，投资者的重要权利（如认购、赎回、转让等限制、时间和要求等）。

（11）私募基金承担的主要费用及费率。

（12）私募基金信息披露的内容、方式及频率。

（13）明确指出该文件不得转载或给第三方传阅。

（14）私募基金采取合伙企业、有限责任公司组织形式的，应当明确说明入伙（股）协议不能替代合伙协议或公司章程。

（15）中国基金业协会规定的其他内容。

3.推介私募基金的禁止行为

募集机构及其从业人员推介私募基金时，禁止有以下行为：

（1）公开推介或者变相公开推介，如通过报刊、电台、电视、互联网等公众传播媒体，讲座、报告会、分析会等方式，布告、传单、短信、微信、博客和电子邮件等载体，向不特定对象宣传具体产品，但证券期货经营机构和销售机构通过设置特定对象确定程序的官网、客户端等互联网媒介向已注册特定对象进行宣传推介的除外。

（2）推介材料虚假记载、误导性陈述或者重大遗漏。

（3）以任何方式承诺投资者资金不受损失，或者以任何方式承诺投资者最低收益，包括宣传"预期收益""预计收益""预测投资业绩"等相关内容。

（4）夸大或者片面推介基金，违规使用"安全""保证""承诺""保险""避险""有保障""高收益""无风险"等可能误导投资人进行风险判断的措辞；产品合同及销售材料中存在包含保本保收益内涵的表述，如零风险、收益有保障、本金无忧等；产品名称中含有"保本"字样；与投资者私下签订回购协议或承诺函等文件，直接或间接承诺保本保收益，或者向投资者口头或者通过短信、微信等各种方式承诺保本保收益。

（5）使用"欲购从速""申购良机"等片面强调集中营销时间限制的措辞。

（6）推介或片面节选少于6个月的过往整体业绩或过往基金产品业绩。

（7）登载个人、法人或者其他组织的祝贺性、恭维性或推荐性的文字。

（8）采用不具有可比性、公平性、准确性、权威性的数据来源和方法进行行业绩比较，任意使用"业绩最佳""规模最大"等相关措辞。

（9）恶意贬低同行。

（10）允许非本机构雇佣的人员进行私募基金推介。

（11）推介非本机构设立或负责募集的私募基金。

（12）法律、行政法规、中国证监会和中国基金业协会禁止的其他行为。

五、合格投资者人数限制及穿透计算（★★★）

以合伙企业、契约等非法人形式，通过汇集多数投资者的资金直接或者间接投资于私募基金的，私募基金管理人或者私募基金销售机构应当穿透核查最终投资者是否为合格投资者，并合并计算投资者人数。但是，符合下列合格投资者条件（1）（2）（4）项规定的投资者投资私募基金的，不再穿透核查最终投资者是否为合格投资者和合并计算投资者人数。

下列投资者视为合格投资者：

（1）社会保障金、企业年金等养老基金，慈善基金等社会公益基金。

（2）依法设立并在中国基金业协会备案的投资计划。

（3）投资于所管理私募基金的私募基金管理人及其从业人员。

（4）中国证监会规定的其他投资者。

六、签署合同（★★★）

签署合同分为风险提示、资格审查、投资冷静期和回访四个步骤。

1.风险提示

在投资者签署基金合同前，募集机构应当向投资者说明有关法律法规，说明投资冷静期、回访确认等程序性安排，投资者的相关权利并签署风险揭示书。风险揭示书的内容包括但不限于：

（1）私募基金的特殊风险，包括基金合同与中国基金业协会合同指引不一致所涉风险、基金未托管所涉风险、基金委托募集所涉风险、外包事项所涉风险、聘请投资顾问所涉风险、未在中国基金业协会登记备案的风险等。

（2）私募基金的一般风险，包括资金损失风险、基金运营风险、流动性风险、募集失败风险、投资标的的风险、税收风险等。

（3）投资者对基金合同中投资者权益相关重要条款的逐项确认，包括当事人权利与义务、费用及税收、纠纷解决方式等。

2.资格审查

在完成私募基金风险揭示后，募集机构应当要求投资者提供必要的资产证明文件或收入证明。募集机构应当合理审慎地审查投资者是否符合私募基金合格投资者标准,依法履行反洗钱义务,并确保单只私募基金的投资者人数累计不得超过《证券投资基金法》《公司法》《合伙企业法》等法律规定的特定数量。

3.投资冷静期

基金合同应当约定给投资者设置不少于24小时的投资冷静期。在投资冷静期内,募集机构不得主动联系投资者。

(1)私募证券投资基金合同应当约定,投资冷静期自基金合同签署完毕且投资者交纳认购基金的款项后起算。

(2)私募股权投资基金、创业投资基金等其他私募基金合同关于投资冷静期的约定可以参照前述对私募证券投资基金的相关要求,也可以自行约定。

4.回访

募集机构应当在投资冷静期满后,指令本机构从事基金销售推介业务以外的人员进行投资回访(方式为录音电话、电邮、信函等)。募集机构在投资冷静期内进行的回访确认无效。回访的内容应当包括但不限于以下内容:

(1)确认受访人是否为投资者本人或机构。

(2)确认投资者是否为自己购买了该基金产品以及投资者是否按照要求亲笔签名或盖章。

(3)确认投资者是否已经阅读并理解基金合同和风险揭示的内容。

(4)确认投资者的风险识别能力及风险承担能力是否与所投资的私募基金产品相匹配。

(5)确认投资者是否知悉投资者承担的主要费用及费率,投资者的重要权利、私募基金信息披露的内容、方式及频率。

(6)确认投资者是否知悉未来可能承担投资损失。

(7)确认投资者是否知悉冷静期的起算时间、期间以及享有的权利。

(8)确认投资者是否知悉纠纷解决安排。

本章同步自测

1.下列关于基金销售机构人员管理培训的说法错误的是( )。

A.基金销售机构应当完善销售人员招聘程序,明确资格条件,审慎考察应聘人员

B.员工培训应当符合基金行业自律机构的相关要求,培训情况不强制记录并存档

C.基金销售机构应当加强对销售人员的日常管理,建立管理档案

D.基金销售机构应当建立科学合理的销售绩效评价体系

2.下列属于基金销售人员的禁止性规范的是（　　）。

A.基金销售人员应向投资者表明所推介基金的过往业绩并不预示其未来表现

B.基金销售人员分发或公布的基金宣传推介材料应为基金管理公司或基金代销机构统一制作的材料

C.基金销售人员应当积极为投资者提供售后服务，回访投资者，解答投资者的疑问

D.基金销售人员对其所在机构和基金产品进行宣传应符合中国证监会和其他部门的相关规定

3.基金管理人的基金宣传推介材料，应当自向公众分发或者发布之日起（　　）个工作日内报主要经营活动所在地中国证监会派出机构备案。

A.2　　　　　　　B.3　　　　　　　C.5　　　　　　　D.7

4.基金宣传推介材料登载该基金、基金管理人管理的其他基金的过往业绩时，不应当（　　）。

A.按照有关法律法规的规定或者行业公认的准则计算基金的业绩表现数据

B.引用的统计数据和资料应当真实、准确

C.真实、准确、合理地表述基金业绩和基金管理人的管理水平

D.引用模拟的数据

5.基金管理人收取销售服务费的，对持续持有期少于30日的投资人收取不低于（　　）的赎回费，并将上述赎回费的（　　）计入基金财产。

A.0.75%；100%　　　　　　　　　　B.0.75%；75%

C.0.5%；100%　　　　　　　　　　D.1.5%；75%

6.基金销售机构的下列行为错误的是（　　）。

A.完善内部控制制度和业务执行系统

B.对不同投资人适用不同费率

C.加强后台管理系统对费率的合规控制

D.强化对分支机构基金销售费用的统一管理和监督

7.全面性原则是指（　　）。

A.当基金销售机构或基金销售人员的利益与基金投资人的利益发生冲突时，应当以基金投资人为先，优先保障基金投资人的合法权益

B.基金销售机构应当使基金销售适用性贯穿于基金销售的各个业务环节，将其当作机构内控的组成部分，对基金管理人、基金产品和基金投资人都要了解并做出评价

C.基金销售机构应当客观准确地调查基金管理人、基金产品和基金投资人的信息，并对此做出评价，将此作为基金销售人员向基金投资者推介合适基金产品的重要依据

D.基金销售机构应当及时更新基金产品的风险评价和基金投资人的风险承受能力评价

8.下列说法错误的是（　　）。

A.对基金销售渠道的审慎调查是指基金管理人对基金代销机构的审慎调查

B.基金管理人通过对基金代销机构进行审慎调查,应了解基金代销机构的内部控制情况、信息管理平台建设等

C.开展审慎调查应当优先根据被调查方公开披露的信息进行

D.接受被调查方提供的非公开信息使用的,必须对信息的适当性实施尽职甄别

9.下列说法错误的是( )。

A.前台业务系统是指与基金投资人或其交易活动直接相关的业务系统

B.前台业务系统包括自助式前台系统和辅助式前台系统

C.自助式前台系统只能通过基金销售机构网点现场自助实现

D.辅助式前台系统是指基金销售机构提供的,由具备相关资质要求的专业服务人员辅助基金投资人完成业务操作所必需的软件应用系统

10.下列说法正确的是( )。

A.基金经营机构不得篡改客户信息

B.基金经营机构能出售客户信息

C.基金经营机构允许向本基金机构以外的其他机构和个人提供客户信息

D.基金经营机构可以将客户信息用于该信息源以外的金融机构的其他营销活动

参考答案及解析 >>>>>>

1.【答案】B。解析:本题旨在考查基金销售机构人员的管理培训。基金销售机构应当建立员工培训制度,通过培训、考试等方式,确保员工理解和掌握相关法律法规和规章制度。员工培训应当符合基金行业自律机构的相关要求,培训情况应当记录并存档,B项表述错误。故本题选B。

2.【答案】A。解析:本题旨在考查基金销售人员的禁止性规范。基金销售人员应向投资者表明所推介基金的过往业绩并不预示其未来表现,属于基金销售人员的禁止性规范。故本题选A。

3.【答案】C。解析:本题旨在考查宣传推介材料的审批报备流程。基金管理人的基金宣传推介材料,应当事先经基金管理人负责基金销售业务的高级管理人员和督察长检查,出具合规意见书,并自向公众分发或者发布之日起5个工作日内报主要经营活动所在地中国证监会派出机构备案。故本题选C。

4.【答案】D。解析:本题旨在考查宣传推介材料业绩登载规范。基金宣传推介材料登载该基金、基金管理人管理的其他基金的过往业绩时,应当保证引用的统计数据和资料应当真实、准确,并注明出处,不得引用未经核实、尚未发生或者模拟的数据。对于推介定期定额投资业务等需要模拟历史业绩的,应当采用我国证券市场或者境外成熟证券市场具有代表性的指数,对其过往足够长时间的实际收益率进行模拟,同时注明相应的复合年平均收益率;此外,还应当说明模拟数据的来源、模拟方法及主要计算公式,并进行相应的风险提示。引用模

拟数据是错误的行为。故本题选D。

5.【答案】C。解析：本题旨在考查基金销售费率水平。对持续持有期少于30日的投资人收取不低于0.5%的赎回费，并将上述赎回费全额计入基金财产。故本题选C。

6.【答案】B。解析：本题旨在考查基金销售费用的规范。基金销售机构应当按照基金合同和招募说明书的约定，向投资人收取销售费用；未经招募说明书载明并公告，不得对不同投资人适用不同费率。故本题选B。

7.【答案】B。解析：本题旨在考查基金销售适用性的全面性原则。全面性原则是指基金销售机构应当使基金销售适用性贯穿于基金销售的各个业务环节，将其当作机构内控的组成部分，对基金管理人（或产品发起人）、基金产品（或基金相关产品）和基金投资人都要了解并做出评价。故本题选B。

8.【答案】A。解析：本题旨在考查基金销售渠道的审慎调查。基金销售渠道审慎调查包含两方面的内容：一是基金代销机构对基金管理人的审慎调查，二是基金管理人对基金代销机构的审慎调查。

9.【答案】C。解析：本题旨在考查基金销售业务信息管理平台之一的前台业务系统。自助式前台系统包括两种实现类型：①基金销售机构网点现场自助系统；②通过互联网、电话、移动通信等非现场方式实现的自助系统。C项表述错误。故本题选C。

10.【答案】A。解析：本题旨在考查基金经营机构客户信息管理保密要求。基金经营机构不得篡改、违法使用客户信息，A项表述正确。基金营销机构在使用客户信息时，应当符合收集该信息的目的，并不得进行以下行为：①出售客户信息，B项表述错误；②向本基金机构以外的其他机构和个人提供客户信息，但为客户办理相关业务所必需并经客户本人书面授权或同意的，以及法律法规和相关监管机构另有规定的除外，C项表述错误；③在客户提出反对的情况下，将客户信息用于该信息源以外的金融机构的其他营销活动，D项表述错误。

第十章　基金客户服务

本章学习框架

第十章	考点	考查角度
基金客户服务	基金客户服务概述	基金客户服务的、特点、原则、步骤
	基金客户服务流程	基金客户服务内容和规范、基金客户投资咨询与互动交流、基金客户投诉处理、基金客户跟踪与评价、基金客户档案管理与保密、基金客户服务提供方式、基金客户个性化服务
	投资者保护工作	投资者保护工作的概念和意义、投资者教育的基本原则与内容、投资者教育工作的形式

考点精讲

考点1　基金客户服务概述

一、基金客户服务的特点（★）

基金客户服务是基金销售机构在营销过程中的重要组成部分,主要包括基金账户信息查询、基金信息查询、基金管理公司信息查询、人工咨询、客户投诉处理、资料邮寄、基金转换、修改账户资料、非交易过户、挂失和解挂等服务等。基金客户服务具有以下特点。

（一）专业性

基金客户服务的专业性体现在基金客户要求服务人员专业性很强,服务人员除了具有金融知识基础以外,还需要深入掌握各类基金产品的相关专业知识。

（二）规范性

基金客户服务的规范性,是指在基金销售过程中,基金的认购、申购、赎回等交易都具有详细的业务规则,销售机构在为客户提供服务时必须遵守法律法规和业务规则。

（三）持续性

基金客户服务的持续性,是指基金客户通过基金销售机构买卖基金份额的行为不是一次简单的买卖行为,基金销售机构应当为客户提供长时间的、持续性的服务。

（四）时效性

基金客户服务的时效性由基金产品的时效性决定。基金客户的利益与基金份额的净值直接挂钩，而开放式基金的份额净值在每个工作日都可能发生变动。基金销售机构如果不注重时效性，将阻碍基金份额净值变动的信息传递给基金客户，导致基金客户的利益受损。

真题链接

【2015年】下列不是基金客户服务的特点的是（   ）。

A.专业性   B.规范性

C.客观性   D.持续性

【答案】C。解析：本题旨在考查基金客户服务的特点。基金客户服务的特点包括专业性、规范性、持续性和时效性，不包括客观性。故本题选C。

二、基金客户服务的原则（★）

（一）投资者利益优先原则

企业的生存离不开客户，客户的满意应是客户服务人员追求的目标。"投资者利益优先"是每一位服务人员在客户服务过程中应遵循的原则。

（二）有效沟通原则

有效沟通原则要求基金销售机构的服务人员应当与客户有良好的沟通机制，理解客户，尊重客户，一切为客户着想，为客户提供高品质、高效率的服务。

（三）安全第一原则

安全第一原则要求基金销售机构的服务人员严格遵守基金份额持有人信息管理制度和保密制度，不得泄露、违法使用基金份额持有人的信息，并且应当及时维护、更新基金份额持有人的信息。

（四）专业规范原则

专业规范原则要求基金销售机构的服务人员不仅要熟练掌握金融知识基础和各类基金产品的相关专业知识，还要严格遵守法律法规和基金的认购、申购、赎回等交易方面的业务规则。

（五）适当性管理原则

基金产品或服务面临各种风险，可以将其划分不同的风险等级。基金投资人具有不同的风险承受能力，并不一定能够投资所有的基金产品或服务。在销售基金产品或者服务的过程中，应根据投资者的风险承受能力销售不同等级的基金产品或者服务，把合适的基金产品或服务销售给合适的投资者。

真题链接

【2015年】属于基金客户服务原则的是（　　）。

A.适度服务原则　　　　　　　　B.安全第一原则

C.本金安全原则　　　　　　　　D.追求收益原则

【答案】B。解析：基金客户服务的原则包括投资者利益优先原则、有效沟通原则、安全第一原则、专业规范原则和适当性管理原则。

三、基金客户服务的步骤（★）

基金客户服务步骤可以分为售前服务、售中服务和售后服务三个环节，三者互为补充，缺一不可。

（一）售前服务

售前服务是指在客户开始基金投资操作前，基金销售机构服务人员为客户提供的各项服务。售前服务主要包括以下内容：①介绍证券市场基础知识、基金基础知识，普及基金相关法律知识；②介绍基金管理人投资运作情况，让客户充分了解基金投资的特点；③开展投资者风险教育。

（二）售中服务

售中服务是指在客户进行基金投资操作过程中，基金销售机构服务人员为客户提供的各项服务。售中服务主要包括以下内容：①协助客户完成风险承受能力测试并细致解释测试结果；②推介符合适用性原则的基金；③介绍基金产品；④协助客户办理开立账户、申购、赎回、资料变更等基金业务。

（三）售后服务

售后服务是指在客户完成基金投资操作之后，基金销售机构服务人员为客户提供的各项后续服务。售后服务主要包括以下内容：①提醒客户及时核对交易确认；②向客户介绍客户服务、信息查询等的办法和途径；③进行相关信息披露；④基金公司、基金产品发生变动时及时通知客户，⑤定期进行投资者回访。

考点2　客户服务流程

基金销售机构应当建立健全客户服务流程和制度以更好地满足客户的要求，为客户服务。基金客户服务的流程如表10-1所示：

表10-1　基金客户服务的流程

客户服务流程	主要内容
基金客户服务 内容和规范	（1）对以往销售的历史数据进行收集、评价与总结，针对拟销售的目标市场识别潜在客户，找到有吸引力的市场机会 （2）在宣传与推介过程中综合运用公众普遍可获得的书面、电子或其他介质的信息 （3）遵循销售适用性原则，关注投资人的风险承受能力和基金产品风险收益特征的匹配性，建立评价基金投资人风险承受能力和基金产品风险等级的方法体系 （4）在投资人开立基金交易账户时，向基金投资人提供投资人权益须知，并及时准确地为投资人办理各类基金销售业务手续，识别客户有效身份，严格管理投资人账户 （5）为基金份额持有人提供良好的持续服务，保障基金份额持有人有效了解所投基金的相关信息 （6）规范基金销售人员的行为
基金投资咨询与 互动技能	基金投资咨询工作主要内容如下： （1）基金管理公司在投资咨询过程中提供有关证券投资研究分析成果、投资信息与具体操作策略、建议等咨询服务 （2）对咨询中知悉的关于投资者个人信息以及财产状况保密 （3）提醒客户在未经销售机构许可的情况下，禁止将销售机构所提供的证券投资研究分析成果或建议内容泄露给他人 互动交流是基金销售机构与投资者深入探讨的重要方式，其交流内容如下： （1）深入了解客户的投资需求，确定和记录客户服务标准 （2）及时向客户传递重要的市场资讯、持仓品种信息及最新的投资报告 （3）做好客户服务日志及客户资料的更新、完备工作 （4）拟订、组织、实施及评估年度、季度、月度客户关怀计划 （5）进行公司所有新客户的首次和定期电话回访工作，改善客户体验，提升满意度 （6）做好客户回访日志，记录并处理潜在风险隐患、客户建议及意见 （7）及时聆听外部客户的呼入电话、公司客户中心转接及投资顾问转入的电话，并做好电话咨询日志
基金客户 投诉处理	（1）设立独立的客户投诉受理和处理协调部门或岗位 （2）向社会公布受理客户投诉的电话、信箱地址及投诉处理规则 （3）耐心倾听投资者意见、建议和要求，准确记录客户投诉的内容，所有客户投诉应当保留完整记录并存档，投诉电话应录音 （4）评估客户投诉风险，采取适当措施，及时妥善处理客户投诉 （5）根据客户投诉总结相关问题，及时发现业务风险，并根据投资者的合理意见改进工作，完善内控制度，如有需要及时向所在机构报告

表10-1（续）

客户服务流程	主要内容
基金投资跟踪与评价	（1）积极为投资者提供售后服务，回访投资者，解答投资者的疑问 （2）对客户进行调查，征询客户对已使用产品和服务的满意程度，在调查中注意新发现的问题以及改正产品与服务的机会 （3）建立异常交易的监控、记录和报告制度，重点关注基金销售业务中的异常交易行为 （4）制定完善的业务流程与销售人员执业操守评价制度，建立应急处理措施的管理制度
基金客户档案管理与保密	（1）建立严格的基金份额持有人信息管理制度和保密制度，及时维护、更新基金份额持有人的信息，为基金份额持有人的信息严格保密，防范投资人资料被不当运用 （2）明确对基金份额持有人信息的维护和使用权限并留存相关记录 （3）建立完善的档案管理制度，妥善保管相关业务资料。客户身份资料，自业务关系结束当年计起至少保存15年，交易记录自交易记账当年计起至少保存15年 （4）把数据逐日备份并异地妥善存放，对系统运行数据中涉及基金投资人信息和交易记录的备份在不可修改的介质上至少保存15年 （5）在员工内部建立完善的信息管理体系，设置必要的信息管理岗位，信息技术负责人和信息安全负责人不能由同一人兼任，对重要业务环节实行双人双岗 （6）实行信息技术开发、运营维护、业务操作等人员岗位分离制度，限制信息技术开发、运营维护等技术人员介入实际的业务操作

另外，基金客户服务的提供方式包括以下几种：①电话服务中心；②邮寄服务；③自动传真、电子信箱与手机短信；④"一对一"专人服务；⑤互联网的应用；⑥微信和移动客户端的应用；⑦媒体和宣传手册的应用；⑧讲座、推介会和座谈会。

由于每位基金客户的投资方式、资产状况、风险承受能力等方面的差异，基金销售机构应当针对不同客户制定不同的个性化服务，做好客户的动态分析，通过加强与客户的沟通，了解客户深度需求，做好客户的参谋。

考点3　投资者保护工作

一、投资者保护工作的概念和意义（★★）

投资者保护，是指针对个人投资者进行的有目的、有计划、有组织地传播有关投资知识，传授有关投资经验，培养有关投资技能，倡导理性投资理念，提示相关的投资风险，告知投资者的权利和保护途径，提高投资者素质（并最终起到保护投资者利益的作用）的一项系统的社会活动。

加强公司治理、健全投资者适当性制度、良好的投资者教育是投资者权益保护的几种重要手段。投资者保护是各国或地区监管机构和自律组织的一项重要工作,也是长期的、基础性和常规性的工作。

二、投资者教育的基本原则(★★)

依据国际证监会组织的规定,投资者教育的基本原则包括以下六个:

(1)投资者教育应有助于监管者保护投资者。

(2)投资者教育不应被视为是对市场参与者监管工作的替代。

(3)证券经营机构应当承担各项产品和服务的投资者教育义务,将投资者教育纳入各业务环节。

(4)投资者教育没有一个固定模式,它可以有多个模式,这取决于监管者的特定目标、投资者的成熟度和可供使用的资源。

(5)鉴于投资者的市场经验和投资行为成熟度的层次不一,不存在广泛使用的投资者教育计划。

(6)投资者教育不能也不应等同于投资咨询。

真题链接

【2015年】关于基金投资者教育的基本原则,以下表述正确的是(　　)。

A.投资咨询等同于投资者教育

B.存在广泛适用的投资者教育计划

C.投资者教育应采取固定的模式

D.投资者教育不可替代市场参与者的监管工作

【答案】D。解析:国际证监会组织为投资者教育设定的六个基本原则:①投资者教育应有助于监管者保护投资者;②投资者教育不应被视为是对市场参与者监管工作的替代;③证券经营机构应当承担各项产品和服务的投资者教育义务,将投资者教育纳入各业务环节;④投资者教育没有一个固定的模式,它可以有多种形式,这取决于监管者的特定目标、投资者的成熟度和可供使用的资源;⑤鉴于投资者的市场经验和投资行为成熟度的层次不一,因此并不存在广泛适用的投资者教育计划;⑥投资者教育不能也不应等同于投资咨询。

三、投资者教育的内容(★★)

综合当前投资者教育的理论和实践,投资者教育主要包括投资决策教育、资产配置教育、权益保护教育三个方面。

(一)投资决策教育

投资者的投资决策受投资者个人背景因素和社会环境因素的影响。投资者个人背景因素包括投资者本人的受教育程度、投资知识、年龄、社会阶层、个人资产、心理承受能力、性格、法律意识、价值取向及生活目标等。社会环境因素包括政治、经济、社会制度、伦理道德、科技发展等。

投资决策教育不仅要指导投资者分析投资问题、获得重要信息、进行理性投资，还要致力于改善投资者决策条件中的某些变量。目前，各国投资者教育机构在制定投资者交易策略时，都首先致力于普及证券市场知识和宣传证券市场法规。

（二）资产配置教育

资产配置是指根据投资需求将投资资金在不同资产类别之间进行分配，通常是将资产在低风险、低收益证券与高风险、高收益证券之间进行分配。

资产配置教育是指对投资者进行指导，帮助其对个人资产进行科学的计划和控制。随着资本市场的发展，人们的理财方式愈加多样化，投资者个人的财务计划会对其投资决策产生重大影响。为了解决投资者在投资决策中的问题，投资者教育的范围应当扩大到投资者资产配置的领域，帮助其合理配置资产。

（三）权益保护教育

权益保护教育是保护投资者合理权益的重要手段，即号召受社会和市场环境影响投资决策的投资者主动参与市场并保护自身权益。投资者权益保护不仅要求为投资者营造一个公正的政治、经济、法律环境，还要求投资者的诉求能上达立法者和相关管理部门，影响立法、执法和司法过程，为投资者创造一个公平透明的资本市场体系。

本章同步自测

1.下列说法错误的是（　　）。

A.高效性是基金客户服务的特点之一

B.客户至上原则要求基金销售机构的服务人员把客户的利益放在首位

C.基金客户服务的持续性要求基金销售机构应当为客户提供长时间的、持续性的服务

D.有效沟通原则要求基金销售机构的服务人员应当与客户有良好的沟通机制，充分理解客户，尊重客户

2.售前服务的内容不包括（　　）。

A.介绍证券市场基础知识、基金基础知识，普及基金相关法律知识

B.介绍基金管理人投资运作情况，让客户充分了解基金投资的特点

C.协助客户完成风险承受能力测试并细致解释测试结果

D.开展投资者风险教育

3.基金客户服务流程不包括（　　）。

A.基金客户服务宣传与推介　　　　　B.基金投资咨询

C.基金认购管理　　　　　　　　　　D.基金投资互动交流

4.下列不属于基金客户服务的提供方式的是（　　）。

A.邮寄服务　　　　　　　　　　　　B.传单服务

C.电话服务　　　　　　　　　　　　D.互联网服务

5.下列说法错误的是（　　）

A.投资者教育可以有多种模式

B.投资者的投资决策只受个人背景的影响

C.投资者教育不能也不应等同于投资咨询

D.投资者教育应有助于监管者保护投资者

6.下列不是投资者教育的内容的是（　　）。

A.投资决策教育　　　　　　　　　　B.守法合规教育

C.资产配置教育　　　　　　　　　　D.权益保护教育

参考答案及解析 >>>>>

1.【答案】A。解析：本题旨在考查基金客户服务的特点和原则。基金客户服务的特点包括专业性、规范性、持续性和时效性，不包括高效性，A项表述错误。故本题选A。

2.【答案】C。解析：本题旨在考查基金客户服务的内容。售前服务包括以下几项：①介绍证券市场基础知识、基金基础知识,普及基金相关法律知识。②介绍基金管理人投资运作情况,让客户充分了解基金投资的特点。③开展投资者风险教育。协助客户完成风险承受能力测试并细致解释测试结果是售中服务的内容,而非售前服务的内容。

3.【答案】C。解析：本题旨在考查基金客户服务的流程。基金客户服务的流程如下：基金客户服务宣传与推介、基金投资咨询与互动交流、基金客户投诉处理、基金投资跟踪与评价、基金客户档案管理与保密等,不包括基金认购管理。故本题选C。

4.【答案】B。解析：本题旨在考查基金客户服务的提供方式。基金客户服务的提供方式如下：①电话服务；②邮寄服务；③自动传真、电子信箱与手机短信；④"一对一"专人服务；⑤互联网服务；⑥微信和移动客户端服务；⑦媒体和宣传手册服务；⑧讲座、推介会和座谈会。

5.【答案】B。解析：本题旨在考查投资者教育的基本原则和内容。投资者的投资决策受个人背景因素和社会环境因素的影响,B项表述错误。故本题选B。

6.【答案】B。解析：本题旨在考查投资者教育的内容。投资者教育的内容包括投资决策教育、资产配置教育和权益保护教育,不包括守法合规教育。

第十一章 基金管理人公司治理和风险管理

本章学习框架

第十一章	考点	考查角度
基金管理人公司治理和风险管理	治理结构	公司治理的法规要求、相关方的权利和义务
	组织架构	机构设置原则、具体机构设置
	风险管理	风险管理的目标和原则、组织架构和职能、风险分类和管理程序

考点精讲

考点1 治理结构

一、公司治理的法规要求（★★★）

基金管理公司和一般公司法人不同，基金管理公司所管理的基金财产是基于信托关系形成的，通常可以管理运作几十倍于自身注册资本的基金财产。

《公司法》对于公司治理结构做了相应的规定，明确了股东会、董事会、监事会和经理各自的职责及其相互关系等。《证券投资基金法》《证券投资基金管理公司管理办法》和《证券投资基金管理公司治理准则（试行）》对基金管理公司治理的目标、原则、结构有明确的规定，设计了独特的独立董事制度、督察长制度，要求基金管理公司建立组织机构健全、职责划分清晰、制衡监督有效、激励约束合理的治理结构，保持公司规范运作，建立长期激励约束机制，推动建立基金持有人、员工、股东利益有机统一，并以基金持有人利益优先为根本点和出发点的基金公司治理模式。《证券投资基金管理公司治理准则（试行）》规定的基金管理公司治理的十大原则如表11-1所示：

表11-1 基金管理公司治理的十大原则

原则	内容
基金份额持有人利益优先原则	公司治理应当遵循基金份额持有人利益优先的基本原则。公司章程、规章制度、工作流程、议事规则等的制定，公司各级组织机构的职权行使和公司员工的从业行为，都应当以保护基金份额持有人利益为根本出发点。公司、股东以及公司员工的利益与基金份额持有人的利益发生冲突时，应当优先保障基金份额持有人的利益

原则	内容
公司独立运作原则	公司治理应当体现公司独立运作的原则。公司在法律、行政法规、中国证监会规定及自律监管组织规则允许的范围内,依法独立开展业务 股东应当尊重公司的独立性,公司及其业务部门与股东、实际控制人及其下属部门之间没有隶属关系。股东及其实际控制人不得越过股东会和董事会直接任免公司的高级管理人员;不得违反公司章程干预公司的投资、研究、交易等具体事务以及公司员工选聘等事宜。公司除董事、监事之外的所有员工不得在股东单位兼职 公司应当将与股东签署的有关技术支持、服务、合作等协议报送中国证监会及相关派出机构,公司不得签署任何影响公司经营运作独立性的协议
制衡原则	公司治理应当强化制衡机制,明确股东会、董事会、监事会(执行监事)、经理层、督察长的职责权限,完善决策程序,形成协调高效、相互制衡的制度安排。上述组织机构和人员应当在法律、行政法规、中国证监会和公司章程规定的范围内行使职权
公司统一性和完整性原则	公司治理应当维护公司的统一性和完整性,公司组织机构和人员的责任体系、报告路径应当清晰、完整,决策机制应当独立、高效 董事会制定公司的组织架构、基本管理制度,应当体现公司的统一性和完整性,从制度设计上保证公司责任体系、决策体系和报告路径的清晰、独立。股东不得要求经理层或其他员工违反公司章程的规定直接向股东或者其他机构和人员报告有关基金财产运用的具体事项,不得要求经理层将经营决策权让渡给股东或者其他机构和人员 经理层人员应当维护公司的统一性和完整性,在其职权范围内对公司经营活动进行独立、自主决策,不受他人干预,不得将其经营管理权让渡给股东或者其他机构和人员 经理层人员应当构建公司自身的企业文化,保持公司内部机构和人员责任体系、报告路径的清晰、完整,不得违反规定的报告路径,防止在内部责任体系、报告路径和内部员工之间出现割裂情况
股东诚信与合作原则	公司股东对公司和其他股东负有诚信义务,应当承担社会责任。股东之间应当信守承诺,建立相互尊重、沟通协商、共谋发展的和谐关系 股东应当审慎审议、签署股东协议、公司章程等法律文件,按照约定认真履行义务。股东协议、公司章程等法律文件的内容及制定程序应当符合法律、行政法规和中国证监会的有关规定 股东应当履行对公司和其他股东的诚信义务,出现下列情形时,立即书面通知公司及其他股东: (1)名称、住所变更 (2)所持公司股权被人民法院采取财产保全、执行措施 (3)决定转让公司股权 (4)发生合并、分立或者进行重大资产债务重组 (5)被采取责令停业整顿、指定托管、接管或撤销等监管措施或者进入破产清算程序 (6)被监管机构或者司法机关立案调查 (7)其他可能导致所持公司股权发生转移或者严重影响公司运作的事项

表11-1（续）

原则	内容
公平对待原则	公司董事会和经理层应当公平对待所有股东，不得接受任何股东及其实际控制人超越股东会、董事会的指示，不得偏向于任何一方股东 公司开展业务应当公平对待公司管理的不同基金财产和客户资产，不得在不同基金财产之间、基金财产与委托资产之间进行利益输送
业务与信息隔离原则	公司应当建立与股东之间的业务与信息隔离制度，防范不正当关联交易，禁止任何形式的利益输送。 公司应当以保护基金份额持有人利益为原则，在法律、行政法规和中国证监会规定允许的范围内，制定有关信息传递和信息保密的制度。股东不得直接或者间接要求公司董事、经理层人员及公司员工提供基金投资、研究等方面的非公开信息和资料。股东不得利用提供技术支持或者通过行使知情权的方式将所获得的非公开信息为任何人谋利，不得将此非公开信息泄漏给任何第三方 股东应当关注公司的经营运作情况及财务状况，公司章程应当依法对股东行使知情权的方式作出具体规定。股东检查公司财务状况应当向公司提出书面请求，说明目的。公司有合理根据认为股东上述行为有不正当目的、可能损害基金份额持有人和公司合法权益的，可以拒绝
经营运作公开、透明原则	公司经营和运作应当保持公开、透明，股东、董事享有法律、行政法规、中国证监会和公司章程规定的知情权。公司应当依法认真履行信息披露义务
长效激励约束原则	公司应当结合基金行业特点建立长效激励约束机制，营造规范、诚信、创新、和谐的企业文化 股东应当了解基金行业的现状和特点，熟悉公司的制度安排及监管要求，尊重经理层人员及其他专业人员的人力资本价值，树立长期投资的理念，支持公司长远、持续、稳定发展
人员敬业原则	公司董事、监事、高级管理人员应当专业、诚信、勤勉、尽职，遵守职业操守，以较高的职业道德标准和商业道德标准规范言行，维护基金份额持有人利益和公司资产安全，促进公司高效运作

二、相关方的权利和义务（★★★）

（一）股东和股东会

1.股东

基金公司股东按其在基金公司出资比例对公司享有权利，并承担相应的义务。公司股东享有的权利如下：

（1）收益分配权。基金公司股东按照出资比例领取红利和其他形式的利益分配。公司终止或者清算时，按其出资比例参加公司剩余财产的分配。

（2）表决和监督权。按照法律法规和章程规定，召开、参加股东会，并根据出资比例行使表决权。对公司的业务经营活动进行监督，包括内部审计等，并提出建议和质询。

（3）知情权。股东有权查阅包括公司财务报告,股东会、董事会、监事会等会议决议,公司董事、监事、高级管理人员和基金经理等的个人简历在内的信息和资料。

基金公司股东必须承担的义务如下:

（1）履行出资义务。股东不得以任何方式虚假出资、抽逃或者变相抽逃出资,不得以任何形式占有、转移公司资产。不得要求公司为其提供融资、担保及进行不正当关联交易,公司不得直接或者间接为股东提供融资或者担保。

（2）尊重公司的独立性,严格执行信息传递和保密制度,不得滥用知情权和监督权损害基金份额持有人和基金公司的合法权益。股东及其实际控制人不得越过股东会和董事会直接任免公司的高级管理人员;不得违反公司章程干预公司的投资、研究、交易等具体事务以及公司员工选聘等事宜。股东不得直接或者间接要求公司董事、经理层人员及公司员工提供基金投资、研究等方面的非公开信息和资料。股东不得利用提供技术支持或者通过行使知情权的方式将所获得的非公开信息为任何人谋利,不得将此非公开信息泄漏给任何第三方。

（3）长期投资的理念。

2.股东会

股东会是公司的最高权力机构,由公司全体股东组成。股东会依法可以行使的职权如下:

（1）决定公司的经营方针和投资计划。

（2）选举和更换董事,批准董事的报酬事项;选举和更换由股东代表出任的监事,批准监事的报酬事项。

（3）审议批准公司的年度财务预算方案和经审计的决算方案,审议批准公司的利润分配方案和弥补亏损方案。

（4）对公司增加或者减少注册资本或注册资本的任何变更以及任何可以转换为股权的证券的发行作出决议;对股东转让股权作出决议;批准成立、收购或处置公司在中国境内外的任何子公司;对公司合并、分立,变更公司形式,解散和清算作出决议。

（5）修改公司章程,批准对公司经营范围的任何修改。

（二）董事和董事会

董事会是对股东负责的决策机构,其成员由股东会决定。董事会负责执行股东会决议,向股东会报告工作。按照相关法律法规,基金公司董事会依法行使以下职权:

（1）执行股东会的决议。

（2）批准总经理制定的公司组织架构、内部控制制度和基本管理制度,体现公司的统一性和完整性,从制度设计上保证公司责任体系、决策体系和报告路径的清晰、独立。

（3）批准总经理制定的公司经营计划和投资方案。

（4）聘任、解聘公司高级管理人员及基金经理,并决定他们的薪酬、聘用期限和其他聘用条款事宜。

（5）批准公司与公司任何股东或者任何关联公司进行的重大关联交易。

（6）审议公司管理的公募基金的定期报告。

（7）批准聘任或者替换会计师事务所。

目前<u>基金公司的产品为契约型</u>，相关法律法规在基金公司治理结构上建立了独立董事制度，要求独立董事独立履行职责。独立董事制度有两方面重要内容：①规定独立董事的人数及在董事会的人数比例；②在议事规则、表决机制的安排上合理发挥独立董事的作用。

《证券投资基金管理公司管理办法》第四十二条规定，基金管理公司应当建立健全独立董事制度，独立董事人数不得少于3人，且不得少于董事会人数的1/3。第四十三条规定，基金管理公司的董事会审议下列事项，应当经过2/3以上的独立董事通过：①公司及基金投资运作中的重大关联交易；②公司和基金审计事务，聘请或者更换会计师事务所；③公司管理的基金的半年度报告和年度报告；④法律、行政法规和公司章程规定的其他事项。

（三）监事和监事会

基金公司可以根据实际情况设立监事会或者执行监事。监事会对股东负责。

基金公司监事会行使以下职权：①监督、检查公司的财务状况；②监督公司董事、总经理执行公司职务时是否存在违反相关法律或公司章程的行为，是否存在损害公司利益的行为。

（四）管理层和督察长制度

1.管理层义务和原则

基金公司总经理对董事会负责，根据公司章程和董事会授权行使职权，领导和主持公司的管理工作，负责公司的日常经营，并由若干名副总经理等管理层成员提供协助。公司管理层要按照法律法规要求，完善公司内部控制制度，加强自律，严防不当关联交易和利益输送行为，保证公司的独立运作，依法合规、勤勉、审慎地行使职权，促进基金资产的高效运作，为基金份额持有人和其他资产委托人谋求最大利益，保证资产安全。

管理层在经营管理中，应遵守的原则如下：

（1）展现良好的职业操守。

（2）维护公司的独立性和完整性。

（3）完善内部控制制度和流程。

（4）公平对待股东和客户。

2.督察长制度

在基金公司治理结构中，《证券公司和证券投资基金管理公司合规管理办法》（以下简称《合规管理办法》）明确要求基金管理公司建立健全督察长制度，并对督察长的职责范围、工作原则和履职所需的支持进行了如下规定，具体内容如表11-2所示：

表11-2　《合规管理办法》的相关规定

条款	内容
第十二条	证券基金经营机构合规负责人应当组织拟定合规管理的基本制度和其他合规管理制度，督导下属各单位实施。合规管理的基本制度应当明确合规管理的目标、基本原则、机构设置及其职责，违法违规行为及合规风险隐患的报告、处理和责任追究等内容。法律法规和准则发生变动的，合规负责人应当及时建议董事会或高级管理人员并督导有关部门，评估其对合规管理的影响，修改、完善有关制度和业务流程
第十三条	合规负责人应当对证券基金经营机构内部规章制度、重大决策、新产品和新业务方案等进行合规审查，并出具书面合规审查意见。中国证监会及其派出机构、自律组织要求对证券基金经营机构报送的申请材料或报告进行合规审查的，合规负责人应当审查，并在该申请材料或报告上签署合规审查意见。其他相关高级管理人员等人员应当对申请材料或报告中基本事实和业务数据的真实性、准确性及完整性负责。证券基金经营机构不采纳合规负责人的合规审查意见的，应当将有关事项提交董事会决定
第十四条	合规负责人应当按照中国证监会及其派出机构的要求和公司规定，对证券基金经营机构及其工作人员经营管理和执业行为的合规性进行监督检查。合规负责人应当协助董事会和高级管理人员建立和执行信息隔离墙、利益冲突管理和反洗钱制度，按照公司规定为高级管理人员、下属各单位提供合规咨询、组织合规培训，指导和督促公司有关部门处理涉及公司和工作人员违法违规行为的投诉和举报
第十五条	合规负责人应当按照公司规定，向董事会、经营管理主要负责人报告证券基金经营机构经营管理合法合规情况和合规管理工作开展情况。合规负责人发现证券基金经营机构存在违法违规行为或合规风险隐患的，应当依照公司章程规定及时向董事会、经营管理主要负责人报告，提出处理意见，并督促整改。合规负责人应当同时督促公司及时向中国证监会相关派出机构报告；公司未及时报告的，应当直接向中国证监会相关派出机构报告；有关行为违反行业规范和自律规则的，还应当向有关自律组织报告
第十六条	合规负责人应当及时处理中国证监会及其派出机构和自律组织要求调查的事项，配合中国证监会及其派出机构和自律组织对证券基金经营机构的检查和调查，跟踪和评估监管意见和监管要求的落实情况
第十七条	合规负责人应当将出具的合规审查意见、提供的合规咨询意见、签署的公司文件、合规检查工作底稿等与履行职责有关的文件、资料存档备查，并对履行职责的情况作出记录
第二十五条	证券基金经营机构应当保障合规负责人和合规管理人员充分履行职责所需的知情权和调查权。证券基金经营机构召开董事会会议、经营决策会议等重要会议以及合规负责人要求参加或者列席的会议的，应当提前通知合规负责人。合规负责人有权根据履职需要参加或列席有关会议，查阅、复制有关文件、资料。合规负责人根据履行职责需要，有权要求证券基金经营机构有关人员对相关事项作出说明，向为公司提供审计、法律等中介服务的机构了解情况。合规负责人认为必要时，可以证券基金经营机构名义直接聘请外部专业机构或人员协助其工作，费用由公司承担

真题链接

【2016年】督察长发现基金和公司运作中有违法违规行为的,应当及时予以制止,重大问题应当报告(　　)。

A.证券业协会

B.董事会

C.基金业协会

D.中国证监会及相关派出机构

【答案】D。解析:督察长发现基金和公司运作中有违法违规行为的,应当及时予以制止,重大问题应当报告中国证监会及相关派出机构。

考点2　组织架构

一、机构设置原则(★★★)

组织架构是公司战略的重要载体,基金管理公司要科学、合理设置业务体系和组织架构,在设置过程中,要遵循以下几个原则。

(一)相互制约和不相容职责分离原则

基金公司管理层、各部门及各级岗位在内部组织结构的设计上应形成权责明确、相互制约的机制,建立部门和岗位之间的制衡机制,消除风险管理盲点,强化全员合规和风险控制。主要表现在以下两个方面:

(1)从管理角度讲,公司高级管理人员分别分管公司不同的业务部门,不能同时管理相互冲突的业务,公司的重大经营决策应该通过高管会议等管理层会议的方式来审议、批准。

(2)从业务角度讲,业务部门要通过业务流程相互复核,合规、风险管理部门实施持续的风险管理。

基金公司应对不相容的岗位、公司资产与客户资产执行严格的分离机制。研究、投资决策、交易执行、交易清算及基金核算、公募基金和专户投资等相分离。具体体现在以下几点:

(1)投资和研究分别由投资部门和研究部门负责。

(2)组合资产配置和日常投资管理分别由投资决策委员会和投资部门负责。

(3)投资和交易分别由投资部门和交易部门负责。

(4)公募基金和专户的投资分别由基金投资部门和专户理财部门负责。

(5)交易和清算分别由交易部门和基金运营部门负责。

(6)投资管理和投资监督分别由投资部门和监察稽核、风险管理部门负责。

(7)基金会计和公司财务分别由基金运营部门和公司财务部门负责。

(8)各基金组合和专户投资分别设置账套,独立核算。

(二)授权清晰原则

基金公司通过公司章程、公司制度、部门制度和岗位职责等方式明确各部门、各岗位、各员工的具体职责。

基金公司应该实行逐级授权制度,总经理的权限由董事会授予,部门经理的权限由总经理授予,部门内人员的权限由部门经理授予。公司权限的授予均需采取书面形式,重要的临时性授权也应采取书面形式。各部门在授权范围内行使相应的经营管理职能,部门和个人不得越级越权办理业务。基金经理或者专户投资经理对其所管理的投资组合的权限由相应的基金或者专户法律文件授予。

(三)适时性原则

基金公司制度的制定应具有前瞻性,并且必须随着内部环境及外部环境的改变及时进行相应的修改和完善。内部环境主要包括公司经营战略、经营方针、经营管理、组织结构的变化等。外部环境主要包括国家法律法规、政策制度等。

公司制度更新包括以下两类:①定期更新。定期更新可以是季度、半年和年度更新。②不定期更新。不定期更新是根据新的法律法规发布或者业务、组织架构变化时,相应部门应及时更新相关制度。

二、具体机构设置(★★★)

(一)专业委员会

从业务功能的角度,一般基金管理公司内部设有四大专业委员会:投资决策委员会、产品审批委员会、风险控制委员会和运营估值委员会。专业委员会具体负责事项如表11-3所示:

表11-3 专业委员会负责事项

委员会	负责事项
投资决策委员会	投资决策委员会是基金管理公司管理基金投资的最高决策机构,是非常设的议事机构。投资决策委员会一般由基金管理公司的总经理、分管投资的副总经理、投资总监、研究部经理、投资部经理及其他相关人员组成。投资决策委员会所议事项如下:①决定公司的投资决策程序及权限设置原则;②决定基金的投资原则、投资目标和投资理念;③决定基金的资产分配比例,制订并定期调整投资总体方案;④审批基金经理提出的行业配置及超过基金净值某一比例重仓个股的投资方案;⑤审批基金经理的年度投资计划并考核其执行情况;⑥定期检讨并调整投资限制性指标 投资决策委员会会议分为定期会议和临时会议。其中定期会议又分为例会和年会,例会每月召开一下,年会每年召开一次
产品审批委员会	产品审批委员会负责公司所有产品的审核、决策和监督执行。产品审批委员会所议事项如下:①讨论、制定公司产品战略;②审核具体产品方案,评估产品运作风险;③根据销售适用性原则,确定发行产品的风险等级 产品审批委员会会议分为定期会议和临时会议。其中定期会议可以每年召开一次

表11-3（续）

委员会	负责事项
风险控制委员会	控制委员会由总经理、督察长、各部门负责人等组成，主要职责如下：①负责对公司运作的整体风险进行控制；②审定公司内部控制制度并监督执行的有效性；③听取基金投资运作报告和评估基金资产运作风险并做出决定；④对公司运作中存在的风险问题和隐患进行研究并做出控制决策；⑤审阅监察稽核报告及绩效与风险评估 风险控制委员会会议分为定期会议和临时会议。其中定期会议可以每月召开一次
运营估值委员会	运营估值委员会可以包括IT治理委员会和估值委员会 IT治理委员会负责制定公司IT规划，使公司IT规划与公司发展战略一致，符合公司经营对IT的要求。IT委员会所议事项如下：①拟订公司IT治理目标和IT治理工作计划；②审议公司IT发展规划；③审议公司年度IT工作计划和IT预算；④审议公司重大IT项目立项、投入和优先级；⑤审议公司IT管理制度和重要流程；⑥制订与IT治理相关的培训和教育工作计划；⑦检查所拟订和审议事项的落实和执行情况；⑧组织评估公司IT重大事项并提出处置意见；⑨向公司管理层报告IT治理状况 估值委员会负责公司资产估值相关决策及执行，保证资产估值的公平、合理。估值委员会所议事项如下：①制定、修订公司的估值政策及程序；②制定、修订估值流程及人员的分工和职责；③制定、修订投资品种的估值方法；④其他需要估值委员会审议的事项

（二）部门设置情况

由于公司规模、经营模式不同，每家基金公司的业务部门设置是不同的。业务部门可以根据功能划分为投资、研究、交易部门，产品营销部门，合规与风险部门，后台运营部门和其他支持性部门五大类。具体职责如表11-4所示：

表11-4　业务部门具体职责

部门	职责
投资、研究、交易部门	（1）投资部按照投资标的可以细分为权益部、债券部、衍生投资部、国际投资部等；按照客户来源，可以细分为公募基金投资部、专户投资部、年金投资部、保险资金投资部、社保资金投资部等。投资部负责根据投资决策委员会制定的投资原则和计划进行股票选择和组合管理，向交易部下达投资指令。同时，投资部还担负投资计划反馈的职能，及时向投资决策委员会提供市场动态信息 （2）研究部是基金投资运作的支撑部门，主要从事宏观经济分析、行业发展状况分析和上市公司投资价值分析。研究部的主要职责是通过对宏观经济、行业状况、市场行情和上市公司价值变化的详细分析和研究，向基金投资部门提供研究报告及投资计划建议，为投资提供决策依据

表11-4（续）

部门	职责
投资、研究、交易部门	（3）交易部是基金投资运作的具体执行部门，负责组织、制定和执行交易计划。交易部的主要职能有执行投资部的交易指令，记录并保存每日投资交易情况，保持与各证券交易商的联系并控制相应的交易额度，负责基金交易席位的安排、交易量管理等。目前，有些公司出于更好地控制风险的需要，将该部门划归基金运营体系下，从而加强了对投研部门的制衡
产品营销部门	产品营销部门主要负责产品的设计、营销和销售以及客户服务等工作。产品营销部门的组成包括产品开发、营销、销售和客户服务几个功能部门。各部门的主要职责如下： （1）产品部的主要职责是根据公司战略，以贴近客户需求、敏锐把握市场投资机会和公司业绩能力为基础，研究制定公司中长期产品开发战略和实施计划；负责具体产品的创新、设计工作，产品的后续运作分析与评估 （2）营销部的主要职责是根据公司长远发展目标，负责制定公司中长期品牌战略和实施规划，高效规范、管理公司品牌形象；制订品牌宣传计划及活动并组织实施；通过多种营销手段，支持产品新发及持续营销；负责公共关系维护及媒体管理 （3）销售部的主要职责是负责拓展、管理与渠道、机构客户的合作关系，实施公司销售策略、业务计划，包括新基金发行、持续营销等活动
合规与风险部门	合规和风险部门是公司内部的监督部门，一般包括监察稽核部和风险管理部。两部门的主要职责如下： （1）监察稽核部负责公司的法律合规事务，主要职责是监督检查基金运作和公司运作的合法、合规情况及公司内部控制情况，并及时向管理层报告。监察稽核部在规范公司运作、保护基金持有人合法权益、完善公司内部控制制度、查错防弊、堵塞漏洞方面起到了相当重要的作用 （2）风险管理部负责对公司经营过程中产生的或潜在的风险进行有效识别、管理和报告。主要职责包括识别公司潜在风险，制订有效控制投资风险的方案，落实投资风险分析及控制，对基金组合进行行业绩归因分析，分析投资运作过程的有效性，及时、准确地做出风险报告并提出针对性建议，与管理层及投资团队沟通
后台运营部门	后台运营部门可以分为注册登记、资金清算、基金会计和信息技术等几个功能部门。注册登记、资金清算和基金会计部门的主要职责是围绕基金公司的基金组合和其他资产组合提供服务。信息技术部则是公司运营的支持部门，其主要职责如下： （1）负责公司信息化平台的规划、建设 （2）根据公司的业务发展和管理需求制定系统软、硬件标准 （3）根据证券投资的风险防范要求，制定系统的安全策略和安全防范等级 （4）组织对软、硬件和外包服务等供应商进行筛选和评估 （5）组织制定和审核系统运营和维护规程，监督系统运营管理状况，处理重大系统故障，确保公司业务及日常运作的顺畅 （6）制订信息技术培训计划，组织对全体员工进行信息技术应用培训

表11-4(续)

部门	职责
其他支持性部门	公司的其他支持性部门包括人力资源部、财务部、行政管理部等 (1)人力资源部的职责是制定适合公司战略发展需要的人力资源管理体系,制订和实施薪酬福利方案,制订和实施公司的招聘计划、招聘流程,建立完善的绩效管理体系和绩效考核制度 (2)财务部是负责处理基金管理公司自身财务事务的部门,其主要职责是有关费用支付、管理费收缴、公司员工的薪酬发放、公司年度财务预算和决算等 (3)行政管理部是基金管理公司的后勤部门,其主要职责是为基金管理公司的日常运作提供文件管理、文字秘书、劳动保障、员工聘用、人力资源培训等行政事务的后台支持

考点3 风险管理

2014年6月,中国基金业协会出台了《基金管理公司风险管理指引(试行)》(以下简称《指引》),对基金管理人的风险管理原则、组织架构和职责、风险管理主要环节、风险分类及应对等方面进行了规定和指引。

一、风险管理的目标和原则(★★★)

关于风险管理的概念,《指引》第二条规定,本指引所称的风险管理是指公司围绕总体经营战略,从董事会、管理层到全体员工全员参与,在日常运营中,识别潜在风险,评估风险的影响程度,并根据公司风险偏好制定风险应对策略,有效管理公司各环节风险的持续过程。在进行全面风险管理时,公司应根据公司经营情况重点监测、防范和化解对公司经营有重要影响的风险。

1.风险管理目标

基金公司风险管理的目标有以下几个方面:

(1)严格遵守国家有关法律法规和公司各项规章制度,自觉形成守法经营、规范运作的经营思想和经营风格,维护基金投资人的利益,在风险最小化的前提下,确保基金份额持有人利益最大化。

(2)不断提高公司经营管理和专业水平,提高投资决策、经营管理中存在风险的警觉性,有效维护公司股东及基金投资者的利益。

(3)建立行之有效的风险制度,确保公司各项业务的顺利运行,确保基金资产和公司财产的安全完整,确保公司取得长期稳定的发展。

(4)维护公司信誉,树立良好的公司形象,及时、高效地配合监管部门的工作。

2.风险管理的原则

基金公司在风险管理中应当遵循以下基本原则:

(1)最高性原则。 风险管理作为公司的标志与文化,代表着公司管理层对基金投资者的承诺,公司管理层应始终把风险控制放在经营管理的首要地位并对此做出承诺。

（2）定性和定量相结合原则。针对具体业务部门,公司应建立具体的风险控制指标体系,并以主要绩效指标进行风险衡量和考绩,使风险控制具有客观性和可操作性。

（3）全面性原则。公司风险控制必须覆盖公司的所有业务、部门和岗位,涵盖所有风险类型,并贯穿于所有业务流程和业务环节。

（4）独立性原则。公司应设立相对独立的风险管理职能部门或岗位,负责评估、监控、检查和报告公司风险管理状况,并具有相对独立的汇报路线。

（5）权责匹配原则。公司的董事会、管理层和各个部门应当明确各自在风险管理体系中享有的职权及承担的责任,做到权责分明、权责对等。

（6）一致性原则。公司在建立全面风险管理体系时,应确保风险管理目标与战略发展目标的一致性。

（7）适时性原则。公司应当根据公司经营战略方针等内部环境和国家法律法规、市场环境等外部环境的变化及时对风险进行评估,并对其管理政策和措施进行相应的调整。

二、组织架构和职能

《指引》中对基金公司风险管理的组织架构和职能的相关规定如表11-5所示:

表11-5　风险管理组织架构和职能的相关规定

条款	内容
第七条	公司应当构建科学有效、职责清晰的风险管理组织架构,建立和完善与其业务特点、规模和复杂程度相适应的风险管理体系。董事会、监事会、管理层依法履行职责,形成高效运转、有效制衡的监督约束机制,保证风险管理的贯彻执行
第八条	董事会应对有效的风险管理承担最终责任,履行以下风险管理职责: (1)确定公司风险管理总体目标,制定公司风险管理战略和风险应对策略 (2)审议重大事件、重大决策的风险评估意见,审批重大风险的解决方案,批准公司基本风险管理制度 (3)审议公司风险管理报告 (4)可以授权董事会下设的风险管理委员会或其他专门委员会履行相应风险管理和监督职责
第九条	公司管理层应对有效的风险管理承担直接责任,履行以下风险管理职责: (1)根据董事会的风险管理战略,制定与公司发展战略、整体风险承受能力相匹配的风险管理制度,并确保风险管理制度得以全面、有效执行 (2)在董事会授权范围内批准重大事件、重大决策的风险评估意见和重大风险的解决方案,并按章程或董事会相关规定履行报告程序 (3)根据公司风险管理战略和各职能部门与业务单元职责分工,组织实施风险解决方案 (4)组织各职能部门和各业务单元开展风险管理工作 (5)向董事会或董事会下设专门委员会提交风险管理报告

表11-5（续）

条款	内容
第十条	公司管理层可以设立履行风险管理职能的委员会,协助管理层履行以下职责: (1)指导、协调和监督各职能部门和各业务单元开展风险管理工作 (2)制订相关风险控制政策,审批风险管理重要流程和风险敞口管理体系,并与公司整体业务发展战略和风险承受能力相一致 (3)识别公司各项业务所涉及的各类重大风险,对重大事件、重大决策和重要业务流程的风险进行评估,制定重大风险的解决方案 (4)识别和评估新产品、新业务的新增风险,并制定控制措施 (5)重点关注内控机制薄弱环节和那些可能给公司带来重大损失的事件,提出控制措施和解决方案 (6)根据公司风险管理总体策略和各职能部门与业务单元职责分工,组织实施风险应对方案
第十一条	公司应设立独立于业务体系汇报路径的风险管理职能部门或岗位,并配备有效的风险管理系统和足够的专业的人员。风险管理职能部门或岗位对公司的风险管理承担独立评估、监控、检查和报告职责。风险管理职能部门或岗位的职责应当如下: (1)执行公司的风险管理战略和决策,拟定公司风险管理制度,并协同各业务部门制定风险管理流程、评估指标 (2)对风险进行定性和定量评估,改进风险管理方法、技术和模型,组织推动建立、持续优化风险管理信息系统 (3)对新产品、新业务进行独立监测和评估,提出风险防范和控制建议 (4)负责督促相关部门落实公司管理层或其下设风险管理职能委员会的各项决策和风险管理制度,并对风险管理决策和风险管理制度执行情况进行检查、评估和报告 (5)组织推动风险管理文化建设
第十二条	各业务部门应当执行风险管理的基本制度流程,定期对本部门的风险进行评估,对其风险管理的有效性负责。业务部门应当承担如下职责: (1)遵循公司风险管理政策,研究制定本部门或业务单元业务决策和运作的各项制度流程并组织实施,具体制定本部门业务相关的风险管理制度和相关应对措施、控制流程、监控指标等,或与风险管理职能部门(或岗位)协作制定相关条款,将风险管理的原则与要求贯穿业务开展的全过程 (2)随着业务的发展,对本部门或业务单元的主要风险进行及时的识别、评估、检讨、回顾,提出应对措施或改进方案,并具体实施 (3)严格遵守风险管理制度和流程,及时、准确、全面、客观地将本部门的风险信息和监测情况向管理层和风险管理职能部门或岗位报告 (4)配合和支持风险管理职能部门或岗位的工作

表11-5（续）

条款	内容
第十三条	各部门负责人是其部门风险管理的第一责任人,基金经理(投资经理)是相应投资组合风险管理的第一责任人。公司所有员工是本岗位风险管理的直接责任人,负责具体风险管理职责的实施。员工应当牢固树立内控优先和全员风险管理理念,加强法律法规和公司规章制度培训学习,增强风险防范意识,严格执行法律法规、公司制度、流程和各项管理规定

三、风险分类和管理程序(★★★)

(一)风险分类

从基金公司内外部面临的风险来看,基金公司日常运营中的风险可分为投资风险、操作风险、业务风险三类。另一类风险是非正常经营情况下的危机处理,即业务持续风险。业务风险主要是公司采取的战略和经营模式以及外部竞争环境变化等所产生的,主要责任人是公司的董事会和管理层。公司管理层和员工主要处理投资风险、操作风险和业务持续风险。

1.投资风险

投资风险是公司投资管理投资组合过程中所产生的,主要包括市场风险、流动性风险和信用风险,主要负责人是投资部门。《指引》对市场风险的规定如下:

第二十三条规定,市场风险指因受各种因素影响而引起的证券及其衍生品市场价格不利波动,使投资组合资产、公司资产面临损失的风险。市场风险管理的控制目标是严格遵循谨慎、分散风险的原则,充分考虑客户财产的安全性和流动性,实行专业化管理和控制,防范、化解市场风险。市场风险管理主要措施如下:

(1)密切关注宏观经济指标和趋势、重大经济政策动向、重大市场行动,评估宏观因素变化可能给投资带来的系统性风险,定期监测投资组合的风险控制指标,提出投资调整应对策略。

(2)密切关注行业的周期性、市场竞争、价格、政策环境和个股的基本面变化,构造股票投资组合,分散非系统性风险。公司应特别加强禁止投资证券的管理,对于市场风险较大的股票建立内部监督、快速评估机制和定期跟踪机制。

(3)关注投资组合的收益质量风险,可以采用夏普(Sharp)比率、特雷诺(Treynor)比率和詹森(Jensen)比率等指标衡量。

(4)加强对场外交易(包括价格、对手、品种、交易量、其他交易条件)的监控,确保所有交易在公司的管理范围之内。

(5)加强对重大投资的监测,对基金重仓股、单日个股交易量占该股票持仓显著比例、个股交易量占该股流通值显著比例等进行跟踪分析。

(6)可运用定量风险模型和优化技术,分析各投资组合市场风险的来源和暴露。可利用敏感性分析,找出影响投资组合收益的关键因素。可运用情景分析和压力测试技术,评估投资组合对于大幅波动和极端市场波动的承受能力。

第二十四条规定，信用风险是指包括债券发行人出现拒绝支付利息或到期时拒绝支付本息，或由于债券发行人信用质量降低导致债券价格下跌的风险，以及因交易对手违约而产生的风险。信用风险管理的控制目标是对交易对手、投资品种的信用风险进行有效的评估和防范，将信用风险控制于可接受范围内的前提下，获得最高的风险调整收益。

第二十五条规定，流动性风险是指包括因市场交易量不足，导致不能以合理价格及时进行证券交易的风险，或投资组合无法应付客户赎回要求所引起的违约风险。流动性风险管理的控制目标是通过建立适时、合理、有效的风险管理机制，将流动性风险控制在可承受的范围之内。

2.操作风险

《指引》第二十六条规定，操作风险是指由于内部程序、人员和系统的不完备或失效，或外部事件而导致的直接或间接损失的风险，主要包括制度和流程风险、信息技术风险、业务持续风险、人力资源风险、新业务风险和道德风险。操作风险管理的控制目标是建立有效的内部控制机制和流程控制机制，尽量减少因人为错误、系统失灵和内部控制的缺陷所产生的操作风险，保障内部风险控制体系有序规范运行。

第二十七条规定，制度和流程风险是指由于日常运作，尤其是关键业务、新业务操作缺乏制度、操作流程和授权，或制度流程设计不合理带来的风险，或由于上述制度、操作流程和授权没有得到有效执行带来的风险，及业务操作的差错率超过可承受范围带来的风险。制度和流程风险管理主要措施如下：

（1）建立合规、适用、清晰的日常运作制度体系，包括制度、日常操作流程，尤其是关键业务操作的制约机制。

（2）制定严格的投资工作流程、授权机制、制约机制，明确投资决策委员会、投资总监和基金经理的职责权限，建立健全绩效考核机制。

（3）加强公司印章使用、合同签署及印章和合同保管的管理，投资部门所有交易合同签署与印章使用都要经过后台部门并交由后台备案。

（4）加强对员工业务操作技巧的培训，加强程序的控制，以确保日常操作的差错率能在预先设定的、可以承受范围内。

（5）建立前、后台或关键岗位间职责分工和制约机制。

第二十八条规定，信息技术风险是指信息技术系统不能提供正常服务，影响公司正常运行的风险；信息技术系统和关键数据的保护、备份措施不足，影响公司业务持续性的风险；重要信息技术系统不使用监管机构或市场通行的数据交互接口影响公司业务正常运行的风险；重要信息技术系统提供商不能提供技术系统生命周期内持续支持和服务的风险。信息技术风险管理主要措施如下：

（1）信息技术系统尤其是重要信息技术系统具有确保各种情况下业务持续运作的冗余能力，包括电力及通讯系统的持续供应、系统和重要数据的本地备份、异地备份和关键设备的备份等。

（2）信息技术人员具有及时判断、处理各种信息技术事故、恢复系统运行的专业能力，信息技术部门应建立各种紧急情况下的信息技术应急预案，并定期演练。

（3）系统程序变更、新系统上线前应经过严格的业务测试和审批，确保系统的功能性、安全性符合公司风险管理要求。

（4）对网络、重要系统、核心数据库的安全保护、访问和登录进行严格的控制，关键业务需要双人操作或相互复核，应有多种备份措施来确保数据安全，和对备份数据准确性的验证措施。

（5）以权限最小化和集中化为原则，严格公司投研、交易、客户等各类核心数据的管理，防止数据泄露。

（6）选择核心信息技术系统服务商应将服务商在系统生命周期内的长期支持和服务能力、应急响应能力和与公司运行相关的其他系统兼容性列为重点考核内容。

第三十条规定，人力资源风险是指缺少符合岗位专业素质要求的员工、过高的关键人员流失率、关键岗位缺乏适用的储备人员和激励机制不当带来的风险。人力资源风险管理主要措施如下：

（1）确保关键岗位的人员具有足够的专业资格和能力，并保持持续业务学习和培训。

（2）建立适当的人力资源政策，避免核心人员流失。

（3）建立关键岗位人员的储备机制。

（4）建立权责匹配、科学长效的考核和激励约束机制。

第三十一条规定，新业务风险是指由于对新产品、新系统、新项目和新机构等论证不充分或资源配置不足导致的风险。新业务风险管理主要措施如下：

（1）制订严密的新业务的论证和决策程序。

（2）新业务的风险评估应包括政策环境、市场环境、客户需求、后台支持能力、供应商和人员储备等方面。

（3）针对新业务的主要操作部门和对新业务开展的支持部门进行业务培训，及时制定针对新业务的管理制度和业务流程。

第三十二条规定，道德风险是指员工违背法律法规、公司制度和职业道德，通过不法手段谋取利益所带来的风险。道德风险管理主要措施如下：

（1）制订员工守则，使员工行为规范有所依据。

（2）加强道德风险防范制度建设，防范员工利用内幕信息或其他非公开信息牟利，防范商业贿赂，通过制度流程、系统监控、核查检查等控制措施加强员工管理。

（3）倡导良好的职业道德文化，定期开展员工职业道德培训。

3.业务持续风险

《指引》第二十九条规定，业务持续风险是指由于公司危机处理机制、备份机制准备不足，导致危机发生时公司不能持续运作的风险。公司的业务持续风险管理系统应包括两方面内容：①日常运营中，公司主要业务的风险评估和检测方法、重要部门风险指标考核体系以及业务人员的道德风险防范系统等；②危机情况下的风险处置，公司需要有灵活有效的应急、应变措施及危机处理机制。

危机处理的原则如下：

（1）完备性原则。

（2）预防为主的原则。

（3）及时报告原则。

（4）优先性原则。

（5）相互协作原则。

（6）尽快恢复原则。

（7）积极沟通原则。

（二）风险管理程序

《指引》第十五条规定，风险识别、风险评估、风险应对、风险报告和监控及风险管理体系的评价是风险管理中的主要环节。每一环节应当相互关联、相互影响、循环互动，并依据内部环境、市场环境、法规环境等内外部因素的变化及时更新完善。

第十八条规定，公司可采取定量和定性相结合的方法进行风险评估，应保持评估方法的一致性，协调好整体风险和单个风险、长期风险和中短期风险的关系。

第十九条规定，公司应当建立清晰的风险事件登记制度和风险应对考评管理制度，明确风险事件的等级、责任追究机制和跟踪整改要求。

风险报告和监控是风险管理中的核心操作环节。《指引》第二十条规定，公司应当建立清晰的报告监测体系，对风险指标进行系统和有效的监控，根据风险事件发生频率和事件的影响来确定风险报告的频率和路径。风险报告应明确风险等级、关键风险点、风险后果及相关责任、责任部门、责任人、风险处理建议和责任部门反馈意见等，确保公司管理层能够及时获得真实、准确、完整的风险动态监控信息，明确并落实各相关部门的监控职责。

1.基金公司管理层在公司年度总结大会上承诺把风险控制放在经营管理的首要地位,体现了基金公司风险管理的(　　)原则。

A.全面性　　　　　　　　　　　　B.独立性

C.最高性　　　　　　　　　　　　D.权责匹配

2.基金管理公司董事会审议事项必须经2/3以上独立董事通过的是(　　)。

Ⅰ.公司重大关联交易

Ⅱ.基金重大关联交易

Ⅲ.公司审计事务

Ⅳ.基金审计事务

A.Ⅰ、Ⅱ、Ⅲ、Ⅳ　　　　　　　　B.Ⅰ、Ⅲ

C.Ⅱ、Ⅲ　　　　　　　　　　　　D.Ⅰ、Ⅱ、Ⅲ

3.(　　)是基金管理公司管理基金投资的最高决策机构。

A.运营估值委员会　　　　　　　　B.产品审批委员会

C.风险控制委员会　　　　　　　　D.投资决策委员会

4.风险管理部负责对公司经营过程中产生的或潜在的风险进行有效识别、管理和报告。以下不属于风险管理部职责的是(　　)。

A.负责制定公司中长期品牌战略和实施规划,高效、规范管理公司品牌形象

B.制订有效控制投资风险的方案,落实投资风险分析及控制

C.对基金组合进行业绩归因分析,分析投资运作过程的有效性

D.识别公司潜在风险

参考答案及解析 》》》》》

1.【答案】C。解析:基金公司在风险管理中应当遵循最高性原则、全面性原则、权责匹配原则、独立性原则、定性和定量相结合原则以及适时性原则。其中,最高性原则是指风险管理作为公司的标志与文化,代表着公司管理层对基金投资者的承诺,公司管理层应始终把风险控制放在经营管理的首要地位并对此做出承诺。

2.【答案】A。解析:基金管理公司应当建立健全独立董事制度,独立董事人数不得少于3人,且不得少于董事会人数的1/3。在审议公司及基金投资运作中的重大关联交易、公司和基金审计事务、聘请或更换会计师事务所、公司管理的基金的半年报和年报等事项时,应经2/3以上独立董事同意。

3.【**答案**】D。**解析**:投资决策委员会是基金管理公司管理基金投资的最高决策机构。

4.【**答案**】A。**解析**:风险管理部负责对公司经营过程中产生的或潜在的风险进行有效识别、管理和报告,主要职责如下:识别公司潜在风险,制订有效控制投资风险的方案,落实投资风险分析及控制,对基金组合进行行业绩归因分析,分析投资运作过程的有效性,及时、准确地做出风险报告并提出针对性建议,与管理层及投资团队沟通。A项是营销部的职责。故本题选A。

第十二章　基金管理人的内部控制

本章学习框架

第十二章	考点	考查角度
基金管理人的内部控制	内部控制的目标与原则	内部控制的必要性、含义、目标和原则
	内部控制机制	内部控制机制的含义、基本要素
	内部控制制度	内部控制制度概述、内控大纲、基本管理制度、部门规章、业务操作手册
	内部控制的主要内容	基金公司前、中、台控制、投资管理业务控制、销售业务控制、信息披露控制、信息技术系统控制、会计系统控制、检查稽核控制

考点精讲

考点1　内部控制的目标和原则

一、加强基金管理人内部控制的重要性（★★）

在证券市场交易中，信息不对称是是市场存在的基础，因此在信托关系中可能发生道德风险和逆向选择。加强基金管理人的内部控制机制是解决这类问题的主要手段。

为了规范基金管理人的内部控制，促进其经营运作的守法合规，我国做出了很大努力，出台了很多相关的法律法规及规范性文件，如《原有投资基金清理规范方案》《证券投资基金行业公约》《证券投资基金管理公司内部控制指导意见》等。基金管理人在信息、资金和人才等方面上具有"垄断"性的优势，这种优势容易被基金管理人运用并为其自身牟利。如果基金管理人从事操纵市场、内幕交易等行为，则有损于基金行业的声誉和证券市场的稳定。所以基金公司内部控制的建立是符合法律法规规定的，能够规范基金管理人的行为，促进证券市场的健康可持续发展。

二、内部控制的基本概念（★★）

（一）内部控制

基金管理人的内部控制，是指公司为防范和化解风险，保证经营运作符合公司的发展规划，在充分考虑内外部环境的基础上，通过建立组织机制、运用管理方法、实施操作程序与控制措施而形成的系统。

随着外部竞争的加剧和内部管理的强化,基金管理人的内部控制应运而生并且不断丰富发展。我国基金行业快速发展的同时,基金行业的竞争也在不断加剧。由于基金的普及,社会公众对基金行业的认知不断提升,对基金公司的选择更加理性,导致基金公司之间愈加激烈的竞争。基金公司内部治理结构不断完善,内部稽核监控制度和风险控制的要求不断提升,这就要求基金公司强化内部管理。在这种情况下,基金管理人的内部控制产生并不断完善,成为基金行业的健康发展的必然选择。

基金管理人的内部控制要求包括以下几项:①部门设置体现权责明确、相互制约的原则;②严格授权控制;③建立完善的岗位责任制度和科学、严格的岗位分离制度;④严格控制基金财产的财务风险;⑤建立完善的信息披露制度;⑥建立严格的信息技术系统管理制度;⑦强化内部监管稽核控制;⑧建立科学严密的风险管理系统。

(二)风险管理

企业风险管理框架是指由美国发起人委员会(The Committee of Sponsoring Organizations of the Treadway Commission, COSO)委托普华永道开发的《COSO风险管理整合框架》。在内部控制框架的基础上,《COSO风险管理整合框架》于2004年9月正式提出企业风险管理的概念。

风险管理是指在项目或公司运营时,在一个肯定有风险的环境里把风险可能造成的不良影响减至最低的管理过程。企业风险管理包括了对风险的量度、评估和应变策略,其基本框架包括八个要素:内部环境、目标设定、事项识别、风险评估、风险应对、控制活动、信息与沟通和行为监控。风险管理八要素的基本内容如表12-1所示:

表12-1　风险管理八要素的基本内容

要素	内容
内部环境	内部环境是其他所有风险管理要素的基础,为其他要素提供规则和结构,其中特别重要的是经理层的风险偏好 内部环境的要素包括以下几项:①全体员工的诚信、道德价值观和胜任能力;②管理层的理念和经营风格;③管理层权利的分配和责任的划分;④管理层组织和开发其员工的方式;⑤董事会给予的关注和指导
目标设定	目标设定,是指企业管理层将目标与企业的任务或预期结合,保证其制定的目标与企业的风险偏好相一致
事项识别	事项识别,是指辨别可能对基金管理人目标产生影响的所有重要情况或事项,这也是风险管理的要求之一。事项识别的基础是对事项相关因素进行分析并加以分类,从而区分事项可能带来的风险与机会
风险评估	风险评估是识别和分析与实现目标相关的风险,从而为确定应该如何管理风险奠定基础的过程,可采用定性和定量相结合的方法进行风险评估

表12-1（续）

要素	内容
风险应对	风险应对是指基金管理人对每一个重要的风险及其对应的回报进行评价和平衡，进而采取回避、接受、共担或降低风险等措施的行为，是企业风险管理的重要组成部分
控制活动	控制活动包括在公司内部使用的审核、批准、授权、确认以及对经营绩效考核、资产安全管理、不相容职务分离等方法
信息与沟通	员工的风险信息交流意识是风险管理的重要组成部分。信息与沟通，是指鼓励员工就其意识到的重要风险与公司的管理层进行交流，管理层也应当重视员工的意见
行为监控	行为监控，是指基金管理人以日常经营中发生的事件和交易为对象进行监管的行为，包括对经理层的监管和对监控人员活动的监管

三、内部控制的目标（★★★）

内部控制目标在公司内部控制的运行方式和方向上具有决定性的作用，是认识内部控制基本理论的出发点。基金管理人内部控制的目标与一般公司有所不同，其目标有以下三条。

1.保证公司经营运作严格遵守国家有关法律法规和行业监管规则，自觉形成守法经营、规范运作的经营思想和经营理念

为了规范基金公司的经营活动，国家出台了相关的法律、法规及规范性文件，包括《证券法》《证券投资基金法》《证券投资基金管理公司内部控制指导意见》等文件。同时，中国基金业协会作为我国的行业自律组织，其职责之一便是制定和实施行业自律规则，监督、检查会员及其从业人员的执业行为，对违反自律规则和协会章程的，按照规定给予纪律处分。

基金公司必须服从法律法规、行业自律要求、职业道德规则以及利益集团之间的竞争因素所施加的外部控制，内部控制必须充分考虑外部控制因素，否则会威胁到基金公司的生存与发展。因此，内部控制系统必须保证基金管理人遵循各项相关的法律法规和行业监管规则，在企业内部形成一个守法合规的文化氛围，引导所有员工形成自觉的规范运作理念。

2.防范和化解经营风险，提高经营管理效益，确保经营业务的稳健运行和受托资产的安全完整，实现公司的持续、稳定、健康发展

基金管理人在市场经济环境中难免会遇到各种风险。风险可分为外部风险和内部风险。外部风险主要包括政治、经济、社会、文化与自然等风险；内部风险主要包括决策失误、执行不力、操作不当等风险。

为了规避内部风险和外部风险，基金管理人应建立完善的内部控制体系，在风险评估的基础上，加强内部控制，建立风险防范机制，其主要内容包括建立企业风险评估机构，制定防范或规避风险的措施，设立风险信息反馈机制，制定防范风险的奖惩制度等。

在一定程度上减小或消除经营风险，提高基金管理人的经营效益是内部控制的目标。随着基金行业管理力度的不断加大，基金管理人面临的违规成本提高，而内部控制在提高其经营管理效益方面非常重要。

3.确保基金和基金管理人的财务和其他信息准确、真实、完整、及时

信息是提供决策的有效数据,基金管理人的内部控制与信息密不可分,主要体现在基金管理人的决策受制于内部运作信息,而没有完备的内部控制便不能保证信息的质量。管理者需要利用信息来监督和控制公司的行为,同时,决策信息系统特别是财务信息系统也需要由内部控制系统提供的相关、可靠、及时的信息。因此,内部控制系统得到或输出的信息应当保证其准确性。

基金及其管理人的财务信息具有真实性和完整性是基金管理人内部控制的基本目标,也是企业内部控制基本的、非常重要的手段。财务信息的取得必须通过真实、完整的会计资料,进而才能落实对公司经营管理责任、对公司财产及业务活动实施监督。

信息是否及时往往关乎基金市场参与者的投资决策和投资收益。在互联网发达的时代,信息传递速度快,基金及其管理人的财务信息对基金管理人和基金持有人产生的影响速度和频率大幅度提高,及时性尤为重要。基金管理人的内部控制是一个动态的系统工程,有利于提高证券市场运行和基金运作的效率。

真题链接

【2015年】关于基金公司内部控制的目标,以下表述错误的是( )。

A.追求基金公司利润最大化

B.确保经营业务的稳健运行和受托资产的安全完整

C.保障公司经营运作的合法合规

D.确保基金和基金管理人的信息真实、准确、完整、及时,便于公司决策

【答案】A。解析:内部控制的总体目标:①保证公司经营运作严格遵守国家有关法律法规和行业监管规则,自觉形成守法经营、规范运作的经营思想和经营理念;②防范和化解经营风险,提高经营管理效益,确保经营业务的稳健运行和受托资产的安全完整,实现公司的持续、稳定、健康发展;③确保基金和基金管理人的财务及其他信息真实、准确、完整、及时。A项不是内部控制的目标,故本题选A。

四、内部控制的原则(★★★)

(一)健全性原则

健全性原则,是指内部控制应当涵盖基金公司的各项业务、各个部门(或机构)以及各级人员,涉及决策、执行、监督、反馈等各个环节,且应当做到事前、事中、事后控制相统一,确保不存在内部控制的空白或漏洞。

基金管理人内部控制必须覆盖所有人员,要求各部门、人员之间应当协调配合、紧密衔接,避免只顾相互牵制而不注重办事效率的做法,做到不扯皮、不相互推诿,以实现经营活动

连续有效地进行。为了实现人员之间的相互配合与协调，基金管理人需要对各级人员的素质有很严格的要求。如果基金管理人行使控制监督职能的人在思想道德修养、心理素质、专业技能和行为方式上有缺陷，不能达到实施内部控制的基本要求，不理解内部控制的内容和程序，那么公司建立内部控制的意义就丧失了。内部控制贯彻于公司的各个环节，应当做到事前、事中、事后控制相统一，在长时期内对公司的经营活动进行控制监督。

（二）有效性原则

有效性原则，是指内部控制必须注重效果和效率，所有控制制度必须得到贯彻执行并实际发挥作用。

内部控制应当对其所属从事基金管理工作的所有员工有约束效力。无论个人的权利大小、地位高低，均不允许拥有超越内部控制的权利，也不允许曲解内部控制制度行事。基金管理人内部控制的有效性包含两层含义：①基金管理人所实施的内部控制政策与措施能否适应基金监管的法律法规要求；②基金管理人内部控制在设计完整、合理的前提下，在基金管理的运作过程中，能够得到持续的贯彻执行并发挥作用，以保证提高公司的经营效率、增加财务信息的可靠性和加强法律法规的遵守程度。基金公司应当通过科学的内控手段和方法，建立合理的内控程序，维护内控制度的有效执行。

（三）独立性原则

独立性原则，是指基金管理人各机构、部门和岗位职责应当保持相对独立，公司基金资产、自有资产、其他资产的运作应当分离。

基金管理人内部控制的设立是与其管理模式紧密相连的。基金管理人按照其推行的管理模式设置工作岗位，规定每个工作岗位应承担的职责和享有的权力，实行岗位责任制，并规定独立的操作规程和处理程序。职责和权力是岗位责任制的关键，要求岗位责任与权力相匹配，切忌出现岗位职责不清、权力不明的现象。基金管理人在设置岗位时必须考虑到岗位职责的分离，包括以下方面：①授权岗位和执行岗位的分离；②执行岗位和审核岗位的分离；③保管岗位和记账岗位的分离等。基金公司通过不相容职责的划分，保证各部门、机构和人员之间的独立性，防止出现工作人员为了自身利益而合谋舞弊的现象。

基金管理人可以管理的资产包括自有资产、基金资产和其他资产。如果基金管理人内部不加以控制，那么其所管理的资产之间可能会存在利益输送的现象。因此，基金管理人必须建立不同资产运作的控制目标，明确工作人员的责任，规定工作人员必须严格按照规章制度履行职责，同时要求工作人员必须对自身工作的操作规程和处理程序有全面的了解。

（四）相互制约原则

相互制约原则，是指基金管理人内部部门和岗位的设置应当权责分明、相互制衡。

为了提高基金管理人内部运行的效率，降低业务出现错误的概率，减少"合谋"舞弊行为的发生，基金管理人应当依据相互制约原则设置各个部门和岗位，使各职能部门明确本部门责任的同时相互牵制、相互监督。相互牵制涉及两方面的制约关系,即横向控制和纵向控制。横向控制是指完成某个环节的工作需要有来自彼此独立的两个部门或人员的协调运作、相互监督、相互制约、相互证明;纵向控制是指完成某项业务需要经过互不隶属的两个或两个以上的岗位或环节,以使下级受上级监督,上级受下级牵制。只有横向控制和纵向控制相结合,才能规范各个部门、岗位和工作人员的行为,确保工作人员的目标与公司总体目标相适应,降低发生的错误和舞弊程度,通过各个部门、岗位的相互监督核查,及时发现工作中存在的问题并解决。

(五)成本效益原则

成本效益原则是指基金管理人运用科学化的经营管理方法降低运作成本,提高经济效益,以合理的成本控制达到最佳的内部控制效果。

基金管理人作为营利性的商业组织,最关注的便是经济效益。基金管理人安排参与内部控制的人员越多,控制的措施越严密,控制的程序越复杂,所达到的内部控制的效果就越好。但如此复杂的控制活动会大大提高控制成本,降低公司运营效率。因此,在设计基金管理人内部控制制度时,要把投资成本和产出效益两方面结合起来考虑,既不能因为要降低成本提高效益而忽视内部控制制度的建立健全,也不能一味顾全内部控制制度的建设而不顾公司的整体发展。基金管理人应当严格控制在业务处理过程中发挥作用大、影响范围广的关键控制点,如投资、研究和交易;而对于那些只在局部发挥作用、影响范围不大的一般控制点,基金管理人不必花费大量的人力、物力、财力进行控制,只需要对一般控制点的活动有相应的监控作用即可。另外,基金管理人应当科学设置关键控制点的数量,对重要的经营活动设置关键控制点,防止出现设立的关键控制点过多、手续操作复杂的现象,保证公司经营管理活动的正常、快速运转,力争以最小的控制成本获取最大的内控效果。

真题链接

【2015年】根据内部控制的独立性原则,岗位职责主要解决的是不相容职务的分离的问题,以下不需要进行岗位分离的是( )。

A.保管岗位与记账岗位

B.授权岗位与执行岗位

C.执行岗位与审核岗位

D.咨询岗位与审核岗位

【答案】D。解析:岗位职责主要解决的是不相容职务的分离问题,在设置岗位时必须考虑到授权岗位和执行岗位的分离、执行岗位和审核岗位的分离、保管岗位和记账岗位的分离等,通过不相容职责的划分,保证各部门和人员之间的独立性,防止员工的"合谋"舞弊行为。

考点2　内部控制机制

一、基金公司内控机制的四个层次（★★★）

内部控制机制，也就是内控机制，是指一个组织为了实现计划目标，防范和减少风险的发生，由全体成员的共同参与，对内部业务流程进行全过程的介入和监控，采取权力分配、相互制衡手段，制定出系统的、制度保证的运行过程。内控机制调整的是公司的内部组织结构及其相互之间的运作制约关系。

基金管理人内部控制机制包括四个层次：

（1）员工自律。

（2）部门各级主管（包括监察稽核）的检查监督。

（3）公司总经理及其领导的监察稽核部对各部门和各项业务的监督控制。

（4）董事会领导下的审计委员会和督察长的检查、监督、控制和指导。

基金管理人加强内部控制机制建设时应当注意以下四个方面：

（1）在设置内部控制机构时，不能只重视眼前的商业利润、不注重专职内部控制机构的建立。

（2）在建立内部控制制度时，不能只重视内部管理制度的建立、不注重内部核心部门"防火墙"制度的建立。基金管理人应以专业委员会、投资管理部门、风险管理部门、市场营销部门、基金运营部门、后台支持部门等部门为对象，建立健全完善、独立的内部控制制度。

（3）在执行内部控制制度时，不能只重视非经常性发生事项的控制、不注重经常性发生事项的控制。基金管理人应当进一步强化责任管理、制度管理，规范控制行为，建立健全内部控制管理机制，实现良好的控制环境、完善的控制体系和可靠的控制程序的一体化。

（4）在监督内部控制时，不能只重视程序监督、不注重对"内部人"的监督。对内部人的监督要考虑到三方面。首先，要加强对基金管理人的内部控制监督，建立基金管理人重大决策集体审批等制度，以防止出现业务管理层负责人独断专行的现象；其次，要加强对基金管理人部门管理的控制监督，建立部门之间相互牵制的制度，以杜绝部门权力过大或集体徇私舞弊的现象；再次，要加强对关键岗位管理人员的控制监督，建立关键岗位轮岗和定期稽查制度，以防止基金管理人中层经理人员以权谋私或串通作案，从而建立健全企业内部控制监督机制。

真题链接

【2016年】内部控制机制中，在（　　）上，不能重程序监督、不注重对"内部人"监督的偏向。

A.设置内部控制机构　　　　　　　B.建立内部控制制度

C.监督内部控制　　　　　　　　　D.执行内部控制制度

【答案】C。解析：一般来说，基金管理人内部控制机制中，在监督内部控制上，不能重程序监督、不注重对"内部人"监督的偏向。首先，要加强对基金管理人的内部控制监督，建立基金管理人重大决策集体审批等制度，以杜绝业务管理层负责人独断专行；其次，要加强对基金管理人部门管理的控制监督，建立部门之间相互牵制的制度，以杜绝部门权力过大或集体徇私舞弊；再次，要加强对关键岗位管理人员的控制监督，建立关键岗位轮岗和定期稽查制度，以杜绝基金管理人中层经理人员以权谋私或串通作案，从而建立健全企业内部控制监督机制。

二、内部控制的基本要素（★★★）

（一）控制环境

控制环境是构成公司内部控制的基础，包括经营理念、内控文化、公司治理结构、组织结构、员工道德素质等内容。

基金管理人应当牢固树立内控优先和风险管理理念，培养全体员工的风险防范意识，营造一个浓厚的内控文化氛围，保证全体员工及时了解国家法律法规和公司规章制度，使风险意识贯穿到公司各个部门、各个岗位和各个环节。

基金管理人应当健全法人治理结构，充分发挥独立董事和监事会的监督职能，严禁不正当关联交易、利益输送和内部人控制现象的发生，保护投资者利益和公司合法权益。

基金管理人的组织结构应当体现职责明确、相互制约的原则，各部门有明确的授权分工，操作相互独立。公司应当建立决策科学、运营规范、管理高效的运行机制，包括民主、透明的决策程序和管理议事规则，高效、严谨的业务执行系统，以及健全、有效的内部监督和反馈系统。

基金管理人应当依据自身经营特点设立顺序递进、权责统一、严密有效的内控防线：

（1）各岗位职责明确，有详细的岗位说明书和业务流程，各岗位人员在上岗前均应知悉并以书面方式承诺遵守，在授权范围内承担责任。

（2）建立重要业务处理凭据传递和信息沟通制度，相关部门和岗位之间相互监督制衡。

（3）公司督察长和内部监察稽核部门独立于其他部门，对内部控制制度的执行情况实行严格的检查和反馈。

（二）风险评估

基金管理人应当建立科学严密的风险评估体系，对公司内外部风险进行识别、评估和分析，及时防范和化解风险。基金管理人风险评估系统可以对基金运作情况发出预警和报警讯号；独立的风险业绩评估小组对基金管理中的风险指标提供每日、每周及月度评估报告，作为决策参考依据。基金管理人应大力运用现代信息科技，促进风险管理的数量化和自动化。

（三）控制活动

基金管理人的授权控制应当贯穿于公司经营活动的始终。授权控制的主要内容包括以下方面：

（1）股东会、董事会、监事会和管理层应当充分了解和履行各自的职权，建立健全公司授权标准和程序，确保授权制度的贯彻执行。

（2）公司各业务部门、分支机构和公司员工应当在规定授权范围内行使相应的职责。

（3）公司重大业务的授权应当采取书面形式，授权书应当明确授权内容和时效。

（4）公司授权要适当，对已获授权的部门和人员应建立有效的评价和反馈机制，对已不适用的授权应及时修改或取消授权。

公司应当建立完善的资产分离制度，基金资产与公司资产、不同基金的资产和其他委托资产要实行独立运作，分别核算。

公司应当建立科学、严格的岗位分离制度，明确划分各岗位职责，投资和交易、交易和清算、基金会计和公司会计等重要岗位不得有人员的重叠，重要业务部门和岗位应当进行物理隔离。

公司应当制定切实有效的应急应变措施，建立危机处理机制和程序，包括信息泄密、交易程序故障等紧急事件发生后的应变措施。

（四）信息沟通

基金应当维护信息沟通渠道的畅通，建立清晰的报告系统。公司管理层应当按照法律法规和中国证监会有关规定，建立完善的信息披露制度，保证所有员工得到充分、最新的公司规章制度以及应该得知的信息。公司应当定期与员工沟通，以保证员工知悉公司的战略方向、经营方针、近期和长期目标等。在公司管理和基金运作中，各部门应保持各自独立向管理层报告的渠道。

（五）内部监控

基金管理人应当建立有效的内部监控制度，设置督察长和独立的监察稽核部门，对公司内部控制制度的执行情况进行持续的监督，保证内部控制制度的落实。公司应当定期评价内部控制的有效性，根据市场环境、新的金融工具、新的技术应用和新的法律法规等情况，适时改进。

真题链接

【2018年】内部控制的基本要素包括（　　）。

Ⅰ.内部环境　　　　　　　　　Ⅱ.风险评估

Ⅲ.控制活动　　　　　　　　　Ⅳ.内部监控

A.Ⅰ、Ⅱ、Ⅲ、Ⅳ　　　　　　B.Ⅰ、Ⅱ、Ⅳ

C. Ⅰ、Ⅲ、Ⅳ   D. Ⅱ、Ⅲ、Ⅳ

【答案】A。解析：基金管理人内部控制的基本要素包括控制环境、风险评估、控制活动、信息沟通和内部监控。

考点3　内部控制制度

一、内部控制制度的组成内容（★★）

内部控制制度，是指基金管理人为了保证其经营活动符合国家法律法规和内部规章的要求，保护其资产的安全完整，确保经济和会计信息的正确可靠，协调基金操作行为，控制基金运作活动，提高经营管理效率，控制风险，防止舞弊等目的，而在公司内部采取的一系列相互制约、相互联系的制度和方法。

基金管理公司内部控制制度的组成内容包括内部控制大纲、基本管理制度、部门业务规章、业务操作手册等部分。

1.内部控制大纲

基金公司内控大纲是对基金公司章程规定的内控原则的细化和展开，是各项基本管理制度的纲要和总揽。内部控制大纲应当明确内控目标、内控原则、控制环境、风险评估、信息与沟通、内部控制监督、内控措施等内容。

2.基本管理制度

基本管理制度应当至少包括风险控制、投资管理、基金会计、信息披露、监察稽核、信息技术管理、公司财务、资料档案管理、业绩评估考核和紧急应变等。

3.部门业务规章

部门业务规章是以基本管理制度为基础，对各个部门的主要职责、岗位设置、岗位责任、操作守则等的具体说明。

4.业务操作手册

业务操作手册是在基金管理人确定相关业务上，对业务的性质、种类以及相关的管理规定和操作流程及要求的明确说明，是业务人员上岗操作的指南。

二、内部控制制度的制定原则

基金管理人内部控制制度的制定原则如下：

（1）合法、合规性原则。

合法合规性原则要求公司内控制度应当符合国家法律法规、规章和各项规定。

（2）全面性原则。

全面性原则要求内部控制制度应当涵盖公司经营管理的各个环节，不得留有制度上的空白或漏洞。

（3）审慎性原则。

审慎性原则要求公司制定内部控制制度应当以审慎经营、防范和化解风险为出发点。

（4）适时性原则。

适时性原则要求公司内部控制制度的制定应当随着有关法律法规的调整和公司经营战略、经营方针、经营理念等内外部环境的变化进行及时的修改或完善。

考点4　内部控制的主要内容

一、基金公司前、中、后台控制的主要内容（★）

基金公司的前台部门主要是指与客户有直接联系的行政前台、投资、研究、销售等部门，其以客户满意度最大化为目标，为客户提供综合服务。前台部门直接接触客户，其与客户接触过程中的行为必须控制在基金公司规定的范围内，不得出现虚假承诺和泄露机密等违规的行为。

基金公司的中台部门是指与市场营销、风险控制、财务部、监察稽核和产品研发有关的部门，其设置的目的在于为前台部门提供支持，保障公司为客户提供服务的持续性。中台部门与前台部门之前必须建立严格的隔离机制，以防中台部门利用从前台部门处得到的内幕消息直接传递给客户，杜绝前后台投资决策信息泄密和中台部门与前台部门之间沟通效率低下的问题，提高基金公司的运营效率。

基金公司的后台部门是指与行政管理、人事部、清算、信息技术等有关的部门，其目标在于为前中台提供支持，保证基金公司战略的实施与效果。基金公司的后台部门需要与监管部门、政府其他相关部门、机构投资者、法律顾问、审计师等主体沟通与联系，因此对后台部门人员业务行为的控制具有重要意义。

部分基金管理人尝试探索前后台部门的业务外包，为基金公司的内部控制带来了挑战，对基金公司的前台、中台、后台控制提出了更严格的要求。

二、投资管理业务控制（★★）

1.研究业务控制

研究业务控制包括以下几方面的内容：

（1）研究工作应保持独立、客观。

（2）建立严密的研究工作业务流程，形成科学、有效的研究方法。

（3）建立投资对象备选库制度，研究部门根据基金契约要求，在充分研究的基础上建立和维护备选库。

（4）建立研究与投资的业务交流制度，保持通畅的交流渠道。

（5）建立研究报告质量评价体系。

2.投资决策业务控制

投资决策业务控制包括以下几方面的内容：

（1）投资决策应当严格遵守法律法规的有关规定，符合基金契约所规定的投资目标、投资范围、投资策略、投资组合和投资限制等要求。

（2）健全投资决策授权制度，明确界定投资权限，严格遵守投资限制，防止越权决策。

（3）投资决策应当有充分的投资依据，重要投资要有详细的研究报告和风险分析支持，并有决策记录。

（4）建立投资风险评估与管理制度，在设定的风险权限额度内进行投资决策。

（5）建立科学的投资管理业绩评价体系，包括投资组合情况、是否符合基金产品特征和决策程序、基金绩效分析等内容。

3.基金交易业务控制

基金交易业务控制包括以下几方面的内容：

（1）基金交易应实行集中交易制度，基金经理不得直接向交易员下达投资指令或者直接进行交易。

（2）公司应当建立交易监测系统、预警系统和交易反馈系统，完善相关的安全设施。

（3）投资指令应当进行审核，确认其合法、合规与完整后方可执行。如出现指令违法违规或者其他异常情况，应当及时报告相应部门与人员。

（4）公司应当执行公平的交易分配制度，确保不同投资者的利益能够得到公平对待。

（5）建立完善的交易记录制度，每日投资组合列表等应当及时核对并存档保管。

（6）建立科学的交易绩效评价体系。

三、销售业务控制（★★）

销售业务控制包括以下几方面的内容：

（1）宣传推介材料必须经过审核。

（2）客户投诉得到及时、恰当的记录和处理。

（3）制定相关政策，确保投资者信息得到保护。

（4）严格审核客户开户资料，符合反洗钱和销售适用性规定。

（5）制定销售人员的行为规范，保证礼品费用、会议费用规范得到遵守。

（6）申购、赎回和转换交易申请均经过客户的合理授权，并被准确、及时地执行。

（7）建立代销机构的尽职调查流程，严格选择合作的基金销售机构，审核销售协议，监督基金代销行为符合协议约定。

（8）制定销售行为的规范，防止延时交易、商业贿赂和误导、欺诈和不公平对待投资者等违法违规行为的发生。

四、信息披露控制（★★）

信息披露是基金管理人必须履行的一项义务。信息披露可能对证券市场价格和投资者行为产生重大影响，加强基金管理人信息披露的控制，是保证证券市场公开、公平和公正三原则的重要支持。基金管理人保证公开披露的信息真实、准确、完整、及时，有相应的部门或岗位负责信息披露工作，进行信息的组织、审核和发布。

五、信息技术系统控制（★★）

基金管理信息技术系统的设计开发应符合国家、金融行业软件工程标准的要求，编写完整的技术资料；在实现业务电子化时，应设置保密系统和相应控制机制，保证计算机系统的可稽性；信息技术系统投入运行前，应当经过业务、运营、监察稽核等部门的联合验收。

通过严格的授权制度、岗位责任制度、门禁制度、内外网分离制度等管理措施，确保系统安全运行。公司软件的使用应具备身份验证、访问控制、故障恢复、安全保护、分权制约等功能。公司应对信息数据实行严格的管理，保证信息数据的安全真实和完整。基金管理人应建立电子数据的即时保存和备份制度。信息技术系统应定期稽核检查，完善业务数据保管等安全措施，进行故障排除、灾难恢复的演习，确保系统可靠、稳定、安全地运行。

六、会计系统控制（★★）

会计系统控制措施包括以下几方面的内容：

（1）建立凭证制度，通过凭证设计、登录、传递、归档等一系列凭证管理制度，确保正确记载经济业务，明确经济责任。

（2）建立账务组织和账务处理体系，正确设置会计账簿，有效控制会计记账程序。

（3）建立复核制度，通过会计复核和业务复核防止会计差错的产生。

（4）采取合理的估值方法和科学的估值程序，公允反映基金所投资的有价证券在估值时点的价值。

（5）规范基金清算交割工作，在授权范围内，及时准确地完成基金清算，确保基金资产的安全。

（6）建立严格的成本控制和业绩考核制度，强化会计的事前、事中和事后监督。

（7）制定完善的会计档案保管和财务交接制度，财会部门应妥善保管密押、业务用章、支票等重要凭据和会计档案，严格会计资料的调阅手续，防止会计数据的毁损、散失和泄密。严格制定财务收支审批制度和费用报销管理办法，自觉遵守国家财税制度和财经纪律。

七、监察稽核控制（★★）

基金管理人应当设立监察稽核部门，对公司经营层负责，公司应保证监察稽核部门的独立性和权威性。公司应当明确监察稽核部门及内部各岗位的具体职责，配备充足的监察稽核人员，严格监察稽核人员的专业任职条件，严格监察稽核的操作程序和组织纪律。

基金管理人应当设立督察长，对董事会负责，经董事会聘任，报中国证监会核准。根据公司监察稽核工作的需要和董事会授权，督察长可以列席公司相关会议，调阅公司相关档案，就内部控制制度的执行情况独立地履行检查、评价、报告、建议职能。

基金管理人应当强化内部检查制度，通过定期或不定期检查内部控制制度的执行情况，确保公司各项经营管理活动的有效运行。基金管理人董事会和管理层应当重视和支持监察稽核工作，对违反法律法规和公司内部控制制度的，应当追究有关部门和人员的责任。

本章同步自测

1.下列不属于企业风险管理要素的是（　　）。

A.事项识别　　　　　　　　　　B.风险评估

C.风险应对　　　　　　　　　　D.收益平衡

2.基金管理人内部控制的有效性原则是指（　　）。

A.基金管理人的内部控制应当涵盖基金公司的各项业务、各个部门（或机构）以及各级人员，涉及决策、执行、监督、反馈等各个环节，且应当做到事前、事中、事后控制相统一，确保不存在内部控制的空白或漏洞

B.基金管理人的内部控制必须注重效果和效率，所有控制制度必须得到贯彻执行并实际发挥作用

C.基金管理人各机构、部门和岗位职责应当保持相对独立，公司基金资产、自有资产、其他资产的运作应当分离

D.基金管理人运用科学化的经营管理方法降低运作成本，提高经济效益，以合理的控制成本达到最佳的内部控制效果

3.下列说法错误的是（　　）。

A.内控机制调整的是公司的内部组织结构及其相互之间的运作制约关系

B.内控机制是指一个组织为了实现既定目标，防范和减少风险的发生，由全体成员的共同参与，对内部业务流程进行全过程的介入和监控，采取权力分解、相互制衡手段，制定出完备的制度保证的过程

C.基金管理人内部控制机制包括员工自律、各部门主管的检查监督和公司管理层对人员和业务的监督控制三个层次

D.基金管理人在设置内部控制机构时，不能只重视眼前的商业利润、不注重专职内部控制机构的建立

4.下列说法错误的是（　　）。

A.基金管理人应当健全法人治理结构,充分发挥独立董事和监事会的监督职能,严禁不正当关联交易、利益输送和内部人控制现象的发生,保护投资者利益和公司合法权益

B.基金管理人应当牢固树立外控优先和风险管理理念

C.基金管理人的组织结构应当体现职责明确、相互制约的原则,各部门有明确的授权分工,操作相互独立

D.控制环境是管理人内部控制的基础,包括经营理念、内控文化、公司治理结构、组织结构、员工道德素质等内容

5.下列不属于基金公司内部控制制度的组成部分的是（　　）。

A.基金合同　　　　　　　　　　B.内部控制大纲

C.基本管理制度　　　　　　　　D.业务操作手册

6.基金管理人在制定内部控制制度时应当遵循的原则不包括（　　）。

A.全面性原则　　　　　　　　　B.审慎性原则

C.相互制约原则　　　　　　　　D.合法、合规性原则

7.下列说法错误的是（　　）。

A.基金公司的前台部门主要是指与客户有直接联系的行政前台、投资、研究、销售等部门

B.基金公司的前台部门的目的是保障公司为客户提供服务的持续性

C.基金公司的中台部门是指市场营销、风险控制、财务部、监察稽核和产品研发部门

D.基金公司的后台部门是指行政管理、人事部、清算、信息技术等部门

8.下列关于基金管理人信息技术系统控制的说法错误的是（　　）。

A.基金管理人应当根据国家法律法规的要求,遵循安全性、实用性、可操作性原则,严格制定信息系统的管理制度

B.基金管理人在实现业务电子化时,应设置保密系统和相应的控制机制,但对计算机系统的可稽性的要求没有做出严格规定

C.基金管理人的信息技术系统的设计开发应该符合国家、金融行业软件工程标准的要求,编写完整的技术资料

D.信息技术系统投入运行前,应当经过业务、运营、监察稽核等部门的联合验收

参考答案及解析 》》》》

1.【答案】D。解析:本题旨在考查企业风险管理的要素。企业风险管理的要素包括内部环境、目标设定、事项识别、风险评估、风险应对、控制活动、信息与沟通和行为监控,收益平衡不属于企业风险管理的要素。故本题选D。

2.【答案】B。解析:本题旨在考查基金公司内部控制的有效性原则的含义。有效性原则是指基金公司的内部控制必须注重效果和效率,所有控制制度必须得到贯彻执行并实际发挥

作用，B项符合有效性原则的定义。

3.【答案】C。解析：本题旨在考查基金公司内控机制的含义和层次。基金管理人内部控制机制包括四个层次：①员工自律；②各部门主管（包括监察稽核）的检查监督；③公司管理层对人员和业务的监督控制；④董事会或者其领导下的专门委员会的检查、监督、控制和指导。C项表述错误。故本题选C。

4.【答案】B。解析：本题旨在考查基金管理人内部控制的基本要素。控制环境作为基金管理人内部控制的基本要素之一，要求基金管理人应当牢固树立内控优先和风险管理理念，培养全体员工的风险防范意识，营造一个浓厚的内控文化氛围，保证全体员工及时了解国家法律法规和公司规章制度，使风险意识贯穿到公司各个部门、各个岗位和各个环节。B项表述错误。

5.【答案】A。解析：本题旨在考查基金管理人内部控制制度的组成。基金管理人内部控制制度由四个部分组成：内部控制大纲、基本管理制度、部门业务规章和业务操作手册，不包括基金合同。故本题选A。

6.【答案】C。解析：本题旨在考查基金管理人内部控制制度的制定原则。基金管理人内部控制制度的制定原则包括合法合规性原则、全面性原则、审慎性原则和适时性原则，不包括相互制约原则。相互制约原则是基金管理人内部控制的原则。

7.【答案】B。解析：本题旨在考查基金公司前台、中台、后台控制的内容。基金公司的前台部门主要是指与客户有直接联系的行政前台、投资、研究、销售等部门，其以客户满意度最大化为目标，为客户提供综合服务。保障公司为客户提供服务的持续性是基金公司中台部门的目标。B项表述错误。故本题选B。

8.【答案】B。解析：本题旨在考查基金管理人信息技术控制的内容。基金管理人在实现业务电子化时，应设置保密系统和相应的控制机制，并保证计算机系统的可稽性。B项表述错误。

第十三章　基金管理人的合规管理

第十三章	考点	考查角度
基金管理人的合规管理	合规管理概述	合规管理的含义意义、目标和基本原则
	合规管理机构设置	合规管理部门的设置及其责任,董事会、监事会、督察长、管理层、业务部门的合规责任
	合规管理的主要内容	合规管理活动概述、合规文化、合规政策、合规审核、合规检查、合规培训、合规投诉处理
	合规风险	合规风险及其种类、投资合规性风险、销售合规性风险、信息披露合规性风险、反洗钱合规性风险

考点精讲

考点1　合规管理概述

一、合规管理的基本概念(★★★)

合规管理是指证券公司制定和执行合规管理制度,建立合规管理机制,培育合规文化,防范合规风险的行为。合规管理是一项风险管理活动,是鉴证业务活动是否遵守法律、监管规定、规则、行业自律准则等的一种行为。合规管理与合规风险紧密相关。合规风险,是指因证券公司或其工作人员的经营管理或执业行为违反法律法规或准则而使证券公司受到法律制裁或被采取监管措施、遭受财产损失或声誉损失的风险。

基金管理人的合规管理是指对基金管理人的相关业务是否遵循法律、监管规定、规则、自律性组织制定的有关准则以及公众投资者的基本需求等行为进行风险识别、检查、通报、评估、处置的管理活动。其中,基金管理人合规管理应当遵循的规则包括以下内容:①立法机关和证监会发布的基本法律规则;②中国基金业协会和中国证券业协会等自律性组织制定的适用于全行业的规范、标准、惯例等;③公司章程以及企业的各种内部规章制度以及应当遵守的诚实守信的职业道德。

二、合规管理的目标(★★★)

基金管理人的合规管理目标体现在以下两方面:

（一）建立健全基金管理人合规风险管理体系，有效识别和管理合规风险

基金管理人应当建立良好的内部治理结构，其组织结构的设置应体现权责明确、相互制约的原则，建立完善的岗位责任制和岗位分离制，明确股东会、董事会、监事会和高级管理人员的职责权限，确保各部门的合规运作。当公司产生合规风险时，基金管理人应当及时识别合规风险，并具有控制合规风险的能力，将合规风险造成的损失降到最低。

（二）促进基金管理人全面风险管理体系的建设，确保依法合规经营

合规管理应当覆盖公司所有业务、各个部门和分支机构、全体员工，贯穿决策、执行、监督、反馈等各个环节。基金管理人应当建立决策科学、运营规范、管理高效的运行机制，包括民主、透明的决策程序和管理议事规则，高效、严谨的业务执行系统以及健全、有效的内部监督和反馈系统。此外，基金管理人应当严格控制基金财产的财务风险，建立完善的信息披露制度，建立严格的信息技术系统管理制度，强化内部监管稽核和风险管理系统，确保基金管理人的依法合规经营。基金管理人可以开展合规自律探讨和合规文化活动，提高全体员工对合规重要性的认识，有效实现合规管理的目标。

三、合规管理的基本原则（★★★）

（一）独立性原则

独立性原则是指合规管理应当独立于其他各项业务经营活动，合规部门和督察长在基金公司组织体系中应当有独立地位。

（二）客观性原则

客观性原则是指合规人员应当依照相关法规对违规事实进行客观评价，避免出现合规人员自身与业务人员合谋的违规行为。

（三）公正性原则

公正性原则是指合规人员在对业务部门进行核查时，应当坚持统一标准对违规行为的风险进行评估和报告。

（四）专业性原则

专业性原则是指合规人员应当准确理解和把握法律法规的规定和变动趋势，熟悉业务制度，了解基金管理人各种业务的运作流程。

（五）协调性原则

协调性原则是指合规人员应当正确处理与公司其他部门及监管部门的关系，努力形成公司的合规合力，避免内部消耗。

四、合规管理的意义和独立性（★★★）

1.合规管理的意义

从基金管理人的内部控制角度来讲，保障基金管理人的合规与合规部门的独立性确有必要。

（1）根据监管规则和基金公司内部控制和防范合规风险的要求，在基金公司内部建立和完善合规风险管理的体制机制，建立独立的合规部门，鼓励和保障合规部门独立发表合规管理意见，使其能够更好地履行合规风险管理的职能；使法律规则和监管部门的监管规则及监管意图在基金公司得到全面有效地贯彻落实。

（2）避免基金管理人遭受法律制裁或监管处罚、重大财务损失或声誉损失的风险。

2.合规管理的独立性

合规独立性是指基金管理人的合规管理应当在体制机制、组织架构、人力资源、管理流程等诸多方面独立于内部其他风险部门、业务部门、内部审计部门等。确保合规独立性的存在可以使合规管理能够真正发挥作用。独立性原则是指合规管理应当独立于基金管理人的业务经营活动，以真正起到牵制、制约的作用，是合规管理的关键性原则。

合规管理部门的独立性主要包括下列要素：第一，合规管理部门在公司内部享有正式的地位，并在公司的合规政策或其他正式文件中予以规定。第二，在合规风险管理部门员工特别是合规风险管理部门负责人的职位安排上，应避免其合规风险管理职责与其承担的任何其他职责之间产生可能的利益冲突。第三，合规管理部门员工为履行职责，能够享有相应的资源，应能够获取和接触必需的信息和人员。合规管理部门的独立，实质上就是"人"的独立性，直接关系到合规风险能否有效揭示。

> **真题链接**
>
> 【2017年】关于基金公司合规管理工作的理念，下列描述正确的是（　　）。
>
> A.股东利益至上　　　　　　　　B.风险控制优先
>
> C.管理规模至上　　　　　　　　D.业务发展为重
>
> 【答案】B。解析：所谓"合规"，与"违规"相对应，是指基金管理人的经营管理活动与法律、规则和准则一致。因此，合规管理是一种风险管理活动，是对业务活动是否遵守法律、监管规定、规则、行业自律准则的一种鉴证行为。

考点2　合规管理机构设置

一、合规管理部门的设置及其责任（★）

基金管理人合规管理部门的设置依据其实际情况而定，可下设合规部、法律合规部或监察稽核部。

基金管理人在董事会和管理层会设立专门的风险控制委员会,安排督察长负责合规管理工作。

合规管理部门是负责基金公司合规工作的具体组织和执行部门,依照所规定的职责、权限、方法和程序独立开展工作,负责公司各部门和全体员工的合规管理工作。合规管理部门应在督察长的管理下协助高级管理层有效识别和管理所面临的合规风险,履行以下基本职责:

(1)持续关注法律、规则和准则的最新发展,正确理解法律、规则和准则的规定及其精神,准确把握法律、规则和准则对基金经营的影响,及时为高级管理层提供合规建议。

(2)制订并执行风险为本的合规管理计划,包括特定政策和程序的实施与评价、合规风险评估、合规性测试、合规培训与教育等。

(3)审核评价基金管理人各项政策、程序和操作指南的合规性,组织、协调和督促各业务条线和内部控制部门对各项政策、程序和操作指南进行梳理和修订,确保各项政策程序和操作指南符合法律、规则和准则的要求。

(4)协助相关培训和教育部门对员工进行合规培训,包括新员工的合规培训,以及所有员工的定期合规培训,并成为员工咨询有关合规问题的内部联络部门。

(5)组织制定合规管理程序以及合规手册、员工行为准则等合规指南,并评估合规管理程序和合规指南的适当性,为员工恰当执行法律、规则和准则提供指导。

(6)积极主动地识别和评估与基金管理人经营活动相关的合规风险,包括为新产品和新业务的开发提供必要的合规性审核和测试,识别和评估新业务方式的拓展、新客户关系的建立以及客户关系的性质发生重大变化等所产生的合规风险。

(7)收集、筛选可能预示潜在合规问题的数据,如消费者投诉的增长数、异常交易等,建立合规风险监测指标,按照风险矩阵衡量合规风险发生的可能性和影响,确定合规风险的优先考虑序列。

(8)实施充分且有代表性的合规风险评估和测试,包括通过现场审核对各项政策和程序的合规性进行测试,询问政策和程序存在的缺陷,并进行相应的调查,合规性测试结果应按照基金管理人的内部风险管理程序,通过合规风险报告路线向上报告,确保政策和程序符合法律法规。

(9)保持与监管机构日常的工作联系,跟踪和评估监管意见和监管要求的落实情况。

二、董事会的合规责任(★★)

基金管理人的董事会,是指由董事组成的、对内掌管解决公司事务、对外代表基金公司的经营决策机构。董事会负责公司整体风险的预防和控制,审核监督公司风险控制制度的有效执行,可以下设合规与风险管理委员会,负责对公司经营管理与基金运作的风险控制及合法合规性进行审议、监督和检查,草拟公司风险管理战略,评估公司风险管理状况。

董事会履行以下合规管理职责:

（1）审议批准合规管理的基本制度。

（2）审议批准公司年度合规报告，对年度合规报告中反映出的问题采取解决措施。

（3）决定解聘对发生重大合规风险负有主要责任或者领导责任的高级管理人员。

（4）决定合规负责人的聘任、解聘、考核及薪酬事项。

（5）建立与合规负责人的直接沟通机制。

（6）评估合规管理有效性，督促解决合规管理中存在的问题。

（7）公司章程规定的其他合规管理职责。

中国证监会对基金管理公司的监管要求、整改通知及处罚措施等应当列入董事会的通报事项。经理层制定的整改方案和公司合规运作情况的汇报应当列入董事会的审议范围。

三、监事会的合规责任（★★）

基金管理人的监事会是指由股东大会选举的监事以及由基金公司职工民主选举的监事组成的，对基金公司的法律教育业务活动进行监督和检查的法定必设和常设机构。监事会应做到事前、事中及事后监督的统一，并进行会计监督和业务监督。

监事会对经营管理的业务监督包括以下方面：

（1）通知业务机构停止其违法行为。当董事或经理人员在执业过程中违反法律法规、公司章程以及从事登记营业范围之外的业务时，监事有权通知他们停止其行为。

（2）随时调查公司的财务状况，审查账册文件，并有权要求董事会向其提供情况。

（3）审核董事会编制的提供给股东会的各种报表，并把审核意见向股东会报告。

（4）当监事会认为有必要时，一般是公司出现重大问题时，可以提议召开股东会。

在以下特殊情况下，监事会有代表公司的权利：

（1）当公司与董事间发生诉讼时，除法律另有规定外，由监事会代表公司作为诉讼一方处理有关法律事宜。

（2）当董事本人或他人与本公司有交涉时，由监事会代表公司与董事进行交涉。

（3）当监事调查公司业务及财务状况，审核账册报表时，有权代表公司委托律师、会计师或其他第三方人员协助调查。

基金管理人设监事会，监事会向股东会负责。监事会依法行使下列职权：

（1）检查公司的财务。

（2）对公司董事和高级管理人员履行合规管理职责的情况进行监督。

（3）对发生重大合规风险负有主要责任或者领导责任的董事和高级管理人员提出罢免的建议。

（4）提议召开临时股东会。

（5）列席董事会会议。

（6）公司章程规定的其他职权。

监事会每年至少召开一次会议，监事会会议应当由全体监事出席时方可举行，每名监事有一票表决权。监事会决议至少须经半数以上监事投票通过。

四、督察长的合规责任（★★）

基金管理人应当保证督察长的独立性。督察长负责组织指导公司监察稽核工作，履行职责的范围应当涵盖基金及公司运作的所有业务环节。

督察长履行职责，应当注意下列事项：

（1）基金销售是否遵守法律法规、基金合同和招募说明书的规定，将适当的产品、服务提供给适合的客户，是否存在误导、欺诈投资人和不正当竞争等违法违规行为。

（2）基金投资是否符合法律法规和基金合同的规定，是否遵守公司制定的投资业务流程等相关制度，是否存在内幕交易、操纵市场等违法行为以及不正当关联交易、利益输送和不公平对待不同投资人的行为。

（3）基金及公司的信息披露是否真实、准确、完整、及时，是否存在虚假记载、误导性陈述或者重大遗漏等问题。

（4）基金运营是否安全，信息技术系统运行是否稳定，客户资料和交易数据是否做到备份和有效保存，是否出现延时交易、数据遗失等情况。

（5）公司资产是否安全完整，是否出现被抽逃、挪用、违规担保、冻结等情况。

督察长发现基金和公司运作中有违法违规行为的，应当及时予以制止，重大问题应当报告中国证监会及相关派出机构。

督察长监督检查公司内部风险控制情况，应当注意下列事项：

（1）公司是否按照法律法规和中国证监会的规定制定和修改各项业务规章制度及业务操作流程。

（2）公司是否对各项业务制定和实施相应的风险控制制度。

（3）公司员工是否严格有效执行公司规章制度。

督察长应当对公司推出新产品、开展新业务的合法合规性问题提出意见。督察长应当关注员工的合规与风险意识，促进公司内部风险控制水平的提高及合规文化的形成。督察长应当指导、督促公司妥善处理投资人的重大投诉，保护投资人的合法权益。

督察长应当定期或不定期向全体董事报送工作报告，并在董事会及董事会下设的相关专门委员会定期会议上报告基金及公司运作的合法合规情况及公司内部风险控制情况。督察长应当积极配合中国证监会及其派出机构的监管工作。

督察长享有充分的知情权和独立的调查权。督察长根据履行职责的需要，有权参加或者列席公司董事会以及公司业务、投资决策、风险管理等相关会议，有权调阅公司相关文件、档案。

督察长发现基金及公司运作中存在问题时，应当及时告知公司总经理和相关业务负责人，提出处理意见和整改建议,并监督整改措施的制定和落实;基金公司总经理对存在问题不整改或者整改未达到要求的,督察长应当向公司董事会、中国证监会及相关派出机构报告。

发现下列情形之一的,督察长应当及时向公司董事会、中国证监会及相关派出机构报告:

(1)基金及公司发生违法违规行为。

(2)基金及公司存在重大经营风险或者隐患。

(3)督察长依法认为需要报告的其他情形。

(4)中国证监会规定的其他情形。

对上述情形,督察长应当密切跟踪后续整改措施,并将处理情况向公司董事会、中国证监会及相关派出机构报告。

五、管理层的合规责任(★★)

基金管理人可设总经理1人,副总经理若干人。公司章程应当明确规定总经理和副总经理等人员的提名、任免程序、权利义务、任期等内容。经理层人员应当符合法律、行政法规和中国证监会规定的条件,取得中国证监会核准的任职资格。

管理层的合规责任体现如下:

(1)经理层人员应当熟悉相关法律、行政法规及中国证监会的监管要求,依法合规、勤勉、审慎地行使职权,促进基金财产的高效运作,为基金份额持有人谋求最大利益。

(2)经理层人员应当维护公司的统一性和完整性,在其职权范围内对公司经营活动进行独立、自主的决策,不受他人干预,不得将其经营管理权让渡给股东或者其他机构和人员。

(3)经理层人员应当构建公司自身的企业文化,保持公司内部机构和人员责任体系、报告路径清晰、完整,不得违反规定的报告路径,防止在内部责任体系、报告路径和内部员工之间出现割裂的情况。

(4)经理层人员应当按照公司章程、制度和业务流程的规定开展工作,不得越权干预投资、研究、交易等具体业务活动,不得利用职务之便向股东、本人及他人进行利益输送。

(5)经理层人员应当公平对待所有股东,不得接受任何股东及其实际控制人超越股东会、董事会的指示,不得偏向于任何一方股东。

(6)经理层人员应当公平对待公司管理的不同基金财产和客户资产,不得在不同基金财产之间、基金财产与委托资产之间进行利益输送。

(7)经理层人员对于股东虚假出资、抽逃或者变相抽逃出资、以任何形式占有或转移公司资产等行为以及为股东提供融资或者担保等不当要求,应当予以抵制,并立即向中国证监会及相关派出机构报告。

(8)负责公司日常经营管理工作的总经理应当认真执行董事会决议,定期向董事会报告公司的经营情况、财务状况、风险状况、业务创新等情况。

(9)总经理应当支持督察长和监察稽核部门的工作,不得阻挠、妨碍上述人员和部门的检查、监督等活动。

（10）基金公司应当按照保护基金份额持有人利益的原则，建立紧急应变制度，处理公司遭遇突发事件等非常时期的业务，并对总经理不能履行职责或者缺位时总经理职责的履行做出规定。

（11）经理层可下设投资决策委员会、风险控制委员会等专门委员会。设立专门委员会的，公司应当对专门委员会的职责、人员组成、议事规则、决策程序等做出明确规定。

六、业务部门的合规责任（★★）

尽管基金管理人各业务部门的设置有异，但各部门及其员工都应当遵守合规规定，在从事业务活动时必须做到忠诚、诚实和公平交易，并以最高水准要求自己，以应有的技能勤勉尽责、谨慎从事。

业务部门的合规责任主要体现在以下方面：

（1）为谋取客户合法利益的最大化，公司对客户负有忠实义务。

（2）在不违反法律法规的前提下，公司必须保证给客户的所有建议和为客户进行的所有交易都是本着客户利益第一的原则。

（3）公司必须保证给客户进行交易时，必须合理、谨慎地关注以保证交易对手的可靠性及交易条件在可得到的范围内为最佳。

（4）公司应确定客户的身份真实，了解客户的有关信息及投资目标，以备监管机构的监管。

（5）公司必须采取合理措施为向其咨询的客户提供及时、可理解的信息，以使客户在充分了解有关信息的基础上做出投资决定；还应为客户提供关于其账户的完整、正确的信息。

（6）公司应委托独立的具有良好声誉的托管人对客户资产进行托管。

（7）公司及其分公司均应与监管者、审计师和法律顾问保持坦诚的合作关系，对于应当向对方公开的信息应该及时通知。

（8）公司及其员工应尽量避免陷入与客户利益冲突的情形。若有发生，则必须以信息披露、内部保密规则等制度保证公平对待所有客户，不得将自身利益不公平地置于客户之上；如果员工对是否存在利益冲突及解决冲突所应采取的步骤有疑问，应先咨询监察稽核部或报告公司有关部门及领导后方可进行下一步的行动；公司及其员工在某一业务上存在利益冲突的情况下，不得做出影响客户利益的投资决策。

（9）公司所有员工不得有以下违反忠实义务的行为：①以任何行为欺骗或欺诈任何公司现有或将来的客户；②对重大事实作虚假陈述或隐瞒重要事实，该事实隐瞒会使得其陈述具有误导性质；③参与任何对客户或将来的客户构成欺诈或欺骗的行为、实践或商业交往；④参与任何操纵市场的行为；⑤向任何其他人透露关于客户、公司的任何证券交易或与此有关的信息（除非是代表客户履行职责的行为）。

（10）基金公司、部门及员工不得参与以下市场行为：

其一，通过单独或合谋包括集中资金优势、持股优势或利用信息优势联合或者连续买卖，操纵证券市场价格。

其二，与他人串通，以事先约定的时间、价格和方式相互进行证券交易或者相互买卖并不持有的证券，影响证券交易价格或证券成交量。

其三，以自己为交易对象，进行不转移所有权的自买自卖，影响证券交易价格或者证券成交量。

其四，为获取利益或减少损失，利用资金、信息等优势或滥用职权操纵市场，影响证券市场价格，制造证券市场假象，诱导或致使投资者在不了解事实真相的情况下做出投资决定，扰乱证券市场秩序。

真题链接

【2015年】关于督察长的合规责任，以下表述错误的是（　　）。

A.督察长享有充分的知情权

B.督察长应当定期或者不定期向全体董事报送工作报告

C.督察长经董事会和总经理批准后可以享有调查权，可以调阅公司相关文件、档案

D.督察长负责组织指导公司监察稽核工作

【答案】C。解析：督察长负责组织指导公司监察稽核工作，履行职责的范围应当涵盖基金及公司运作的所有业务环节。督察长发现基金和公司运作中有违法违规行为的，应当及时予以制止，重大问题应当报告中国证监会及相关派出机构。督察长应当对公司推出新产品、开展新业务的合法合规性问题提出意见。督察长应当定期或者不定期向全体董事报送工作报告，并在董事会及董事会下设的相关专门委员会定期会议上报告基金及公司运作的合法合规情况及公司内部风险控制情况。督察长应当积极配合中国证监会及其派出机构的监管工作。督察长享有充分的知情权和独立的调查权。

考点3　合规管理的主要内容

基金管理人的合规管理必须覆盖公司经营管理的全部内容，涉及风险控制、公司治理、投资管理、监察稽核等内容。合规管理旨在建立监管体系，对公司的决策系统、执行系统进行全程、动态的合规监控。合规管理的主要活动如表13-1所示：

表13-1 合规管理的主要活动

主要活动	要求
合规文化建设	（1）基金管理人必须注重内涵式管理，建立有效管理各类风险的执业行为规范和方法，在组建内部的合规部门时应遵循合规原则 （2）基金管理人管理层对合规文化建设工作足够重视 （3）加强合规管理部门与业务部、监察稽核部等各部门之间的信息交流和良好互动，实现资源共享 （4）有效落实合规考核机制，将合规考核结果与员工的绩效工作和高管人员竞聘考核相结合 （5）积极推行全员合规理念，加强合规文化思想教育
合规政策制定与落实	（1）制定合规政策。基金管理人的合规政策至少应包括以下几项：①合规管理部门的功能和职责；②合规管理部门的权限，包括享有与基金管理人任何员工进行沟通并获取履行职责所需的任何记录或档案材料的权利等；③合规负责人的合规管理职责；④保证合规负责人和合规管理部门独立性的各项措施，包括确保合规负责人和合规管理人员的合规管理职责与其承担的任何其他职责之间不产生利益冲突等；⑤合规管理部门与其他部门之间的协作关系；⑥设立业务条线和分支机构合规管理部门的原则 （2）落实合规政策。公司经理层负责贯彻执行合规政策，确保发现违规事件时及时采取适当的纠正措施，并追究违规责任人的相应责任；各业务部门应遵循公司合规政策，研究制定本部门或业务单元业务决策和运作的各项制度流程并组织实施，定期对本部门的合规风险进行评估，对其合规管理的有效性负责；合规与风险控制部作为合规风险的日常管理部门，主要负责识别、评估和监控基金管理人面临的合规风险，并向高级管理层和董事会提出合规建议和报告
合规审核	（1）目标：把外部监督可能发现的问题及时在内部发现并有效解决，最小化处罚 （2）程序：制定合规审核机制、合规审核调查以及合规审核评价
合规检查	（1）目标：制度、程序和流程的执行情况 （2）检查内容：公司是否独立运作以及相互制约原则的落实情况；公平交易制度建设及执行情况；公司员工的证券投资活动管理制度是否健全有效，是否存在利用基金未公开信息获取利益的情况；基金公司投资决策的依据以及公司的规定和投资决策流程是否有被突破；重大关联交易的执行情况；风险管理制度是否涵盖了不同风险控制环节等
合规培训	（1）目标：通过一套完善的系统监控、跟踪和评估的流程，保证员工能够符合公司最新的合规政策、流程规范以及国家法律法规，从而帮助公司全面实现既定目标，有效降低运作风险，降低运营成本 （2）具体培训内容：国家制定颁布的与基金行业有关的法律法规；公司内部的员工守则和各项业务的合规制度；案例警示教育
合规投诉处理	（1）目标：通过搜集事实和调查准确数据以便确认问题所在，降低基金公司运作风险 （2）具体内容：建立处理客户投诉的管理办法或流程等制度，明确客服中心负责受理客户投诉的方式，区分普通与重大投诉，规定相关处理权限范围、处理流程与时限等

考点4　合规风险

一、合规风险的含义（★★）

合规风险是指因公司及员工违反法律法规、基金合同和公司内部规章制度等而导致公司可能受到法律制裁、监管处罚、重大财务损失和声誉损失的风险。

二、合规风险的种类及主要管理措施（★★）

合规风险主要包括以下几项：

1.投资合规性风险

投资合规性风险，是指基金管理人投资业务人员违反相关法律法规和公司内部规章带来的处罚和损失风险。

2.销售合规性风险

销售合规性风险，是指与基金销售有关的业务人员为了提高销售业绩和争抢客户，出现违反相关法律法规和公司规章，为基金管理人带来处罚和声誉损失的风险。

3.信息披露合规性风险

信息披露合规性风险，是指基金管理人在信息披露过程中，违反相关法律法规和公司规章，对基金投资者形成误导或对基金行业造成不良影响而受到处罚和声誉损失的风险。

4.反洗钱合规性风险

反洗钱合规性风险，是指基金管理人违反相关法律法规和公司内部规章，违反公平交易原则，利用不同身份账户进行非法资金转移，受到相关处罚和损失的风险。

合规风险的种类及主要管理措施如表13-2所示：

表13-2　合规风险的种类及主要管理措施

种类	主要管理措施
投资合规性风险	（1）建立有效的投资流程和投资授权制度 （2）通过在交易系统中设置风险参数，对投资的合规风险进行自动控制，对于无法在交易系统自动控制的投资合规限制，应通过加强手工监控、多人复核等措施予以控制 （3）重点监控投资组合投资中是否存在内幕交易、利益输送和不公平对待不同投资者等行为 （4）对交易异常行为进行定义，并通过事后评估对基金经理、交易员和其他人员的交易行为（包括交易价格、交易品种、交易对手、交易频度、交易时机等）进行监控，加强对异常交易的跟踪、监测和分析 （5）每日跟踪评估投资比例、投资范围等合规性指标执行情况，确保投资组合投资的合规性指标符合法律法规和基金合同的规定 （6）关注估值政策和估值方法隐含的风险，定期评估第三方估值服务机构的估值质量，对于以摊余成本法估值的资产，应特别关注影子价格和两者的偏差带来的风险，进行情景压力测试并及时制定风险管理情景应对方案

表13-2（续）

种类	主要管理措施
销售合规性风险	（1）对宣传推介材料进行合规审核 （2）对销售协议的签订进行合规审核,对销售机构签约前进行审慎调查,严格选择合作的基金销售机构 （3）制定适当的销售政策和监督措施,防范销售人员违法违规和违反职业操守 （4）加强销售行为的规范和监督,防止延时交易、商业贿赂、误导、欺诈和不公平对待投资者等违法违规行为的发生
信息披露合规性风险	（1）建立信息披露风险责任制,将应披露的信息落实到各相关部门,并明确其对提供的信息的真实、准确、完整和及时性负全部责任 （2）信息披露前应经过必要的合规性审查
反洗钱合规性风险	（1）建立风险导向的反洗钱防控体系,合理配置资源 （2）制定严格有效的开户流程,规范对客户的身份认证和授权资格的认定,对有关客户身份证明材料予以保存 （3）从严监控客户核心资料信息修改、非交易过户和异户资金划转 （4）严格遵守资金清算制度,对现金支付进行控制和监控 （5）建立符合行业特征的客户风险识别和可疑交易分析机制

本章同步自测

1.基金管理人合规管理的目标不包括（　　）。

A.建立健全合规风险管理体系

B.确保基金管理人利益最大化

C.促进全面风险管理体系的建设

D.确保基金管理人依法合规经营

2.基金管理人合规管理的基本原则不包括（　　）。

A.全面性原则　　　　　　　　　B.独立性原则

C.公正性原则　　　　　　　　　D.专业性原则

3.下列说法错误的是（　　）。

A.基金管理人在董事会和管理层会设立专门的风险控制委员会,安排督察长分管合规管理部的工作

B.合规管理部门是负责基金公司合规工作的具体组织和执行部门

C.合规管理部门对董事长负责

D.合规管理部门应在督察长的管理下协助高级管理层有效识别和管理所面临的合规风险

4.合规管理的主要活动不包括（　　）。

A.合规投诉处理　　　　　　　　　B.合规审核

C.合规检查　　　　　　　　　　　D.合规宣传

5.下列不属于合规风险的种类的是（　　）。

A.销售合规性风险　　　　　　　　B.操作合规性风险

C.反洗钱合规性风险　　　　　　　D.投资合规性风险

参考答案及解析 >>>>>

1.【答案】B。解析：本题旨在考查基金管理人合规管理的目标。基金管理人合规管理的目标包括建立健全合规风险管理体系，有效识别和管理合规风险以及促进全面风险管理体系的建设，确保依法合规经营，不包括确保基金管理人利益最大化。故本题选B。

2.【答案】A。解析：本题旨在考查基金管理人合规管理的基本原则。基金管理人合规管理的基本原则包括独立性原则、客观性原则、公正性原则、专业性原则和协调性原则，不包括全面性原则。

3.【答案】C。解析：本题旨在考查合规管理涉及的相关部门。合规管理部门是对总经理负责，而不是董事长。故本题选C。

4.【答案】D。解析：本题旨在考查合规管理的主要活动。合规管理的主要活动包括合规文化建设、合规政策制定与落实、合规审核、合规检查、合规培训和合规投诉处理，不包括合规宣传。

5.【答案】B。解析：本题旨在考查合规风险的种类。合规风险的种类包括投资合规性风险、销售合规性风险、信息披露合规性风险以及反洗钱合规性风险，不包括操作合规性风险。

中公教育·全国分部一览表

分部	地址	联系方式
中公教育总部	北京市海淀区学清路 23 号汉华世纪大厦 B 座	400-6300-999 / http://www.offcn.com
北京中公教育	北京市海淀区学清路 38 号金码大厦 B 座 910 室	010-51657188 / http://bj.offcn.com
上海中公教育	上海市杨浦区伟德路 6 号云海大厦 5、6 层	021-35322220 / http://sh.offcn.com
天津中公教育	天津市和平区卫津路云琅大厦底商	022-23520328 / http://tj.offcn.com
重庆中公教育	重庆市江北区观音桥步行街未来国际大厦 7 楼	023-67121699 / http://cq.offcn.com
辽宁中公教育	沈阳市沈河区北顺城路 129 号(招商银行西侧)	024-23241320 / http://ln.offcn.com
吉林中公教育	长春市朝阳区辽宁路 2338 号中公教育大厦	0431-81239600 / http://jl.offcn.com
黑龙江中公教育	哈尔滨市南岗区西大直街 374-2 号	0451-85957080 / http://hlj.offcn.com
内蒙古中公教育	呼和浩特市赛罕区呼伦贝尔南路东达广场写字楼 702 室	0471-6532264 / http://nm.offcn.com
河北中公教育	石家庄市建设大街与范西路交口众鑫大厦中公教育	0311-87031886 / http://hb.offcn.com
山西中公教育	太原市坞城路师范街交叉口龙珠大厦 5 层(山西大学对面)	0351-8330622 / http://sx.offcn.com
山东中公教育	济南市经十路 13606 号燕山立交桥东行 300 米路南中公教育大厦	0531-86554188 / http://sd.offcn.com
江苏中公教育	南京市白下区中山南路 8 号苏豪大厦 22 层(东方商场旁)	025-86992955 / http://js.offcn.com
浙江中公教育	杭州市西湖区文三路 477 号华星科技大厦三层中公教育	0571-86483577 / http://zj.offcn.com
江西中公教育	南昌市阳明路 310 号江西出版大厦 5、6 层(八一东桥头)	0791-86823131 / http://jx.offcn.com
安徽中公教育	合肥市南一环与肥西路交口汇金大厦 7 层	0551-66181890 / http://ah.offcn.com
福建中公教育	福州市八一七北路东百大厦 19 层	0591-87515125 / http://fj.offcn.com
河南中公教育	郑州市经三路丰产路向南 150 米路西　融丰花苑 C 座(河南省财政厅对面)	0371-86010911 / http://he.offcn.com
湖南中公教育	长沙市芙蓉区五一大道 800 号中隆国际大厦 4-5 层	0731-84883717 / http://hn.offcn.com
湖北中公教育	武汉市洪山区鲁磨路中公教育大厦(原盈龙科技创业大厦)9、10 层	027-87596637 / http://hu.offcn.com
广东中公教育	广州市天河区五山路 371 号中公教育大厦 9 楼	020-35641330 / http://gd.offcn.com
广西中公教育	南宁市青秀区民族大道 12 号丽原天际 4 楼	0771-2616188 / http://gx.offcn.com
海南中公教育	海口市大同路 24 号万国大都会写字楼 17 楼 (从西侧万国大都会酒店招牌和工行附近的入口上电梯)	0898-66736021 / http://hi.offcn.com
四川中公教育	成都市武侯区锦绣路 1 号保利中心东区 1 栋 C 座 12 楼(美领馆旁)	028-82005700 / http://sc.offcn.com
贵州中公教育	贵阳市云岩区延安东路 230 号贵盐大厦 8 楼(荣和酒店楼上)	0851-5805808 / http://gz.offcn.com
云南中公教育	昆明市东风西路 121 号中公大楼(三合营路口,艺术剧院对面)	0871-65177700 / http://yn.offcn.com
陕西中公教育	西安市新城区东五路 48 号江西大厦 1 楼(五路口十字向东 100 米路南)	029-87448899 / http://sa.offcn.com
青海中公教育	西宁市城西区胜利路 1 号招银大厦 6 楼	0971-4292555 / http://qh.offcn.com
甘肃中公教育	兰州市城关区静宁路十字西北大厦副楼 2 层	0931-8470788 / http://gs.offcn.com
宁夏中公教育	银川市兴庆区解放西街 32 号虹桥大酒店行政楼 1-3 层	0951-5155560 / http://nx.offcn.com
新疆中公教育	乌鲁木齐市沙依巴克区西北路 731 号中公教育	0991-4531093 / http://xj.offcn.com